# 大运河

## 岸边的运河时光

主编 姜师立 崔 杰 白 云

参编（按姓氏音序排列）
蔡忍冬　陈　茜　陈向文
范晓华　侯文崴　李　茜　崔润琦
潘　娟　张德海　朱永德　李群芳

机械工业出版社
CHINA MACHINE PRESS

隋唐洛阳城

# 序

在那浩瀚无垠的历史长河中，总有那么几条独特的脉络，它们不仅滋养了万物生灵，更如同一条条隐形的纽带，紧紧缠绕着文明的智慧与岁月的深沉。而千年大运河，正是这样一股流淌着华夏民族兴衰更替、文化交融壮丽史诗的活水。此刻，我们手中捧着的这本沉甸甸的著作，犹如一封穿越时空的信笺，诚挚地邀请每一位捧卷细读的旅人，随着文字的波涛，一同潜入那千年大运河深处，探寻那永不消逝的智慧之光。

你可知道，夫差开挖了邗沟，隋炀帝开通了隋唐大运河，郭守敬参与设计开凿了京杭大运河。你可知道，李白、杜甫、白居易等诗人，曾沿大运河游历各地，留下脍炙人口的诗篇。你可知道，王羲之在浙东运河重要节点会稽山阴挥毫泼墨，写出千古绝唱《兰亭序集》。你可知道，沈括在运河畔的润州，完成了传世之作《梦溪笔谈》……

这条人工雕琢与自然鬼斧神工完美融合的奇迹之水，自其诞生之日起，便宛如一条蜿蜒的巨龙，穿越千山万水，横亘在华夏广袤的大地上，它不仅是连接南北、沟通东西的桥梁，更是中国古代工程智慧的巅峰展现，是推动经济繁荣、文化交流的不竭动力。千百年来，无数舟楫在其上穿梭往复，它们不仅载满了粮食、丝绸、瓷器等物质财富，更承载着思想、艺术与梦想的火花，见证了中华民族生生不息的创造力与坚韧不拔的意志力。

本书的作者团队，有相关领域专家、学者，有资深媒体人和作家，也有央视纪录片总编导，他们以赤子之心，饱蘸深情的笔，细腻地勾勒出大运河的历史沧桑、文化风貌与民俗风情，将这条河流对沿岸城市与人民生活的深远影响，淋漓尽致地展现在读者面前。从古老的漕运文化到繁华的商贸盛景，从雄伟的水利工程到别具一格的桥梁建筑，从文人墨客留下的诗词歌赋到民间流传的口耳相传，每一个章节都仿佛是一幅流动的历史画卷，引领着读者穿越时空，漫步于那遥远而又亲切的历史长廊，深切感受那份跨越千年的智慧与韵味。

尤为令人动容的是，书中不仅颂扬了大运河的辉煌成就，更以深邃的目光，审视了人与自然之间的微妙关系，运河水文化对地域文化、风土人情的影响，以及在现代化进程的洪流中，如何妥善保护与传承这份珍贵的文化遗产。它如同一面镜子，映照出我们内心深处对历史的敬畏与对未来的期许，提醒我们：大运河不仅仅是一条河流，它是中华民族历史记忆的鲜活载体，是文化自信的光辉象征，更是我们每一个人肩上沉甸甸的责任与使命，需要我们用一颗虔诚的心去呵护，用无尽的智慧去传承。

值得称赞的是：本书全面采用纸质载体与多媒体相结合的形式，依托本书强大的多媒体资源库，读者可以通过扫描对应章节的二维码，免费观看视频和三维动画，获得更为直观、丰富的感受。同时，旅游小Tips也给您提供参观建议。

运河在不停流淌，中华文明也在生生不息，不断发展，当我们轻轻翻开这一页页浸透着历史芬芳的纸张，一场关于探索、感悟与珍惜的旅程便悄然开启。让我们一同启程，雕刻着岸边的运河时光，去追寻那条流淌了千年的大运河，以及它所蕴含的无穷智慧与深远意义，让这份珍贵的记忆，永远镌刻在我们的心中，照亮我们前行的道路。

崔红旗

中央广播电视总台办公厅、教授级高工

2024年8月

# 前言

# 走过千年运河

　　2024年，是中国大运河申遗成功十周年，大运河沿线各地都在积极开展丰富多彩、形式多样的大运河文化保护传承和利用活动，弘扬大运河文化和民族精神。申遗成功十年来，国家及运河沿线城市，对大运河文化带的建设做出了巨大的努力，让这条"沟通南北、贯通古今"的古老运河迎来了世纪复苏，再现了中华民族的智慧，成为中华民族精神的重要标志和闪亮名片，体现了民族自信和文化自信，一幅大运河文化的绚丽画卷正在新时代全面展开。同时，在构建"双循环"的新发展格局下，大运河由于兼顾了世界遗产、工匠精神、文物保护、文旅融合等多元特质，吸引了越来越多的关注，越来越多的人希望亲自沿着大运河走一走、看一看，近距离体验和感受这一闻名遐迩的世界文化遗产的魅力。

　　中国大运河是公元前5世纪至20世纪上半叶陆续开凿的巨型人工运河工程，由隋唐大运河、京杭大运河、浙东运河三部分构成，经过北京、天津、河北、河南、山东、安徽、江苏、浙江八个省（直辖市），全长3200千米，是我国境内唯一一条南北走向的人工河流，也是世界上开凿较早且最长的一条人工河道，对中国南北地区之间的经济、文化发展与交流，特别是对沿线地区工农业经济的发展和文化繁荣起了巨大作用。2014年，包括27段河道、58个遗产点的中国大运河被联合国教科文组织列为世界文化遗产。

　　2017年，习近平总书记对建设大运河文化带做出重要指示：大运河是祖先留给我们的宝贵遗产，是流动的文化，要统筹保护好、传承好、利用好。2019年，《大运河文化保护传承利用规划纲要》正式发布。同年7月，中央全面深化改革委员会会议审议通过了《长城、大运河、长征国家文化公园建设方案》。中国大运河是凝固在华夏大地上的一部史诗，是中华民族两千多年前的大创意，千里奔腾的大运河，在时空的苍茫中把我们民族的梦想、壮志、智慧、勇气、豪情、创新、血泪……沉淀并铸造成一部气势磅礴的史诗。运河通古今，文脉承千年，对于中国人来说，大运河像一条连接着过去和现在的时光之河，既有国家的动荡，也有朝代的兴衰，在千年的岁月中，大运河的历史价值和文化价值世代相承。

中国大运河贯通南北，通达古今，以其绝伦无比的尺度，跨越了时间与地理的限制，串起了数十座城市，悄无声息地浸润、滋养着两岸人民最平凡的生活。斗转星移，沧海桑田，如今的大运河早已换了风貌，在传承与发展中精彩蝶变，既有厚重历史的沧桑古朴，也有现代的活力；既有优美风景，也有丰富人文，呈现出亦古亦今的韵味，成为人们喜爱的热门旅游"打卡地"。那么，这条流淌千年、历经沧桑的大运河到底有着怎样的魅力呢？大运河上那些被列入《世界遗产名录》的遗产点都有什么特别之处呢？我们又怎样去解读、欣赏祖先留给我们的这些瑰丽遗产呢？

首先，从科技层面上说，大运河是中华民族智慧的结晶。中国大运河是世界运河工程史上的里程碑，是世界上开凿较早、使用时间最久、长度最长的运河，在《国际运河古迹名录》中被列为世界上"具有重大科技价值的运河"，它展现了农业文明时期人工运河发展的悠久历史和巨大的影响力，代表了工业革命前土木、水利工程的杰出成就。两千余年来，针对开凿大运河开展的工程难以计数，几乎聚集了在农业文明时期水利工程的规划、设计、建造技术的全部发展成就，出现了众多因地制宜、因势利导的先进工程技术体系，以其多样性、复杂性和系统性体现了具有华夏文明特点的工程技术体系，取得了大型工程的辉煌科技成就。而其中的许多水利工程技术，在当今国内外水利工程中仍在运用，充分体现了中华民族的科技智慧，是中国文化和科技地位的象征之一。可以说，是科技让大运河得以实现千年延续，并沿用至今，孕育、繁荣了千百年的文化。

其次，大运河不仅仅是一条地理上的河，是古代中国的南北交通"大动脉"，她还是一条文化传播之河。漕运及运河便利的交通条件带来了运河沿线经济与文化的繁荣，使运河沿线成为古代重要的商贸兴盛之地和文化传播的走廊，大运河与沿岸城镇唇齿相依、兴衰紧联，在文化的碰撞和交流中，大运河发展出了自己独特的文化形态，深深影响了沿线城镇的生活形态和发展历史，历经千年沉淀后，就形成了独特的运河文化，对中华文化也产生了非常重要的影响。城镇、建筑、历史街区、园林、饮食文化等，无不凝聚着运河水所铭刻的历史、故事和传说，因为有千年流水的滋养，生机勃勃，烟火气息中折射出与众不同的色彩。如今的大运河，在保留着历史的优雅古典的同时，又彰显着现代的四射活力，源源不断地吸引着来自四面八方的目光。

在大运河申遗成功十周年之际，为了更好地普及大运河文化遗产的科技和文化价值，让更多的人了解大运河文化遗产，增强文化自信和民族自豪感，身体力行投入到对大运河文化遗产的保护和传承中，我们联合了运河研究、遗产保护、建筑科学、新闻出版等领域的专家学者，共同编写了这本《大运河：岸边的运河时光》，以运河科技和历史文化为主线，从大运河27段河道、58个遗产点中，选取了部分有代表性的重要遗产点（河道），串点成线，从科技、历史、政治、文化、经济等多重视角解读大运河，展现大运河的科技智慧与历史文化风貌，希望在推进大运河文化带和大运河国家文化公园建设、弘扬大运河文化、建设文化强国的进程中，做出自己的一份努力。在本书中，作者团队从大运河的北端城市北京开始，走济宁，访洛阳、淮安，下扬州，过杭州，抵宁波，由北往南"打卡"运河两岸遗产点和古今地标，进行了一次穿越千年的文化旅游体验，亲手触摸大运河的岸边明珠，将沿线的科技文化遗产、建筑文化、历史传承、风土人情娓娓道来，勾画出中国大运河的发展脉络和时代画卷。

作为世界文化遗产的大运河，遗产遗存众多，怎么选都会让人感觉难以取舍。《大运河：岸边的运河时光》一书介绍了41处大运河遗产点（河道），这41处遗产点包括：中国大运河水工遗存（河道、湖泊、水工设施）21处，如什刹海、南旺枢纽、连镇谢家坝、淮北柳孜运河遗址、嘉兴长安闸、杭州拱宸桥、绍兴八字桥等；大运河附属遗存包括配套设施和管理设施共8处，如洛阳含嘉仓160号仓窖遗址、扬州盂城驿、临清运河钞关、宿迁龙王庙行宫、淮安总督漕运公署遗址、宁波庆安会馆等；中国大运河相关遗产包括相关古建筑群、历史文化街区共11处，如扬州天宁寺行宫、个园、汪鲁门盐商住宅、清名桥历史文化街区、山塘历史文化街区、平江历史文化街区、南浔历史文化街区等；中国大运河综合遗存1处即清口枢纽。在遗产点选取上兼顾科技和历史文化两个维度，也考虑了地域分布，并通过这41处遗产点（河道）从北到南把一条完整的中国大运河串连起来，旨在讲好大运河故事，让读者充分感受大运河的多元文化风韵，感受传承与创新的交相互融。在本书中，读者既能体验到科技智慧让大运河翻山越岭、跨江过河的波澜壮阔，也能感受到大运河润泽的两岸水乡的富饶旖旎风光，读懂千年粮仓的奥秘，见识糯米筑成的水坝，在江南水乡看灯火阑珊，体味历史街区的风韵和美好，感受流淌千年的运河时光，触摸历史文化的兴衰沉浮与沧桑巨变。在阅读中穿越古今，畅想未来，感受大运河千年历史和人文魅力，探寻超越时空的天地之理。大运河作为极富生命力的"活"的文化遗产，不断奔流向前，从历史走到现在，也将更好地走向未来。

  本书以纸质图书为载体，兼顾多媒体阅读体验，在图文内容以外，以二维码的形式加入视频及动画内容，拓展读者阅读方式，提升读者阅读时的视觉感受。展卷之间，映入眼帘的是行走在大运河的现场感，是穿梭时光的历史意识。同时，用手绘引导图配以简洁文字的方式，补充城市运河文化旅游小Tips，帮助读者以更有趣、亲切、快速的方式走读大运河，感受运河灿烂文明的魅力，体会运河水孕育的中华文明和精神家园，推动文化遗产更加广泛而深入地融入大众生活，同时，也能感受到申遗成功十年来，大运河沿线风貌的变化。

  由于本书作者水平所限，书中内容难免挂一漏万，书中缺点和错误之处，恳请读者包涵并指正。

2024年6月

## 大运河行走地图目录

手绘北京什刹海行走地图 68

手绘北京通州行走地图 80

手绘天津行走地图 90

手绘沧州/衡水行走地图 100

手绘临清行走地图 112

手绘济宁行走地图 134

手绘洛阳行走地图 146

手绘宿迁行走地图 170

手绘淮安行走地图 206

手绘高邮行走地图 218

手绘扬州行走地图 242

手绘常州行走地图 326

手绘无锡行走地图 336

手绘苏州行走地图 348

手绘嘉兴行走地图 374

手绘南浔行走地图 388

手绘杭州行走地图 400

手绘绍兴行走地图 420

手绘宁波行走地图 434

## 大运河小视频目录

北京:大运河源头 68

一枝塔影认通州 80

大运河之南运河风光 100

临清运河风光 112

南旺枢纽风采 134

龙王庙行宫与中运河风光 170

淮扬运河风情 206

抬脚,漫步镇江 316

无锡运河风光 336

苏州诗意运河 348

宝带桥和吴江古纤道 358

长安三闸两澳工作原理 374

嘉兴长虹桥 374

京杭大运河的最南端杭州 400

浙东运河的故事 434

扬州盐业遗迹诉说运河商业繁荣 | 撰文 / 姜师立 257

三访个园 | 撰文 / 姜师立 277

抬步下江南 | 撰文 / 崔杰 299

常州:依水而兴的长久之地 | 撰文 / 崔杰 317

江南水弄堂:清名桥历史文化街区 | 撰文 / 崔杰 327

姑苏人家尽枕河 | 撰文 / 白云 崔润琦 337

名桥谈往:苏州桥的诗情画意 | 撰文 / 白云 崔润琦 349

浙江段运河的北大门嘉兴 | 撰文 / 姜师立 359

南浔:丝书传家 | 撰文 / 蔡忍冬 375

拱宸桥:京杭大运河南端标志 | 撰文 / 陈向文 389

天下粮仓富义仓 | 撰文 / 姜师立 潘娟 401

绍兴水城的历史缩影 | 撰文 / 范晓华 409

庆安会馆:兼得河海,港通天下 | 撰文 / 李茜 421

参考文献 435

后记 | 撰文 / 姜师立 436

# 目录

序 | 撰文 / 崔红旌

前言：走过千年运河 | 撰文 / 白云

大运河概览 | 撰文 / 姜师立　1

走过北京什刹海 | 撰文 / 侯文葳　41

一枝塔影认通州 | 撰文 / 李群芳　69

先有三岔口，后有天津城 | 撰文 / 张德海　81

一船明月过沧州 | 撰文 / 李群芳　91

百年运河文化沉淀的临清印记 | 撰文 / 范晓华　101

南旺枢纽：大音希声的大运河科技明珠 | 撰文 / 白云　113

大国粮仓：米香里的隋唐 | 撰文 / 白云　135

柳孜：运河古镇 | 撰文 / 朱永德　147

海晏河清，四海承平 | 撰文 / 姜师立　159

三游淮安清口枢纽 | 撰文 / 姜师立　潘娟　171

淮水东南第一州 | 撰文 / 李群芳　193

盂城驿：中国邮驿『活化石』 | 撰文 / 陈茜　207

什么是

中国大运
中国大运河

中国大运

# 大运河概览

姜师立

## 中国大运河

### 发展历程
### 的组成
### 河世遗要素

# 什么是中国大运河

大运河是横贯于中国中东部地区的一条人工水道。它是世界上开凿时间较早、沿用时间最久、规模最大的一条人工运河。作为中国古代创造的一项伟大工程，展现出我国古代劳动人民的伟大智慧和勇气，传承着中华民族的悠久文明和历史，是一部书写在华夏大地上的宏伟诗篇，2014年大运河成功入选《世界遗产名录》，使大运河成为世界瞩目的焦点。那么，什么是大运河？

北京什刹海

本书讲述的大运河是专门针对"中国大运河"这一概念的。"中国大运河"是因为申报世界遗产而出现的一个专有名词。它是三条运河的总称，一条是始凿于公元前486年，于隋代贯通，以洛阳为中心、北到涿郡、南到杭州的隋唐大运河；第二条是在元代裁弯取直的京杭大运河；第三条是从杭州到宁波的浙东运河。

从开凿历史来看，中国大运河最早有文字记载的历史来自于《左传·哀公九年》中的一句话："吴城邗，沟通江淮。"这句话说的是在2500年前，吴王夫差为北上伐齐，组织开凿了一条从长江边的邗（今扬州）到淮河边的末口（今淮安）的南北水道邗沟，这就是说中国大运河最早的河段邗沟开凿于2500年前。2500多年来，中国大运河一直在使用，因此，中国大运河是世界上沿用时间最久的运河。

从长度来看，中国大运河的总长度为3200千米，这里计算的是隋唐大运河、京杭大运河和浙东运河主线部分的总长，减去了其中重复的部分。这个长度大约是苏伊士运河（全长172千米）的18倍，是巴拿马运河（81千米）的40倍。有人做过统计，中国大运河比列入世界遗产的其他所有人工运河加起来的总长度还要长。因此，中国大运河是世界上最长的运河。

中国大运河位于中国中东部，沿途经过北京、天津、河北、山东、安徽、河南、江苏、浙江八个省（直辖市）。南北向运河北至北京，南至浙江杭州；东西向运河西至河南洛阳，东至浙江宁波。中国大运河连通了海河、黄河、淮河、长江、钱塘江五大水系，它流经35个城市，流经市域面积311269.97平方千米，占陆地国土面积3.2%。按2008年中国大运河申遗时的统计，中国大运河沿线35座城市人口占全国总人口的15.22%。沿线35座城市2010年创造的GDP，占我国GDP总量的25.08%。

大运河淮安段

上 | 中国大运河区域图

淮安水利枢纽

# 中国大运河
## 发展历程

"中国大运河"概念的形成有一个过程。历史上，大运河一般是指贯通于隋代的隋唐宋大运河；元代以后，随着隋唐大运河的废止，大运河是指经过元代裁弯取直的元明清大运河；20世纪50年代，京杭大运河又成为大运河的专称。直到2006年，我国公布第六批全国重点文物保护单位和《中国世界文化遗产预备名单》时，仍旧称为京杭大运河。随着申报世界遗产工作的进程持续深入，专家发现用京杭大运河不能涵盖整个大运河，于是提出了中国大运河的概念，而2008年在扬州成立大运河保护与申遗城市联盟时，参与的城市只有隋唐大运河和京杭大运河沿线33座城市，也就是说大运河包括的范围只是隋唐大运河和京杭大运河。直到2009年，从文化遗产发展的战略出发，提出了将浙东运河列入中国大运河，这样可以通过中国大运河将沙漠丝绸之路和海上丝绸之路联结在一起，形成我国对内对外经济文化交流的闭环。因此浙东运河沿线的宁波、绍兴也列入大运河保护与申遗城市联盟。这时完整的"中国大运河"概念才出现。

　　中国大运河的开凿始于公元前5世纪的春秋时期，隋代完成第一次全线贯通，形成隋唐宋时期以洛阳为中心，沟通中国南北方的大运河。元代由于中国政治中心的迁移，将大运河改线为通过河北、山东、江苏，直接沟通北京与南方地区，形成元明清时期的第二次大沟通。大运河历经两千余年的持续发展与演变，直到今天仍发挥着重要的交通与水利功能。

　　中国大运河的主体工程主要集中在三个时期：一是春秋战国时期（公元前5世纪至公元前3世纪），各诸侯国出于战争和运输的需要竞相开凿运河，但都各自为政，规模不大，时兴时废，没有形成统一体系。其中，最著名的是邗沟的开挖，它沟通了淮河与长江，成为中国大运河河道成型最早的一段，并作为重要的区域性交通要道得到不断的维护与经营。二是隋朝时期（7世纪初），为了连通南方经济中心和满足对北方的军事需要，在帝国政府统一的规划、建设和管理下，先后开凿了通济渠、永济渠，并重修江南运河和疏通浙东航道，从而将前一时期的各条地方性运河连接起来，形成了以国都洛阳为中心，北抵涿郡、南达宁波的大运河体系，完成了中国大运河的第一次全线贯通，并在唐代和宋代得到维系和发展。三是元朝时期（13世纪后期），由于中国的政治中心从关中地区迁移到北京，皇帝忽必烈组织开凿了会通河、通惠河等河道，从而将大运河改造为直接沟通北京与江南地区的内陆运输水道，形成中国大运河的第二次南北大沟通。明清两朝维系了大运河的这一基本格局，并进行了多次大规模的维护与修缮，使大运河一直发挥着漕粮北运、维系国家稳定繁荣等重要功能。随着中国大运河的发展，中国大运河文化不断发育、生长、成熟，形成一种特征明显的地域文化。

到了清末，由于内忧外患，清政权岌岌可危，无力顾及运河之事，因此逐渐放弃了修复运河的计划，宣布各省漕粮全部改折银两交纳，运河及漕运管理机构也陆续裁撤。至此，沟通南北的大运河逐渐中断，变为多条局部通航的地区性运河，除江南、淮扬、浙东、鲁南及南北运河等河段外，其他河段渐渐淤废。中华民国时期虽然曾有过重开运河的计划，但仅限于纸上谈兵而已，一直未能实施。

新中国成立后，一直对中国大运河进行着修复和整治工作。2006年和2012年，京杭大运河和隋唐大运河、浙东运河分别被国务院公布为第六批和第七批全国重点文物保护单位。2009年，大运河被列入中国2014年申报世界文化遗产项目。原国家文化部、国家文物局牵头，组织国家发改委、财政部、原国土资源部、原环境保护部、住房和城乡建设部、交通运输部、水利部、原国务院法制办、国家测绘地理信息局、教科文全委会、国务院南水北调办等有关部委和大运河沿线的北京、天津、河北、江苏、浙江、安徽、山东、河南八个地区共同成立了大运河保护和申遗省部际会商小组。在中国大运河的河段中，淮扬运河扬州段、江南运河苏州段、江南运河嘉兴—杭州段、浙东运河杭州萧山—绍兴段、浙东运河上虞—余姚段、中河宿迁段河道仍然承担着重要的航运功能。其他河段主要发挥着行洪、输水及灌溉的功能，而通惠河段、会通河段、卫河（永济渠）段、通济渠段等部分河道为遗址状态，也得到了较好的保护。至今，中国大运河山东济宁以南段目前通航里程仍达800余千米，季节性通航1000余千米，发挥着重要的交通、运输、行洪、灌溉、输水等功能。为适应货运任务的迅速增长，分流煤炭南运，济宁至杭州段的运河扩建续建工程业已开始。据国家发改委编制的《大运河文化保护传承利用规划纲要》统计，目前，京杭大运河在北京、天津、河北、江苏、浙江等5省市境内保留有连续河道，隋唐大运河永济渠河南山东段、通济渠商丘至淮安段仍为连续河道，浙东运河河道比较完整，其中京杭大运河黄河以南段通航河段约1050千米，船舶平均载重约800吨，完成年货运量约5亿吨。当前，尽管进入了高铁时代和航空时代，但水路运输以其低成本的优势，仍然是货运特别是大宗物资运输的主要方式。中国大运河是南北物资运输和长三角经济的重要水上通道，有10万多艘船舶长年在运河上航行，大运河江苏段年运输量超过3亿吨，超过江苏境内长江航道的运量，相当于沪宁铁路单线货运量的3倍。

邵伯船闸

# 中国大运河
## 的组成

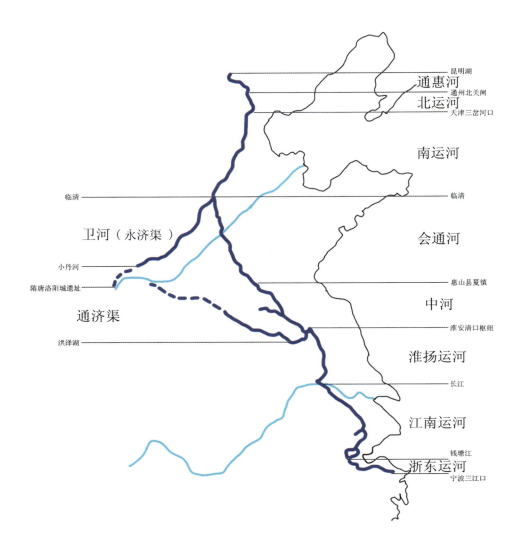

中国大运河由十段河道组成。各段河道分段凿成，时有兴废。依据不同历史时期大运河的分段和命名习惯，大运河总体上分为：通济渠段、卫河（永济渠）段、淮扬运河段、江南运河段、浙东运河段、通惠河段、北运河段、南运河段、会通河段、中河段。 中国大运河是一个复杂变化的时空体系，由以上十个始建于不同年代、处于不同地区、各自相对独立发展演变的河段组成。这些河段大多历经了复杂的发展过程，其构成、主要特点在不同历史阶段存在着较大的差异。但7世纪和13世纪的两次大沟通，将这些河段改造、连接起来，组成了贯通中国南北的中国大运河，并持续运行了上千年，对中国和世界的政治经济文化都产生了巨大而深远的影响。

中国大运河十段河道

其中，南运河与卫河是在东汉末年曹操所开白沟、平房渠和利漕渠等区间运河的基础上形成的，约始建于3世纪初；淮扬运河的前身是公元前5世纪开凿的邗沟；江南运河于公元前3世纪已经出现雏形；浙东运河的兴建始于春秋越国的山阴水道，约建成于公元前5世纪；通济渠部分河段可上溯至战国时期魏国的鸿沟水系，约始建于公元前4世纪。

7世纪初，隋代中央政府在以上多条区域运河的基础上，通过统一的规划、施工，新修了部分河道，将之前已有的多个地方性内陆水运体系连通起来，完成了中国大运河历史上第一次的南北大沟通。

通惠河与会通河都是元代初期第二次南北大沟通时开凿建设的运河河段，北运河为相对稍早的金代开凿的运河河段，中河是清代为了进一步畅通漕运而开凿的河段。这些河段都是中国大运河第二次大沟通过程中重要的通航河段。

隋唐大运河的永济渠、通济渠、邗沟和江南运河均是在原有自然水道和运道的基础上疏通联系、提升航道等级，与其说是运河开凿工程，不如说是航道整治工程。元代的大运河除临清至安山一段的会通河为新开凿外，其余各段均有旧迹可循。因而，中国大运河的建造并非一次形

玉河故道（通惠河北京旧城段）

苏州盘门

成，而是在各个区域运道不断发展丰富的基础上，经数朝数代，不断加以贯通、疏浚，终成一体。

迄今为止，淮扬运河、江南运河、浙东运河、中河以及会通河等部分河段依然作为在用的区域性航运河道，为中国的社会发展做出巨大的贡献。2500多年来，中国大运河的运输功能一直未停止，进入海陆空运输的今天，大运河依然扮演着水运时代沟通中国南北的交通枢纽角色，成为活态遗产的代表。

淮扬运河上的拖船

# 中国大运河
## 世界遗产要素

《中国大运河申遗文本》中分别选取了各个河段的典型河道段落和重要遗产点，共包括大运河河道遗产27段（长度总计1011千米）和遗产点58处（包括运河水工遗存、运河附属遗存、运河相关遗产等），共计85个遗产要素。这些遗产根据地理分布情况，分别位于31个遗产区内，其中每处遗产区均包括了十大河段中最具有典型性和代表性的遗产，是十大河段的代表性段落，具有线路和位置关键、技术特点突出和历史意义重大等特征。面积总计73566公顷，其中申报的遗产区为20819公顷，缓冲区为52747公顷。

中国大运河的85个遗产要素按类型可进行如下划分：大运河由保障其运行的工程遗存、配套设施及管理设施遗存，以及与其文化意义密切联结的相关古建筑群构成。其中，运河水工遗存共63处；运河附属遗存包括配套设施、管理设施共9处；运河相关遗产包括相关古建筑群、历史文化街区共12处；由多处河道、水工设施、相关古建筑群或遗迹组成的综合遗存1处。

中国大运河水工遗存包括河道、湖泊、水工设施，共63处。其中河道27处（包括在用、废弃的河道以及河道遗址），湖泊2处，水工设施34处。中国大运河的27段河段分别是通济渠的郑州段、商丘南关段、商丘夏邑段、柳孜运河遗址、泗县段，卫河（永济渠）的滑县—浚县段，淮扬运河的淮安段、扬州段，江南运河的常州城区段、无锡城区段、苏州段、嘉兴—杭州段、南浔段，浙东运河的杭州萧山—绍兴段、上虞—余姚段、宁波段、宁波三江口，通惠河的北京旧城段、通州段，

西兴码头和过塘行建筑群

上 | 清江大闸夜景　　下 | 吴江古纤道

洪泽湖大堤

杭州拱宸桥

杭州富义仓

北、南运河的天津三岔口段，南运河的沧州—衡水—德州段，会通河的临清段、阳谷段、南旺枢纽、微山段，中河的台儿庄段、宿迁段。除27段河段外的水工遗存分别是湖泊遗产2处：北京的什刹海和扬州的瘦西湖2处；水工设施34处：淮北柳孜运河遗址，淮安清口枢纽的清江大闸、洪泽湖大堤、扬州刘堡减水闸、邵伯古堤、邵伯码头，苏州盘门、吴江古纤道、宝带桥，嘉兴长虹桥、长安闸，杭州凤山水城门遗址、杭州拱宸桥、广济桥、西兴过塘行码头，绍兴八字桥、绍兴古纤道，北京澄清上闸、澄清中闸，河北沧州连镇谢家坝、衡水华家口夯土险工，聊城阿城下闸、阿城上闸、荆门下闸、荆门上闸，泰安戴村坝，济宁南旺枢纽的十里闸、柳林闸、寺前铺闸、邢通斗门遗址、徐建口斗门遗址、运河砖砌河堤、利建闸，淮安双金闸。

中国大运河附属遗存包括配套设施、管理设施，共9处。其中配套设施5处，分别为洛阳含嘉仓160号仓窖遗址，回洛仓遗址，鹤壁黎阳仓遗址，扬州盂城驿，杭州富义仓；管理设施4处，分别为淮安总督漕运公署遗址、临清运河钞关、宁波庆安会馆、宿迁龙王庙行宫。

中国大运河相关遗产包括相关古建筑群、历史文化街区，共12处。其中相关古建筑群6处，分别为扬州天宁寺行宫、个园、汪鲁门盐商住宅、盐宗庙、卢绍绪宅，济宁南旺分水龙王庙遗址；历史文化

总督漕运公署遗址

街区6处，分别为清名桥历史文化街区、山塘历史文化街区、平江历史文化街区、杭州桥西历史文化街区、南浔历史文化街区、八字桥历史文化街区。

中国大运河综合遗存只有1处，就是清口枢纽，它是由多处河道、水工设施、相关古建筑群或遗迹组成，是前三类遗存的综合。

中国大运河遗产分布在27座城市，其中北京、天津为直辖市，其他25座城市为省辖市，它们分别是河北的沧州、衡水，山东的德州、聊城、泰安、济宁、枣庄，河南的安阳、鹤壁、洛阳、郑州、商丘，安徽的淮北、宿州，江苏的宿迁、淮安、扬州、常州、无锡、苏州，浙江的湖州、嘉兴、杭州、绍兴、宁波。

随着大运河文化带建设和大运河国家文化公园建设的推进，大运河沿线各地坚持新发展理念，坚持以文化为引领，共抓大保护，不搞大开发，着力强化大运河文化的保护、传承、利用，努力打造大运河璀璨文化带、绿色生态带、缤纷旅游带，延续壮美运河的千年神韵。大运河正在成为新时代彰显中华民族文化自信、展示中华文明的亮丽名片。

扬州天宁寺大雄宝殿

大运河苏州段

古邗沟故道

# 走过北京什刹海

侯文葳

在北京,说起大运河,人们可能立刻就会想到郭守敬与什刹海、通惠河,想到元代这里"舳舻蔽水"的盛况。曾经,北京所需的物资经由大运河运抵这里,带来了大都的繁华,造就了大都灿烂的文化。2014年,中国大运河成功入选世界文化遗产名录,通惠河北京旧城段(玉河故道)和通州段、什刹海、澄清上闸(含万宁桥)、澄清中闸(含东不压桥)都成为重要世界文化遗产点。就让我们一起沿着什刹海走一走看一看,了解一下什刹海周边都有些什么有趣的故事,为什么北京有一句老话说"大运河漂来了北京城",北京城与大运河这条交通经济大命脉有什么紧密相连的历史和故事。

北京什刹海风光

来北京旅游，如果想感受皇家园林的恢宏大气，就去故宫、颐和园；想体验北京的民风民俗、市井生活，那最适合的地方就是什刹海了。

北京内城有六块较大的水域，以地安门西大街为界，向南有北海、中海、南海，向北有西海、后海、前海。北边三块水域统称什刹海，水域面积共33.6万平方米。南至地安门西大街，北至北二环南，东至交道口南大街，西至新街口北大街都在什刹海的辐射范围之内。什刹海是北京内城唯一一块有开阔水面的开放型景区，更是众多百姓生活、休憩，可以自由行走的地方。

关于什刹海名字的来源众说纷纭，比较有依据的有两种，一种说法是水边有十座寺庙，所以称什刹海。这十座寺庙包括广化寺、火神庙、护国寺、保安寺、真武庙、白马关帝庙、佑胜寺、万宁寺、石湖寺、万严寺，除此之外，还有广福观、大藏龙华寺等。这些寺庙有些现在还在，有的已经不见踪影。梵语称佛寺为"刹多罗"简称"刹"，因此，就有了"十刹海"的名字，叫俗了成了"什刹海"。另一种说法是有一座寺庙称"什刹海寺"，据说这座寺还是"陕西僧三藏建"，这片水域以寺为名。这个说法也有依据，明代刘侗和于亦正所著《帝京景物略》和清代《王府广记》中都有对什刹海寺的描述，中华民国时期1928年、1936年、1947年数次北平市寺庙登记中都有什刹海寺，地址在德胜门内段家胡同南半段。北京史地学家侯仁之先生赞同后一种说法。而对我们来讲，比起名字的来源，这片水域的来源更加重要。

## 什刹海的前世今生

什刹海不是海,古代也不叫这个名字。有文字记载的历史是三国时期（220—280年），当时的北京隶属魏国的蓟州管辖，250年（魏嘉平二年），魏国将军刘靖和儿子刘弘先后数次命千余兵士在桑干河（现在的永定河)支流上修戾陵堰。经过人工开凿的箱渠，导入古高梁河道，沿途灌溉百万余亩良田，高梁河下游形成的水域就

是如今的什刹海一带。519灌溉至温榆河支流。可见，水有关。那时不为修建园林

1151年，金朝海陵王北京西南侧建金中都城，1的西南角。 金中都作为金于莲花河水域，但在金代覆什刹海一带的水域称为白莲宁宫。

1215年，蒙古首领成吉了金代都城。1260年，他位，1264年下诏改燕京为中锡林郭勒盟正蓝旗上都镇）心勃勃志在中原，所以127帝非常喜欢汉文化，重用汉做营建都城的总负责人，文都水监，规划并完善了元大儿设计新宫殿。这两项规划

水是世界各国城市发展输水道闻名于世。元代建城具有的务实与远见。

郭守敬是元代少有的精家。他根据北京西北高东沛、水质清澈的白浮泉，于泉水进入瓮山泊（如今的颐河将水引入高梁河进入积水梁河入城到元代皇城北边的另一片水域称为"太液池代，海子水域水量充盈，比

去过内蒙古的人都知道梁素海""哈素海""

，北齐幽州刺史斛律羡，引高梁河水
这片水域在一千多年以前，就与人工引
，而是为灌溉稻田。

颜亮调民夫80万人，兵丁40万人，在
53年竣工。金中都建于现在北京主城区
代国都60年，那时候都城主要供水来源
灭前已经出现了供水不足的现象。当时
潭，1179年，金代曾在白莲潭附近建大

思汗（1162—1227年）攻占燕京，毁
孙子忽必烈（1215—1294年）继承皇
都，当时元上都（现在的内蒙古自治区
是都城，燕京只是陪都。由于忽必烈雄
年迁都到燕京并起名为元大都。元代皇
臣，他聘请刘秉忠（1216—1274年）
秉忠引荐郭守敬（1231—1316年）为
都城市的水系，还聘用了色目人也黑迭
奠定了以后北京城市发展的基础。

中需要首先考虑的大事，古罗马修建的
前能够考虑水系问题，显示出那个时代

通天文、历数、仪象制度、水利的科学
低的地理特点，在昌平发现了水量充
是引昌平白浮泉水及玉泉山等西北各路
和园昆明湖一带），又建设5千米的长
潭地区，从而形成了较大的水域。从高
一段水域称为海子（积水潭）。皇城内
，水源来自金水河(永定河)。那个时
现在的什刹海面积大很多。

蒙古族称成片的水为"海"，如"乌
延海"，所以当时的积水潭称"海

子"是沿用了蒙古族的习惯。

此外，郭守敬又凿通海子至张家湾的运河，由忽必烈命名为"通惠河"，通惠河的水在通州与大运河汇合，形成了漕运粮食进入北京城的黄金水道。元代海子水域是漕运终点，也是这一带最兴旺的时期。几千条运粮船，陆陆续续从大运河运粮到通州张家湾，再换成小帆船浩浩荡荡地通过澄清上闸（万宁桥）进入海子。水面上运粮船头尾相接，船帆遮蔽水面，"舳舻蔽水"的盛景是当时海子的写照。这个时期，海子北岸、东岸都成了卸粮的码头，也成为元大都最重要的繁华街市，热闹非凡。水和粮吸引海子周边商贾云集，使之贸易繁荣，自然也带来城市建设的兴旺。

元代刘秉忠出身官宦人家，自幼聪慧好学，13岁入元帅府为质子，17岁为邢台节度府令史，34岁建言忽必烈治国14条均被采纳，至元元年（1264年）48岁任中书省政事。刘秉忠博才多学，以天下为己任，凡国家事务知无不言，言无不尽，深得忽必烈信任，官至光禄大夫，参与署理国政。1266年，刘秉忠接受了元代新都城的规划任务，详细考察了辽、金旧城，规划设计并主持建造元

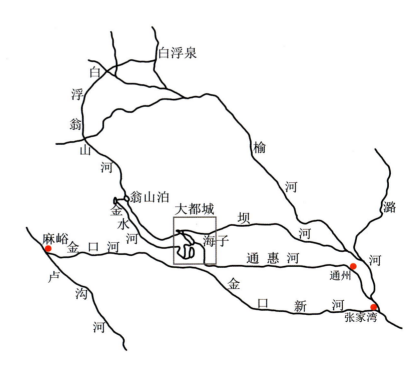

郭守敬引水通惠河示意图

代在燕京的新都城。新城规划按照"前朝后市，左祖右社"的原则逐水而建。皇城建在太液池一带，而街坊、寺院则建在海子周边，仓库建在更远一些的地方。新城1267年开始动工，到1285年大内城的宫殿、宫城城墙、太子府（隆福宫）、中书省、枢密院、御史台等办公场所，以及都城城墙、金水河、钟鼓楼、护国寺等重要建筑陆续建成。

今天我们说起元大都，也许只知道"土城遗址"，其实，现在什刹海周边的钟鼓楼、锣鼓巷，甚至东边的国子监、孔庙都是元代曾经的建筑，以后的朝代都是在元的基础上重新修建的，而这些都离不开刘秉忠的精心规划。

新建的元大都周长28.6千米，面积50平方千米，规模宏伟，工程浩大。外城墙（包括现在的北土城）用夯土建造，有十一座城门，北面两座为健德门、安贞门；南门三座为顺承门、丽正门、文明门；西面三座为肃清门、和义门、平则门；东面三座为光熙门、崇仁门、齐化门。现在北京城有些地名还沿用了当时的名称，如健德门、安贞门、光熙门。而明代的朝阳门就在元代齐化门的位置，地点没有改变。

刘秉忠还在皇城周边规划了整齐的棋盘式街巷。考古挖掘证实，元大都中轴线上的大街宽28米，主要街道宽25米，小街为大街的一半，火巷（胡同）是小街的一半，这些街道至今已成为全国人民喜爱的"网红打卡地"。当时，为了便于管理，他还把居民区划分成坊，元大都号称"五十坊"。海子附近有永福坊、凤池坊、丰储坊、析津坊、永锡坊；向东有靖恭坊、昭回坊，南锣鼓巷就在这

上｜刘秉忠

下｜元代海子漕运盛况（拍摄于郭守敬纪念馆）

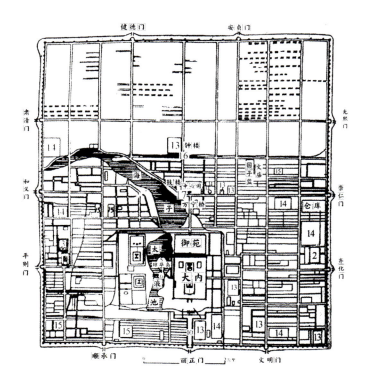

里；向北有里仁坊、居贤坊、国子监、孔庙就在此处。想来这些坊有些像现在的居委会吧。新城建好以后，富贵者和官宦人家优先迁入都城，在这些街坊里安家，从那时起北京城才有了"胡同"这个名称。

元代靠近城墙的地方建有很多仓库，明清在此

基础上修建的粮仓留存下来的现在都是国家重点保护文物。元代建设的万宁桥（建于1285年）历经700多年沧桑，仍然矗立在地安门外大街上，今天的人们仍然能够欣赏到古人的智慧和文明的光芒。不但如此，万宁桥还是如今备受瞩目的北京中轴线上保留下来的最早建筑，可见元大都的规划是多么有远见。

元代海子经过大规模整治，不但是大运河最北端的终点码头，而且还为元大都的园林、生活、环境提供用水。巨大的水域风景秀丽，商贸繁荣，也吸引着各层级的达官贵人在这里生活。

1402年明代朱棣（1360—1424年）推翻嫡传皇子夺得皇位，在北京建都。明代皇城在元大都布局的基础上扩大重建。将一部分水域分割于城外，城内部分称积水潭，城外部分为泓淳，也就是后来的太平湖。海子因周边古刹更名为什刹海，西海称积水潭。原来的太液池改名北海、中海、南海。

明代把北城墙移至坝河以南，中心至后来的明清紫禁城。明代白浮泉因为缺水已经废弃，北边只有玉泉山一处水源，积水潭的水大大减少，又修建了德胜门街，水域进一步分开，德胜门桥西的水域仍称积水潭，桥东因为修了银锭桥，因而把什刹海分成后海和前海。桥梁方便了什刹海的陆路交通，也为什刹海系上了"束腰"。那时的什刹海大面积种植水稻，号称"稻田八百亩，以供御用"。桥两侧

上 ｜ 元代都城(根据《侯仁之讲北京》中的图与说明并参考其他图制作，描图)北京

下 ｜ 明代才有银锭桥

"缥屏映波,黍稷粳稻"风光绮丽,达官显贵纷纷兴建名园。为保证皇城用水,明中期挖了一条从积水潭直接引水到前海的渠道,使什刹海前海水倒流至后海,形成"银锭观山水倒流"的景象。

清代这一片水域进一步减少,那时的水源只有玉泉山和昆明湖,什刹海的水重新出澄清上闸进入玉河、经东不压桥胡同流入皇城。到了清末,因在前海修堤,西部水面大部分干涸,什刹海水面所剩不多。又由于1874年同治皇帝病故,政府禁止商业活动,荷花市场被取缔,什刹海呈现衰败景象。由于三片水域不能连通,水量严重减少,水质受到污染。民国时期什刹海水面更加狭小,杂草丛生,社会秩序混乱,商业衰落。1949年北平和平解放以后,恢复了什刹海对中海、南海的供水。但北京的水源问题一直是困扰城市发展的重要问题。

为了保证北京城市生活用水,也为了保护颐和园、什刹海、故宫这些几百年的古代园林风貌,从1960年开始,北京修建了京密引水工程,从密云调水进京。1966年,密云水库的水经怀柔水库、昌平崔村、东沙河、阳坊、温泉、青龙桥,送到了颐和园的团城湖,保证了北京内城什刹海、中南海的水源。京密引水渠和永定河引水渠在海淀区罗道庄相会,使永定河、潮白河两大水系在市中心实现联调。

为了彻底解决北京以至华北缺水的问题,2002年,国家南水北调工程正式开

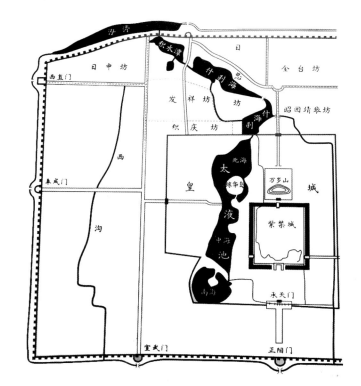

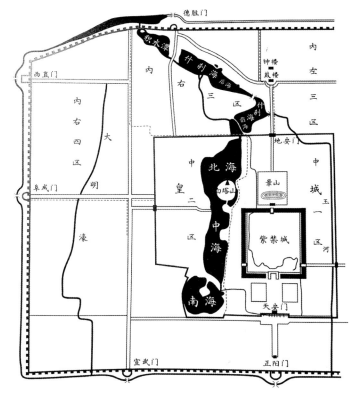

上 | 明中后期什刹海略图

下 | 清朝时期什刹海略图(拍摄于郭守敬纪念馆)

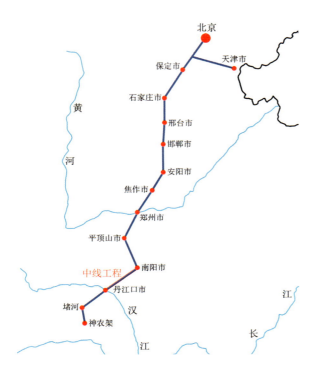

工。这是国家战略性工程,规划通过东、中、西三条线路与长江、黄河、淮河、海河四大江河联系,构成以"四横三纵"为主体的总体水利布局,以实现中国水力资源南北调配、东西互济的合理配置格局。2014年,中线工程和东线工程(一期)已经完工并向北方调水。中、东线工程总长2899千米,建成通水以来,至2023年5月,中线工程已经向京津等40多个大中城市280多个县市区调水620亿立方米。其中,为沿线50多条河流实施生态补水近100亿立方米,为受水区压减地下水超采量50亿立方米。南水北调工程可以称为当代贯通中国南北的"现代大运河"。只是为了提高南水的利用率,减少蒸发及流失,大部分采用暗渠,没有航运功能。

南水进京以后,北京的水源形势发生了巨大的改变,在丰水季节富余的南水通过京密引水渠反向注入密云水库,使密云水库储水量从以前常年的十几亿立方米上升至三十亿立方米左右的高储量运行。枯水季节密云水库又通过京密引水工程向昆明湖、潮白河进行补水。南水北调使常年河床无水的潮白河,形成一条大河向南流的景象。颐和园昆明湖、团城湖等水域现在储水充沛,北京内城更是告别了缺水时代。几百年来,无数前辈呕心沥血为北京寻找水源,通衢达江的努力在我们这个时代成为现实。

2000年,北京市重新修缮万宁桥,已经埋入土中的六只元代镇水神兽重新守护桥旁。2006年,北京市启动"玉河历史文化修复工程",经过考古挖掘,清代东不压桥和元代澄清中闸,明代和清代古河堤、澄清下闸遗址都重见天日,万宁桥东南1.1千米的玉河故道恢复通水。2014年,中国大运河成功入选世界文化遗产名录,通惠河北京旧城段、什刹海、澄清上闸(含万宁桥)、澄清中闸(含东不压桥)都成为遗产点。什刹海前海的水,涓涓流入玉河故道,形成了"御沟春水晓潺潺,直似长虹曲似环"的美丽景观。

2023年,北京昌平大运河源头遗址公园向游人开放,公园门前就是京密引水工程,利用渠中的水,当年九龙吐水的盛况重现。元代的引水渠、20世纪60年代的京密引水工程、21世纪南水北调的水就这样邂逅了。这并不是巧合,而是证明了元代

南水北调工程中线示意图

科学家郭守敬利用古代的仪器设备勘测出的引水线路，与现代采用先进的测量设备建设的输水工程高度一致，验证了元代的水利科技水平超乎现代人的想象。

如今，什刹海碧波荡漾，湖水清澈充盈，万宁桥清除淤塞，玉河重新开通，东不压桥重见天日，夜市歌舞升平，一片繁荣景象。每当我站在什刹海湖畔，常会想起元代千帆驶过的情景。700多年来，大运河带来的什刹海地区繁茂街市、市井风俗、古韵文化又回来了。

## 皇家储备看粮仓

明代永乐年间，每年通过漕运进京的粮食为两三百万石，之后逐年提高，到明成化八年（1472年），固定为每年四百万石。漕运制度一直延续到清代。以每石

左上 | 万宁桥　　左中 | 玉河河道　　左下 | 白浮泉　　　　　　　右上 | 九龙吐水盛况重现

107斤计算，明清两代每年调往北京的粮食超过4亿斤。

那么多粮食都送到哪里去了呢？前面我们看到的元大都规划中，沿着城墙有许多粮仓，元代从中统二年（1261年）开始在通惠河沿岸建立官仓，到元末城内、城边、通州共建54个官仓。明代粮食分级储备，北京、通州的粮仓为中央控制的太仓，其他运河沿岸的粮仓称水次仓作为储备后仓。清初有"京通十一仓"之说，到清末京通共17个官仓。1900年以后，漕粮改由火车运输，通州仓的地位就大大减弱了。

清代京城里有禄米仓、南新仓、旧太仓、海运仓、北新仓、富新仓、兴平仓、太平仓，康熙年间建的本裕仓，雍正时期建的储济仓，这些粮仓的主要功能是储存漕粮、禄米、救济粮。现在大多数仓房已经不见了，只有通过胡同的名字才能知道那里曾经是粮仓。如"海运仓胡同""北新仓胡同""禄米仓胡同"。难能可贵的是，北京还有两处清代粮仓得以保留，那就是南新仓和禄米仓。我两岁到北京以后住在禄米仓胡同，儿时就知道大院旁边的被服厂里有清代的仓廒。

从什刹海万宁桥沿地安门东大街向东经张自忠路到东四十条桥西，就可以看到保留完整的清代粮仓群——南新仓。

南新仓始建于明永乐七年(1409年)，在元代太仓旧基上建造。明代鼎盛时期，仓场内曾有仓廒180座，清初减少到30座，乾隆时期扩至76座。道光时期，民间粮栈兴起，官粮储备需求大幅减少。民国时期仓廒成了军火库，新中国成立后改为日用百货仓库，现存廒房七座，一座廒分为三个库房，所以南新仓共有九廒，是承载大运河漕运配套仓储设施的珍贵实物遗存，对研究古代仓储制度和技术有重要价值。

仓是古代储存粮食的地方的总称，廒是储粮的库房，明清时期数十廒或百廒为一仓，每廒五间。仓廒的位置选在地势较

南新仓仓廒群

北京

高、阳光充足、通风透气的地方建房舍，四周筑有高大的围墙，地下修有排水管道，各仓内外还凿有水井用于防火。

外表看仓廒灰砖灰瓦类似普通民房，实际上廒房建筑有着许多科学的特殊设计，其建筑与普通民房最大的不同是可以用高、厚、斜来概括。"高"指的是廒房举高不同于民房，其高度可以达到7.5米，加上气楼超过9米，也就是说，看上去像平房的廒房，最高处能达到现在的三层楼高。房屋结构基本采用独棵圆木组合成中国传统的木架结构，中间四梁八柱，五花山墙，两山插梢，前后有柱，中间排山柱直达屋顶。两边砖墙高约4米，不是一般民房可及。"厚"指的是墙厚，仓廒墙的厚度在1.0～1.5米之间，可以保证不被太阳晒透，内部温度基本均衡，而普通的民房墙厚最多0.45米。"斜"指的是墙斜。为了承受巨大荷载，仓廒墙全部用大块城砖砌筑，每块砖长45.5厘米，宽22.5厘米，高11.5厘米，重25公斤。不但廒墙厚度下大上小呈梯形，四侧外墙立面也并非直立而呈梯形。

经过实地测量，一般廒房进深约17.6米，面阔约23.8米。南新仓7座廒房尺寸并非绝对一致，高度、进深、长度都略有出入。西北处一座廒房有三个气窗，廒房的长度达到了44米，实际上有三廒。为了保证廒内的空气流通，廒墙上部有窗，墙根双向都有气洞。为了防止潮湿，廒内地面以上铺有架高的木板，屋顶开有气楼，房屋内周圈

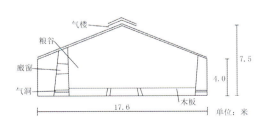

左｜仓廒内部示意图　　　　　　　右上｜廒内木结构排山柱直达屋顶　　　　　右下｜仓廒梯形立面

贴樟木板，以防虫蛀。为防止鸟儿啄粮食，窗上还插有竹篾编成的隔孔。

南新仓是保存较为完好的古代储备粮食的仓廒群，非常宝贵，现在作为南新仓文化休闲街，可以免费参观。

## 什刹海边的庙宇与郭守敬纪念馆

什刹海地区历史记载的庙宇很多，现在有的地名还在，但庙宇已经不见了，像坐落在南锣鼓巷胡同中的元代建筑圆恩寺，只有街名，不见寺院。有些有名字、有建筑，但已经没有寺院功能，像大藏龙华寺在清末是摄政王载沣的家庙，1947年办竞业小学，后来改成幼儿园至今。而三元伏魔宫早已成为民居。烟袋斜街上有广福观，属于什刹海地区保存比较完整的道教建筑，现在内部是什刹海文化展示中心。离南锣鼓巷不远的雍和宫大街有藏传佛教寺院雍和宫，与之相比，什刹海周边的寺庙都没那么出名，但是历史久远。什刹海现存的庙宇中，最主要的有三座：广化寺、火神庙和汇通祠。其中，广化寺是元代遗存，位于什刹海后海北岸鸦儿胡同，是一座较大的佛教寺院，也是北京市佛教协会所在地。火神庙位于前海东岸万宁桥西北，供奉天、地、水三官，观里青烟袅袅香火旺盛。汇通祠旧称法华寺，始建于明永乐年间，乾隆二十六年（1761年）重修，位于什刹海西海西北小岛上。汇通祠旧址正是德胜门水关，引水入城的咽喉。1972年修地铁2号线时汇通祠全部拆除，仅存一座乾隆重修碑得以保留，1986年按照原制复建汇通祠，1988年在汇通祠中设立郭守敬纪念馆。

关于大运河北京段，最应该顶礼膜拜的就是这位元代大科学家郭守敬了。我在参观了两次郭守敬纪念馆以后，把通州张家湾到昌平白浮泉的大运河北京段各个景点走了一遍，还在《旅途上的桥》中对运河中的桥闸进行了介绍。

郭守敬是元代著名的天文学家、数学家、水利工程专家、仪器制造专家，可以说是"元代理工界的天花板"。在天文学方面，他与许衡（元代地理学家）等人设计并监制了简仪、仰仪、高表、景符、候极仪、浑象仪、玲珑仪、立运仪、证理仪、窥几、日月食仪及星晷定时仪共12种仪器。其中简仪将中国唐宋时期制造的浑仪分成两个独立的观测仪器即赤道经纬仪和立运仪安装在一个底座上，使天文观测变得简单易行。

赤道经纬仪由一个赤道环和一个带窥管的四游环组

上｜什刹海岸边的郭守敬雕塑　　　　　　下｜连海水门

成。赤道环平行于地球赤道，四游环通过垂直于赤道环的轴转动，以此测量天体的运动，与现代广泛使用的望远镜结构基本相同。四游环上窥管两端安装有十字丝，是后世望远镜中十字丝的最初形式。郭守敬纪念馆展出了浑仪和简仪模型，使我们能够近距离研究这两种天文装置，感受古人的智慧与伟大。

2011年，中国与丹麦联合发行"古代天文仪器"邮票，共两枚，内容分别是中国元代科学家郭守敬于1276年发明的简仪和丹麦天文学家第谷于1589年发明的大赤道经纬仪，两者原理相同，时间相差313年。

郭守敬奉命与许衡、王恂共同编制出了《授时历》，精确地计算出一年为365.2425天（365日5小时49分12秒），与地球绕太阳公转一周的时间（365日5小时48分46秒）只相差26秒。

郭守敬的成果得到世界公认，1970年，国际天文学会将月球上的一座山命名为"郭守敬环形山"。1977年，国际小行星中心将小行星2012命名为"郭守敬小行星"。国家天文台也将LAMOST望远镜命名为"郭守敬望远镜"。

郭守敬纪念馆用前后两个展室介绍他在水利学方面的成就。郭守敬33岁（1264年）修西夏古渠，引黄河水灌溉九万亩（1亩≈666.67平方米）良田。35岁（1266年）重开金代失败的金河口，引卢沟水运输木材、石料供城市建设使用。58岁（1289年）挖山东段运河，使京杭大运河直达北京通州，比原来缩短了900千米。60岁（1291年）引白浮泉水、开凿通惠河使漕运粮食直接运达京城什刹海。到了73岁的高龄，元帝仍然不准其退休，直到85岁（1316年）辅佐了四任皇帝后猝于任上，可见郭守敬是元代不可替代的人才。

在郭守敬纪念馆我最欣赏的是18幅由水利史研究资深专家蔡蕃先生策划考样，画家东古先生创作绘制的《通惠河全图》。其细腻的笔触描绘出从昌平白浮泉到通州大运河的全景，画作惟妙惟肖，看得令人如痴如醉。画作的角度也是无人机航拍的角度，居高临下，风景一览无余。

上 | 简仪
下 | "古代天文仪器"邮票

我因为曾经在这些地方一一走过，因而感到非常亲切。

在展馆拍摄了其中几幅与什刹海有关的画作：第一幅是《清乾隆年间扩建后的昆明湖》，其中的治镜阁周边的一片水域是京城的水源地，现在是京密引水渠进入北京颐和园的入水口，被重点保护。第二幅是《长河、万寿寺及广源闸、高梁桥》。第三幅是《和义门通惠河及金水河入城》，该幅画作重现了元代从长河进入和义门（后来称西直门）入城，金水河从南水闸入城的情景。第四幅是《积水潭东部澄清上下闸》，该幅画作再现了元代玉河、东不压桥、万宁桥、火神庙、钟鼓楼，以及几座桥闸的情

上｜卢沟河引水工程　　　　中｜《清乾隆年间扩建后的昆明湖》　　　下｜《长河、万寿寺及广源闸、高梁桥》

景。如果仔细看，万宁桥的石兽、行走的漕运船只栩栩如生。这几幅画作连接起来展现了从瓮山泊到玉河的完整图景。

在纪念馆还发现一张《白浮瓮山河路线推定示意图》，从中可以看出20世纪60年代京密引水渠与元代渠从白浮瓮山河推定路线走向大体一致，部分路段重合。证明了我们在前面所讲的"邂逅"。

汇通祠是什刹海西海的制高点，向南望去，西海波光粼粼，野鸭成群，走过千年历史时光的什刹海，今天是世代需要保护的美丽家园。

上 | 《和义门通惠河及金水河入城》北京　　中 | 《积水潭东部澄清上下闸》　　下 | 白浮瓮山河路线推定示意图　　右 | 什刹海望海楼

# 什刹海畔名宅多

干旱的北方城市有这么大一片水域，就有了南方水乡的味道，距离皇城又近，于是什刹海一带从元代起就是达官贵人的聚集地。即使朝代更迭，那些深宅大院，仍然卧虎藏龙地住着各类名家达人。2018年，我曾经背着书包在周边转了两天，找寻着那些历史遗迹，收获颇丰。

## 恭王府的兴衰

恭王府位于什刹海后海南岸，是清代规模最大的一座王府，也是唯一完整保存并开放的清代王府。清乾隆（1711—1799年）时代的1784年，皇帝身边的"大红人"和珅用4年时间建造此府。1790年，皇帝十公主和孝公主下嫁和珅儿子丰绅殷德，正式入住。1799年，嘉庆皇帝（1760—1820年）赐死和珅并抄家，乾隆十七子永璘入住，称"庆王府"，承袭三代后迁出。1852年，道光（1782—1850年）皇六子奕䜣（1833—1898年）接管此宅后称"恭王府"。

奕䜣曾是议政王，后长期为领班军机大臣，是中国"洋务运动"期间清廷中枢的首脑人物，被称为"鬼子六"。他建议设立的总理各国事务衙门，标志着中国近代外交机构的萌生。奕䜣入住恭王府后，调集能工巧匠，不断对王府进行改建、扩建，现在的格局就是在那个时候确定下来的。据有关皇室的记载，1850年，王府房间有大约581间，经扩建后的王府有房间1000多间，占地130余亩（近87000平方米），是恭王府鼎盛时期。当时，恭王府还藏有不少古物名画，所藏晋唐以来书画名作不下120种。如书法方面有中国保存最早的书法名迹西晋陆机的《平复帖》、东晋王羲之的《游目帖》、王献之的《鹅群帖》、唐代颜真卿的《自书告身帖》、怀素的《苦笋帖》、南宋书法家张即之的《华严经》；名画方面有唐韩干的《照夜白图》，宋朝宋徽宗赵佶绘的《五色鹦鹉图》横卷、易元吉的《聚猿图》、米友仁的《楚山秋霁图》，以及《群牛散牧图》等，其中很多为清宫藏品。

1898年奕䜣去世，由孙子溥伟（1880—1936年）继承恭亲王位，同时继承王府。1912年初，溥仪颁布清帝退位诏书。溥伟逃到青岛与日本人勾结试图恢复"清王朝"。他从"打包"变卖恭王府文物开始，直到变卖府邸和土地，也没有实现自己的"复清梦"。

恭王府变卖的过程，也颇具戏剧性。最初没钱时，溥伟用恭王府蓝图抵押，向天主教西什库教

63颗门钉代表王府宅院的等级

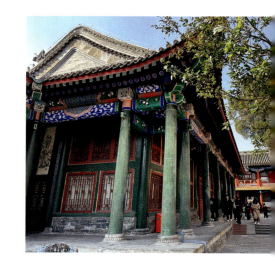

堂借了35000块大洋，到年底无钱可还，教堂不但不要求还钱，还主动再借了4500块大洋。第二年又无钱可还，教堂又借给他钱连利息凑够5万。几年之后，连本带息滚到了20万，这时，教堂将恭王府告上法庭，要求立即还钱。官司拖了3年，债务由24万滚到28万，溥伟只好将恭王府房屋部分抵债给教堂，把后花园留给两个弟弟居住。1932年，辅仁大学以108根金条代偿债务，获得了恭王府府邸产权。从整个过程可以看到天主教堂几年的资本运作，轻而易举地就把见钱眼开、毫无远

上左｜恭王府院内　　上右｜屋顶精美砖雕　　中｜抄手游廊　　下｜锡晋斋出廊

见、不懂规则的封建王朝皇家子弟弄得无家可归了。后花园最后也被两个弟弟以8万银圆卖给了辅仁大学。人都说"一座恭王府，半部清代史。"让我说岂止是清代史，还是近代史，一场资本对封建皇亲国戚的"金融战"。

1952年，辅仁大学并入北京师范大学，恭王府成为师大女院，后来恭王府陆续被八家单位占用，成为有200余户人居住的大杂院。1962年以后，在周恩来总理的批示下重修恭王府，历经28年，才完成腾退修缮工作。1988年，恭王府花园对外开放。2008年以后，恭王府全面开放，迎接八方游客。

开放的恭王府占地面积共6.2万平方米，其中府邸3.3万平方米，花园2.9万平方米。府邸有三路五进院落，"中轴布局，左右对称"。皇家宫殿恢宏大气，屋顶都是金黄琉璃瓦，而王府低一个等级，不但门钉只有63颗，而且主要建筑的屋顶采用的是绿色琉璃瓦，次要建筑灰瓦铺就，显得安静内敛。恭王府建筑选材考究，规划周密，富丽与雅致并存，既有南方的秀丽，又有北方建筑的恢宏，融汇了清代官式建筑与民间建筑特色，既是清代王宫府园的典范，也充满了艺术气息。中路银安殿现在是"清代王府文化展"。历经200多年的风风雨雨，特别是朝代更迭，社会翻天覆地的变化，能完好地保留至今太不容易了，也使现代的我们为之惊叹。本文只讲讲印象深刻的几处风景。

嘉乐堂位于恭王府中路第四进正房建筑，是王府的祭奠场所。建筑为五开间，站在银安殿后门台阶，两棵巨大的银杏树树冠几乎占满院落，正房绿色琉璃大屋顶，具有庄重肃穆之美。厢房屋顶上灰瓦铺就，砖雕构图精美，做工细腻，寓意祥瑞，系砖雕中的精品。

西路最后一进的院落曾经是和珅生活的地方，也是极其华丽的大宅子，布有垂花大门、抄手游廊、正房加东西厢房。

正房在和珅时期称嘉乐堂，小恭王时期因宅内存有晋朝《平复帖》改名锡晋斋。该房间内部两层，使用金丝楠木装潢，木作工艺精美绝伦，地板砖使用名贵的火山岩，经过打磨，呈现出金色花纹。和珅被抄家的"二十条罪状"中，有一条就是因为使用金丝楠木，僭越了皇家规矩。锡晋斋外围一圈绿色柱子支撑着巨大的屋顶挑檐，也形成一圈外廊，显得器宇轩昂。

后罩楼

木结构封闭式大戏楼，建筑面积685平方米，建筑形式为三卷勾连搭式屋顶。戏楼"音响"效果极好，是因为戏台下面掏空，放了几口大水缸作共鸣腔。有机会可以在里面听一段戏体验一下。

### 醇亲王府和宋庆龄同志故居

什刹海后海北岸最西头北沿46号，另一座与恭王府规模大致相当的王府是醇亲王府。这座王府在清康熙年间是武英殿大学士明珠的宅第，清初颇具才气的纳兰性德在此宅出生。清乾隆年间被和珅占为己有，用作别院。1789年，改为王府建制。1799年，嘉庆帝将王府赐予乾隆第十一子成亲王永瑆，家族住了89年后迁出。1888年，光绪帝将王府赐予生父，也是道光皇帝第七子的醇亲王奕譞，并大规模修缮。1890年奕譞去世，其第五子载沣（1883—1951年）继承爵位和王府。1909年，载沣的儿子溥仪（1906—1967年）时年仅3岁继承王位，载沣为监国摄政王，王府达到鼎盛时期。1911年，清政府被推翻。1912年，孙中山亲自访问醇亲王府，并赠送载沣自己的签名照，表达了对这位王爷辞去摄政王的赞赏与对王室人员的尊重。1924年，醇亲王府邸被国民政府征用，载

后罩楼是位于王府宅邸最后面的，一座贯穿三路王府的二层楼房，全长160米，一眼望不到头的感觉。每层大约50个房间，共99间半房子，后墙二层有44个什锦窗，每个房间窗户形状各不相同，里面还有夹壁墙，说是和珅用来藏宝的。和珅是史上最大的贪官，据说被查抄的财产相当于大清帝国15年的财政收入。

恭王府花园名锦翠园也值得浏览，花园大门是奕訢时期造的，门上有"静含太古"四个字，门的式样仿圆明园大法海园门，双层石拱券，布满浮雕，中西合璧。院子里有蝙蝠展翅形状的蝠池，东路有流杯亭，西边有大湖名为方塘水榭，湖中有湖心亭。如今也是湖水充盈，波光粼粼。花园中央假山堆砌，东西两座斜廊直通安善堂和堂前的邀月台。一片湖光山色的美景令人心旷神怡。花园中还有许多小院用长廊连接起来，牡丹院、竹子院、听雨轩，最突出的建筑莫过于戏楼。

戏楼建于同治年间，全木大跨度结构房屋。据称是中国现存独一无二的大跨度

上 | 戏楼

下 | 故居大门

沣移至王府花园居住。为了不被那些觊觎王府的人骚扰，1947年王府办起了私立竞业小学，载沣自任校长，也用自己在出使德国时购买的地球仪、天文望远镜亲自为学生们讲哈雷彗星、五星连珠、日食月食等天文知识。学校办得很有起色，学生最多的时候有200多人。

1949年北平和平解放，载沣经过深思熟虑、审时度势后将王府以90万斤小米的价格出售给北京国立高级工业职业学校，所得款项一半分给八个子女，让他们各自购买房屋，过起自食其力的生活。自己则搬到北京东城区另一处宅院生活。1951年，儿子溥任将醇王府的金印、银册等40多件珍贵文物和《二十四史》等7000多册图书献给国家文物局；此外，还陆续把府内藏的一大批图书捐给北京大学、北京图书馆等单位。同年，这位既是皇兄（光绪弟）

上 | 长廊　　下 | 青砖灰瓦建筑

又是皇父（宣统父），还当过摄政王的醇亲王府曾经的主人载沣，在安排好家人的生活以后平静地去世，终年68岁。

1963年，在国家领导人的关怀下，宋庆龄入住醇亲王府花园，居住18年以后于1981年5月去世。曾经的醇王府花园成为"宋庆龄同志故居"，1982年成为全国重点文物保护单位，向公众开放。

### 郭沫若故居

前海西街18号曾经是恭王府马厩，后来被乐达仁堂买下，修建了庭院，新中国成立后捐给了国家，改为蒙古人民共和国驻华大使馆馆舍。1963年以后郭沫若一家在此居住了15年，1982年，中央决定将此处定名为"郭沫若故居"。

郭沫若故居花园和宅子加在一起占地7000平方米。前院是很大的花园，种着很多超过100年的银杏树。园中有郭沫若手书石碑和郭沫若坐姿雕像。郭沫若居住和工作的房间有两进院落，还有西边跨院。全馆有四个陈列室，三处正房有会客室、办公室和卧室，后罩房是夫人于立群的写字间。除此之外，还有长廊连接各

个房间。

故居中有许多珍贵的历史照片，反映了郭沫若的革命生涯，这些珍贵的照片也让我们看到中国许多革命先驱和民主人士旧日的风采。

郭沫若故居建筑非常有特色，垂花大门及所有的房间都可以通达的连廊，具有清代北京高档民居的各种特色，1988年成为全国重点文物保护单位。

除了上述园子以外，什刹海周边还有许多名人故居。白米斜街张之洞故居、小石桥胡同盛宣怀故居、棉花胡同蔡锷故居、西河沿梁漱溟故居、兴华胡同陈垣故居等。这些故居很多已经成了大杂院，只是门口有个牌子而已。保存完好可以参观的纪念馆只有少数几座，如位于护国寺街9号的梅兰芳纪念馆，位于后海南沿26号的张伯驹和潘素故居纪念馆。

## 林林总总话胡同

"胡同"一词源于蒙语的音译，虽然学术界对这个词有不同的解释，个人认为理解成较小的街道就可以了。什刹海周边胡同多如牛毛，像迷宫一样，一般人需要导航才能找到要去的地方。胡同的名字也是五花八门，鸦儿胡同、雨儿胡同、帽儿胡同、蓑衣胡同、炒豆胡同、棉花胡同，听着满是"京味儿"，又那么"接地气"。因为历史悠久，每个胡同都有自己的特色和故事。如今，成队的三轮车拉着游人，在胡同里转悠是什刹海地区特有的景色。这些三轮车夫并不简单，他们个个都是好导游，话匣子一打开，能给滔滔不绝地介绍景点，讲古代故事呢！

大金丝胡同明代有织染所，掌管承运国库所用色绢；三不老胡同里面有郑和故居正院；鸦儿胡同里面有元代建的广化寺，还有萧军故居；千竿胡同的名人齐长庆是我国牛痘疫苗的研制者，等等。

什刹海周边最有名的胡同非烟袋斜

上 | 垂花大门

下 | 胡同游

街莫属。这条街形成于元代，最初的名称为"打鱼厅斜街"，清乾隆年间称"鼓楼斜街"，清末才以经营烟袋、烟具、古玩字画为主改称"烟袋斜街"。从胡同的俯视图看，这条胡同拐了两道弯也确实有烟袋锅的模样。街道在元代就因漕运繁荣起来，商铺林立。明朝时期，成为文人雅士聚集吟诗作画的地方。清代就有了庆云楼，门脸在烟袋斜街，楼后坐落在前海河沿。"烤肉季"也出于这里。现在，烟袋斜街仍然是一条热闹的商业街，主打北京小吃。庆云楼前成了酒吧一条街，夜晚北京最热闹的地方之一。在烟袋斜街西端与石碑胡同交叉处看钟楼风景绝佳，不容错过。

柳荫街原名为李广桥南街，这条街有一段历史。元末时期，因为海子水量减少，这片地界浮出水面变成陆地，为了保证皇城内三海（北海、中海、南海）水量供应，从积水潭（西海）东南修了一条直通前海的渠道。明朝大太监李广在这一代买地盖房修了一座桥名为李广桥。1952年，政府将这条明渠改为暗渠。1965年，因街道两岸绿柳成荫改名为柳荫街。

南锣鼓巷位于前海万宁桥东边的玉河以东，2022年列入"首都功能核心区传统地名保护名录"。从什刹海的前海走到万宁桥，向东就可以看到雨儿胡同和帽儿胡同了。元代这一片区域按照刘秉忠规划的鱼骨式街巷建造，称锣锅巷，东侧属昭回坊，西侧属靖恭坊，明代属昭回靖恭坊，

上 | 烟袋斜街模型　　中 | 烟袋斜街实景　　下 | 柳荫街

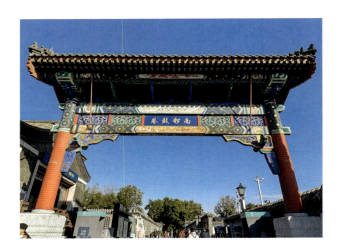

清代属镶黄旗,改称南锣鼓巷。南锣鼓巷16条胡同整齐排列,无论朝代如何变迁,胡同之间的房子如何易主翻建,胡同格局都保持不变。当你从安定门东大街走到南锣鼓巷时,等于穿越了700多年走到了元代,那种感觉是多么奇妙啊。南锣鼓巷是有明确记载为明清两代达官显贵居住的地方。一些名宅大院留下了重要的历史遗迹。现在有国家重点文物保护地2处,市级文物保护地11处。

南锣鼓巷东侧的名宅有:炒豆胡同73、75、77号、成吉思汗26世孙清代名将僧格林沁王府。东棉花胡同的中央戏剧学院所在地曾经是民国总理靳云鹏旧宅;该胡同还有清末将军凤山私宅,现在已成大杂院,只剩下拱门砖雕还保持着昔日的辉煌。秦老胡同有晚清总管大臣索家花园绮园,后圆恩寺东边有茅盾故居,7号是蒋介石行辕。南锣鼓巷西侧的名宅有:雨儿胡同的齐白石旧居纪念馆;帽儿胡同11号和9号是清光绪年间武英殿大学士文煜宅邸和花园;胡同西边35和37号有末代皇后婉容父亲荣源家的宅子;黑芝麻胡同东端,有清初臣洪承畴宅,里面保留着清中晚期的三间北房;沙井胡同和帽儿胡同都有清末刑部尚书、四川总督奎俊宅。

上 | 南锣鼓巷牌坊
下 | 南锣鼓巷

门、可园拴马石、洪承畴宅大门等，虽然遗迹众多，但给人的感觉碎片化。目前南锣鼓巷真正能够走进的四合院只有齐白石旧居纪念馆。

由于胡同保护启动较晚，众多的学校和单位，已经将原来的北京民居改造成楼房，有些宅子虽有遗址但并不开放，老百姓住的四合院多数都变成了大杂院，所以，旅游到南锣鼓巷真正能够看到的名宅大院并不太多。相信这些民宅会逐渐得到修缮并为游人开放，到那时候南锣鼓巷不仅是胡同游，更是名宅游了。

行走在南锣鼓巷，按图索骥，我们能够看到万庆堂当铺的山墙、一座拱门砖雕、民国时期的水准点、冯国璋府大门、蒋介石行辕的大门、荣禄府大

## 北京运河文化旅游小Tips

站在什刹海东岸，可以看到两座庞大的古代建筑，庄严、肃穆、壮丽，这就是经历元、明、清之后的钟鼓楼。

钟鼓楼是中国古代用于报时的建筑，始于隋代。什刹海附近的钟鼓楼最初是元代建筑，后来经过历代皇家重建，现存的为清代建筑。

钟楼高47.9米，占地6000平方米，砖石结构，屋顶为重檐歇山顶，铺黑琉璃瓦，绿瓦剪边。下部是砖石台基，上部为楼体，高33米。台基十字交叉开四面券

上 | 万庆堂当铺遗存　　　　　　　　　　　下 | 齐白石旧居

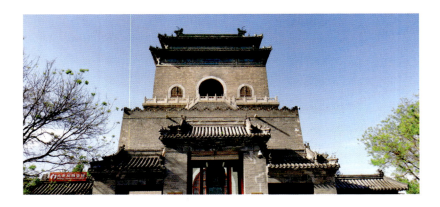

门,二楼中间悬挂着永乐大钟,建筑四面洞开,钟声远播城市上空。正面左右两边各有一石雕窗,四周有砖垛,汉白玉护栏。鼓楼全高46.7米,占地7000平方米。楼基部分称台,东西长56米,南北宽34米,高4米。南北侧各有券门三座,东西侧各有券门一座,台内为无梁砖石结构。内部有69阶石梯,可达楼上。上部为重檐三滴水木结构楼阁建筑、单昂单翘五踩斗拱,绘旋子彩画;通宽34米,进深22.4米。钟楼内25面更鼓,其中24面群鼓,代表二十四个节气,一面大鼓代表一年。

700多年历史的钟鼓楼多次损毁又多次重修,说明中国历代王朝对时辰、秩序和仪式感特别的关注。在人们日出而作、日落而息的时代,"晨钟暮鼓"既是报时,也报的是国泰民安,社会祥和与安定。

金代的规划,元代的基础,明清的建筑,七百年的大钟,钟鼓楼承载着厚重的中华历史,巍然屹立在北京中轴线上,这是中华民族的骄傲。现在北京钟鼓楼都对外开放,游人可以购票进入。站在鼓楼上看什刹海,可以看到一幅现代版的"清明上河图",感受历史的沧桑。

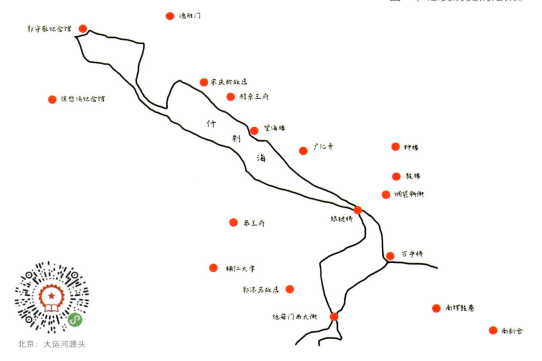

上 | 钟楼

下 | 手绘北京什刹海行走地图

# 一枝塔影认通州

李群芳

通州，是明清两代大运河漕运的转运关键节点，从什刹海流出的水沿着通惠河流到通州，与北运河汇合向东南奔流而下。这里不仅留下了众多运河古迹，同时也积淀了深厚的运河文化。而通州的燃灯塔，更是与杭州六和塔、扬州文峰塔及临清舍利宝塔并称运河四大名塔。它们不仅是中国古代建筑艺术的杰出代表，更见证了明清时期运河区域的繁荣。燃灯塔还是通州的象征，是大运河最北端的标志，自大运河千里迢迢进京的船只，一路越长江，穿黄河，过海河，看到了燃灯塔，就知道远航的目的地快到了，终于可以停船靠岸了。

通州燃灯塔

自古以来,大运河就是中国南北交通的重要通道,它见证了中国古代的繁荣与辉煌。北京作为大运河最北端的城市,运河在北京通州境内流域长达42千米,人因水而聚,城因水而兴。通州的名字也是来源于大运河,取"以漕运通济"之意。历朝历代有无数名人骚客与丰富物资通过大运河的一泓碧波"北漂"至此,滋养着这座城市,也见证了城市的历史变迁。常说北京是"大运河漂来的北京城",所以"北漂"绝不是现在才有的网络词汇,而是炒我们先人一千多年前的"冷饭"。

古往今来,一座城的灵动总是与水息息相关,绵延千年的运河更是见证了北京城市副中心通州的前世今生。通州作为京杭大运河在首都的水陆枢纽,对于首都北京有着极其重要的意义,故有"一京二卫三通州"之说。通州不仅留下了众多运河古迹,同时也积淀了深厚的运河文化,可以说没有大运河就没有通州。大运河与潮白河、温榆河、通惠河、萧太后河等河流构成了通州多河富水的生态环境。2014年中国大运河申遗成功,成为我国第46处世界遗产,共包括大运河河道遗产27段(长度总计1011千米)和遗产点58处,其中通惠河通州段即为27段河道之一。

成为世界遗产的通惠河通州段这段河道,西起永通桥(俗名八里桥),东至通惠河与北运河交汇处(卧虎桥),虽然仅5千米,但聚集了不少标志性的历史

文物古迹，尤其是今新华街道所属的通惠河通州东段，这一段本就是通州老城的北护城河，老城的文物古迹更是近在咫尺，俯首皆是。如通州衙门遗址和贡院、三教庙，通州八景之"古塔凌云""波分凤沼"，都在这一河段。在通惠河与北运河交汇处，还有当年漕运时的石坝。这些文物古迹与通惠河一起，默默印证着通州在大运河漕运史上的重要历史地位。在今天，我们走在通州大运河的古道上，仍然可以感受到那一份厚重的历史感，那些曾经繁忙的水道，那些曾经繁华的码头，都仿佛在诉说着那个逝去时代的故事。

横跨在通惠河上的永通桥，因位于通州城以西八里处，又称八里桥，桥下"画舫摇从月窟穿"，桥上"百商车碾挂轮烟"，夜晚在桥上扶栏鸟瞰，可赏"浆碎玉盘，水摇银钩"，此即为通州八景之一"长桥映月"。八里桥建于明朝正统年间，是一座三拱联孔石桥，桥长50米，宽16米。中间大拱如虹可通舟楫，两旁小拱形成错落之势，用以排水，这种构造是专为漕运的需要设计的。八里桥是拱卫京师的门户之一，战略地位十

分重要。第二次鸦片战争期间在此爆发了八里桥战役，清军在这里与英法联军展开激战，战事异常惨烈，最终清军战败。

通州燃灯塔位于北京市通州区北运河岸边，因塔身正南拱券洞内供燃灯古佛，又因塔内曾发现过佛牙及数百颗佛舍利子，故名燃灯佛舍利塔。其始建于北周年间，唐贞观七年（633年）重修，清康熙三十七年（1698年）重建塔身。自大运河千里迢迢进京的船只，一路越长江，穿

上｜通州八里桥　　　　　　　　下｜燃灯塔现状

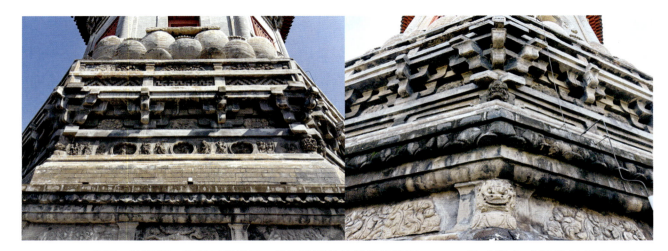

黄河，过海河，看到了燃灯塔，就知道远航的目的地快到了，终于可以停船靠岸了。通州之名取运河漕运通畅周济之意。燃灯塔为通州八景之一。"古塔凌云"也是通州的象征，塔身高约45米，为八角十三级密檐式实心砖结构，塔基为须弥座呈莲花形，每面均有精美的砖雕，下腰置二龙戏珠，上腰设三壶门，内镶仙人，各角雕力士披甲顶盔。塔身各角雕有佛像104尊，每椽悬风铃一枚，共2228枚，每枚外壁刻有善男信女的姓名。在十三层正南一面斗拱间有一块砖制诗碑由修塔僧篆刻七律一首。另外，据说在塔身上雕刻的104尊神像里，有一尊是猪八戒，也就应了"猪八戒藏身燃灯塔"的传闻，但不知道真假。您来通州旅游，如果有兴趣可以亲自去寻找一下，看看传说中的猪八戒到底是什么模样。要知道，这座塔可要远远早于《西游记》成书的年代。另外，在塔顶有一面铜镜，重达五千克，铜镜为圆形弧面，凹弧面有子弹射击的擦痕（据说是八国联军对古塔的破坏）。古塔的倒影映在几百米外的运河上，与河面上的蓝天白云相映成趣，乾隆曾谓之"郡城塔景落波尖"。昔日运河中过往的漕船商舟远远就能望到，故燃灯塔系运河北端的标志，也是古通州的地标建筑，因而有"无羔蒲帆新雨后，一支塔影认通州"的诗句。

陈列在燃灯塔下的三根"皇木"（当时建造北京皇宫殿宇的主材之一），为2005年挖掘出土，在运河里埋藏了400多年，现

上｜燃灯塔细部　　　　　　下｜当年塔顶榆树现状

在仍然质地坚硬，据说是当年修建皇宫的材料。

更奇特的是，原来燃灯塔的顶端还生长着一棵榆树，高约3.7米，浓荫华盖，枝繁叶茂，只靠着顶面瓦底薄土顽强生存了290年，堪称奇景。这里曾经是古代文人墨客来到通州吟诗舞墨之处，因此，留下了无数的美好传说。1976年唐山大地震后，宝塔受到了影响，政府出资修缮时，为了安全考虑，将塔上这棵榆树移种到宝塔东边的平地上。现今此树枝叶茂盛，造型美观，引来众多游人驻足欣赏。

1900年八国联军侵占通州时，古塔遭到了破坏。1976年唐山地震，波及通州，塔基莲花震毁，塔身多处出现裂纹。1985年除将塔顶重修外，还将塔刹增高五米，并添加相轮两个、圆光一个、仰月一个、宝珠四个等塔刹构件。将2224枚风铃全数补齐，重修莲花座，增设避雷针，同时还原色油新，彻底恢复了燃灯塔原有的历史容貌。曾经，燃灯塔是古老通州城的地标；如今，燃灯塔依然是北京城市副中心和大运河文化带的最美地标之一。

通州的地理位置非常重要，是南下江南、北通边塞的水陆要冲，西汉时称为"潞县"，当时流经通州的河流叫潞水，也就是后来的北运河。北运河在历史上是一条通向北京的重要漕运河道，北起通州，流经天津市武清区等地，至三岔河口与南运河汇合入海河。其为海河的支流，古称白河、沽水和潞河。它的上游为温榆

河，源于军都山南麓，自西北流向东南，至通州与通惠河相汇合后称北运河。

通州漕运历史可追溯到秦朝。公元前221年，秦始皇统一六国，定都咸阳，他开始了一系列大刀阔斧地巩固稳定和扩张国家政权的措施，其中包括了大规模的基础设施建设。据考证，通州区的新华大街就是当年秦始皇修的一条国道。在这轰轰烈烈的基建项目中，万里长城自然是首屈一指，不过在水利工程的修筑上也毫不含糊，大运河的前世今生可看到不少秦始皇留下的印记。秦朝时期的中国已经意识到"高速公路"和"基建"对于国家政权稳定和统一及战争的重要性。

东汉末年，曹操北征乌桓，曾利用潞河运输粮草。东汉建安十一年（206年），曹操开凿了上起呼沲（滹沱河），下入泒水（源自山西，流至天津入海）的平房渠，又开通从泃河（源自河北省兴隆县，流经蓟县、平谷、三河、宝坻，入蓟运河）到潞河的泉州渠，以通海运。曹操连通了滹沱河与泒水，泃河与潞河，将今天河北省与北京市的河流连成一体。

金灭北宋后，迁都到北京兴建了金中都，开启

运河出土"皇木"

了北京作为一座都城的辉煌时刻。但是，当时本地所产无法支撑庞大的皇族及中都粮食供给。金中都的粮食供给只能靠漕运，将山东、河北等地粮食利用潞水运至通州，然后再走陆路，从通州转运到北京。为改善通州与中都之间的运输条件，朝廷曾多次疏浚开凿京通之间的运河，但因自通州到北京，地势渐高，水浅难流，舟船前行艰难，故多采用陆路转运。

元、明、清三个朝代都定都北京，"国家之根本，莫不仰给于江南"，所以北运河在元、明、清三朝的漕运史上扮演着重要的角色。为了促进漕粮运输，元代在大都地区先后进行了疏浚北运河、治理坝河、开凿通惠河等工作，以此改善自通州至大都的运输问题。自元代郭守敬主持京杭大运河全线开通后，他又用两年时间主持凿通了从通州张家湾到北京什刹海的通惠河，将京杭大运河与北京城连接起来，使经大运河运抵通州的漕粮，得以在张家湾经通惠河转运到北京城。一直到明代中前期，张家湾一直是通州最重要的水陆转运码头之一，并发展成为运河北端漕运枢纽，有"京东第一大码头"之称。

明嘉靖六年（1527年），巡按直隶监察御史吴仲上奏重修通惠河，得到嘉靖皇帝批准。吴仲重修的通惠河，甩掉了元代通惠河至高丽庄入白河的下游河道，将码头设在通州城。除疏通河道外，他还因水制宜，调整了元代旧闸位置。庆丰两闸，只保留下闸；平津三闸，只保留上、下两闸；普济闸废上闸、留下闸；流通闸仍旧，共计五闸，蓄水行舟作用明显。同时打造了一批漕船，安排大批漕夫负责漕船运输。水利大通，千艘衔尾。用于转运的驳船分布在各闸，等候的船只似鱼鳞排列密集；行驶船只前后相连。早上从通州起运的漕粮，傍晚就能到达京城。这一次，通惠河真正实现通航。明代诗人周柞赞道："宛宛漕渠天上来，金堤玉垒圣人开。仙槎合傍银河挽，粟米如山绕凤

《潞河督运图》

台。"除了漕运，运河还要运送一些特殊的贡品。鲥鱼、杨梅和枇杷等江南新鲜物品，是明皇帝与宗室最喜欢享用的食品，运送的船只称为贡鲜船只。贡鲜船在运河上行走时，不限时间，船到即须启闸。另外，朝廷每年还要从云南往北京输送大量的铜，以制成铜钱供百姓流通，这些船只的数量也非常多。

由于大运河是维系国家正常运转的生命线，历朝历代都很受朝廷重视，加之大运河漕运所带来的丰富物资，通州在明清两代更是形成了一个人口稠密、军民吏商杂居的繁华之地。经过上百年的积累，通州城在清朝便成为一个寺院塔庙众多，楼阁会馆林立，码头粮仓繁忙的通都大邑，史书可考"岁至京师者，多至三百万石"，可供近百万人一年使用。为了存放自南方运来的粮食，清朝在通州码头附近修建了很多大型粮仓，如今这些粮仓都化作一个个地名流传了下来。如东仓、中仓和后南仓等地名，就都是当年粮仓的位置。

国画《潞河督运图》描绘了清代乾隆时期通州运河的盛景，这幅画现藏于中国国家博物馆，创作于中国清代乾隆时期。当时通州的坐粮厅官员冯应榴，主管运河漕粮的验收和转运，他经常在北运河上巡查漕运，见到通州漕运码头盛况空前的景象，萌发了绘制成画的想法。于是他邀请同窗好友江南画家江萱来通州考察，将通州码头一笔笔描绘出来，记述了当时运河重镇通州的繁荣景象。打开这幅长度近7米的画卷，仿佛走入数百年前繁华热闹的通州码头。正是每年春季第一批漕船到达通州的时候，河岸边垂柳依依，桃花盛开，一艘艘满载漕粮的船只行驶在水面上。画面上绘有围墙和护城河的地方是通州城南的张家湾码头，而画面上画有浮桥的地方，就是热闹的通州城。

从现在仍然矗立在通州八里桥的清代御制通州石道碑上的内容也可以让我们想见当年通州漕运码头的盛况。御制碑雕刻于雍正时期，碑上记载了雍正年间修建从通州到北京城的一条石道的事情。因为通惠河的运输能力有限，于是雍正皇帝命人又修建了一条从通州到北京的石道，以方便物资从陆路进京。御制通州石道碑的碑文是雍正皇帝亲笔所写，雍正皇帝的碑文让我们想起当年北运河上的盛况。当时河面上光是运粮的漕船，每年就有将近2万艘，连同官府的客船和商船多达3万艘。

雍正皇帝登基之前，曾经被派到通州负责清查通州的大型粮仓。登基之后，雍正皇帝对大运河的整治和粮仓管理也非常关注。因为漕运关系国家的经济命脉，担任漕运总督的官员也大多是股肱之臣。如我们熟知的虎门销烟的林则徐，就曾经出任过漕运总督。

张家湾古镇位于通州古城东南部，它因元朝将领张瑄督海运船北上大都，中途

上 | 敕建通运桥福德庙碑和复建的城门

下 | 建于明朝的张家湾通运桥

在此停船而得名,以漕运发达闻名天下,有着近千年的历史,是通州运河区的一处重要的码头和货物集散地。张家湾因漕运而兴,白河、通惠河、萧太后河、凉水河、港沟河五大水系穿镇而过,镇域内水系交错、路网发达,是北京十大古镇之一。据专家考证,建造北京城所用的大批石料、木材以及南方出产的商品货物大都是由运河水路经张家湾运送,民间一直流传"先有张家湾,后有北京城"的说法。历史上张家湾有着多重身份,首先是地理上的码头,其次是商业上的市集,由此形成文化汇聚之地。

明代诗人曹代萧有诗云:"潞水东湾四十程,烟光无数紫云生。王孙驰马城边过,笑指红楼听玉筝。"说的就是通州张家湾。在张家湾深厚的历史文化中,曹雪芹所著的文学名著《红楼梦》是其中最为隽永的文化基因。从元朝到清朝,张家湾一直是京畿重要的漕运大码头,也一直是大运河北端的客运码头,南来北往出入京城的人,都从这里上下船,曹雪芹家也不例外。1968年,张家湾村村民在挖土过程中,发现了一块刻石上有"曹公讳沾墓"五个字。随着曹雪芹墓葬刻石在张家湾出土,《红楼梦》中部分地名以及生活场景也被猜测是源自张家湾。书中描写的十里街、花枝巷等的原型,曹家典地、当铺、染坊、曹家坟、墓碑石等遗迹保留至今。曹雪芹踏上北京土地的第一个脚印留在张家湾,最后落叶归根也是葬在张家湾。曹雪芹与张家湾结下了不解之缘,曹氏家族所经营的当铺、家宅当年就坐落在张家湾镇的花枝巷中,但如今已荡然无存。《红楼梦》小说里提及的多处地名和街市,都能从张家湾古城内找到原型。如葫芦庙,在张家湾本就有此庙,因寺庙布局形似葫芦而得名;铁槛寺,在张家湾则有铁牛寺;栊翠庵,在张家湾则有栊泉庵;花枝巷,在张家湾古城南门。至于小说里的十里长街布局,则与张家湾古城完全一样。由此可知,年少时期的曹雪芹,进京后应当在张家湾生活过一段时间,晚年落魄老死时,又归葬张家湾祖坟。大运河无疑对于曹雪芹的创作产生了重要影响,红学文化与运河文化、漕运文化、民俗文化一起,在张家湾这块"钻石宝地"汇集,各放异彩,交相辉映。

如今,古老的大运河依旧安静地流淌,昔日北运河上南来北

上 | 修复的张家湾城墙　　　下 | 军粮经济密符扇

往的千帆万船早已变成了京津公路上的车流滚滚，通州漕运码头也变成了一座美丽的公园供人们凭吊历史。昔日之通达天下之州，京师之东大门，如今发展成为首都行政副中心。

## 通州运河文化旅游小Tips：

北京市通州博物馆收藏了很多与漕运相关的历史文物，有清代雍正时期的漕运布告，一件件通州码头出土的巨型大铁锚、船钉，向人们展示着通州码头当年大船云集的景象。一个个重达数吨的大石权告诉人们当年漕粮验收称重时的繁忙盛况。

北京市通州博物馆收藏的军粮经纪密符扇，就是当时坐粮厅官员验收漕粮时使用的密符扇。当时朝廷为了整治漕粮经纪在验收和转运时作弊，就制造了这样一种画满秘密符号的扇子。扇子上的每个符号都具有特殊含义，是坐粮厅官员依法验收漕粮的依据。一旦漕粮出了问题，就可以依照这些符号标记找到相关的责任人。

在众多灿烂的运河文化中，运河船工号子也是其中的一个重要组成部分。它是运河船工为统一劳动步调，增加劳动兴趣，提高劳动效率而创作的民歌。伴随着浩浩荡荡的船队，就是此起彼伏的号子声，号称"十万八千嚎天鬼"。通州的运河号子大体分为10种，即起锚号、揽头冲船号、摇橹号、出仓（或装仓）号、立桅号、跑篷号、闯滩号、拉纤号、绞关号、闲号。风格特点可概括为"水稳号儿不急，词儿带通州味儿，北曲儿含南腔儿，闲号儿独一份儿"。但随着近代漕运衰落，通州运河不复昔日盛况，那响彻运河两岸的船工号子成为绝唱。

大运河不但缔造了繁荣的通州码头，也因为大量人流的聚集诞生了独一无二的运河美食，如大顺斋的糖火烧和小楼的烧鲇鱼，前者绵软酥香，后者别具风味，都是因大运河而生的美食。

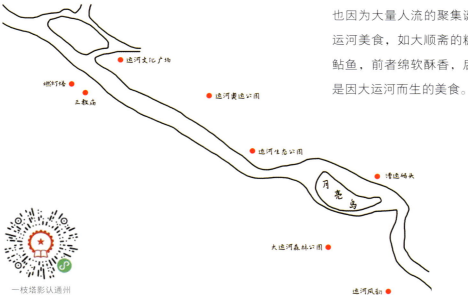

手绘北京通州行走地图

# 先有三岔口，后有天津城

张德海

昆明湖
通惠河　通州北关闸
北运河
　　　　天津三岔河口
南运河
临清　　临清
卫河
会通河
小丹河
惠山县夏镇
隋洛阳城遗址
通济渠　中河
　　　　淮安清口枢纽
洪泽湖
淮扬运河
长江
江南运河
　　　　钱塘江
浙东运河
　　　　宁波三江口

说起天津，人们可能立刻就会想到被称为"卫嘴子"的天津人的幽默哏味儿，以及名扬四海的狗不理包子和海货，都和味道有关。一个城市的内核，肯定凝聚着它独特的文化、精神、特色和味道，其实，天津是一个东西方文化交融十分突出的城市。这还得从天津开埠之前的发祥地三岔河口说起，三岔河口这个元代海漕转运重要节点的码头集散地，是天津这座城市历史发展的重要起点。"先有三岔口，后有天津城"，这句话可不是随便说说的。就让我们一起来体味一下这座津门古城的百般滋味吧。

三岔口风情

天津对于我来说算得上是座熟悉的城市,虽身居北京,但由于交通的便利,天津便成了我之前闲暇之时常去"打卡"的地方。但天津对我来说又没有那么熟悉,虽曾去过多次,但对天津的了解也只限于大麻花、狗不理、煎饼果子、风情街、南开大学、天津眼……至于"三岔河口",却一直不甚了解,只听老一辈人说过这里是天津的发源地。今天,我就和大家一起走一走三岔河口,了解一下天津和三岔河口的"前世今生"都有过怎样的故事。

都说天津是一座有着深厚底蕴的城市,虽然年代不算长,但它却有着明确的建城历史。如果讲到天津的发祥地,那就不得不讲三岔河口,因为有句老话讲"先有三岔口,后有天津城",这也可见三岔河口对天津城的形成是极为重要的。既然如此重要,那我们就先来说说三岔河口是如何用昔日的繁荣折射出今日的繁华的。

三岔河口顾名思义是三条河流汇集之口。这三条河流分别是南运河、北运河和海河。据说以前这三条河水的颜色分别为黄色、黑色、无色,且互不相搅,曾被视为一大奇观。

人类自古就"沿河而居",他们沿河迁移、定居、发展生产、进行商贸往来……天津城的形成亦如此,自大运河开通以后,得天独厚的地理优势让三岔河口形成了自然聚落,逐渐吸引了大量民众来此聚居,发达的漕运枢纽也让以三岔河口为中心的天津成为商贸重镇,而漕运文化更是成了天津发展的"记录者"。

元代是天津运河漕运的繁荣时期,那时随着京城所需粮食大增,漕运量也在成倍增长。自元代首开漕粮海运先河后,无论是河运还是海运,都必经天津三岔河口,因此,三岔河口附近的小直沽的重要性也急剧提升。在元代还是"海津镇"的时候,就有"晓日三岔口,连樯集万艘"的繁荣景象,按现如今的话说就是"堵车"(堵船),以及舳舻相接,云帆挂日的景象。有记载,金代以前,渔民、农夫和晒盐工们聚集在三岔河口形成了自然的村落。金、元时期,需要从南方走水道,

如今的三岔河口

运输大批粮食以维持运转,史称漕运。

南运河以前称为御河,因为当时的皇粮、布匹等京城一带所需要的物品都是从这条河运到三岔河口进行整顿之后再运到京城去。而日渐兴盛的漕运使得天津成为南方粮食、丝绸北运的水陆码头,更筑就了城市特有的文化风骨。当然,这里所说的三岔河口指的是老三岔河口,现位于狮子林桥一带。

取名为"天津",是明永乐二年(1404年)由明成祖所赐,其意为天子渡口之意。南运河边天子津渡遗址公园里,那块"天子津渡"的景观石就再现了燕王朱棣在此渡河南下的史实以及"天津"城市之名的由来。漕运的便利以及"高端大气"的地名的加持,让三岔河口的商业也愈加繁荣起来,制盐的、打鱼的、跑码头的……不仅使得运河沿岸的城镇聚落逐渐形成,也使得三岔河口的漕运地位日益突显,成为重要的商业与航运枢纽。"一日粮船到直沽,吴罂越布满街衢"恰如其分地反映了漕运给天津带来的商业兴盛。运河不仅滋养了天津人,也塑造了天津的繁荣,更让天津成为名副其实的"运河载来的城市"。清代诗人杨一崑在《天津论》的开篇里就写道,"天津卫,好地方,繁华热闹胜两江。"可见早期的天津在运河水的滋养下就已然是座繁华之城了。

至于当时有多繁华,有清康熙帝的诗为证。据说在1681年,康熙乘坐御舟到北京南苑游玩,可谓景美人高兴,于是顺水下了天津卫,到了三岔河口一看,天津卫的水路码头与帝都的景象截然不同,一番感慨之后,作诗一首《天津》:"转粟排千舰,分流纳九河,潮声连海壮,树色入京多,鼓楫鱼龙伏,停帆鹳鹤过,津门秋望远,明月涌金波。"

清朝初年,人们描述天津地理位置和城市特征时常说的一句俗语是:"九河下梢天津卫,三道浮桥两道关",意思是九河下梢的尽头是天津卫,那里有三道浮桥和两道关卡。我们知道海河水系包括潮白河、永定河、大清河、子牙河和南运河,但

清末时的三岔河口

为什么要说成是"九河下梢"呢？其实说的是再往上数支流，如南运河是由漳河、卫河汇成的；子牙河是由滹沱河、滏阳河汇成的；大清河是由拒马河、潴龙河汇成的……如此一数，估计都不止九河，分支太多，这里也就不再细说。而至于为什么取"九"？因为在中国古代文化中，"九"是一个虚数，其意为多。"九河下梢"指的是天津海河水系汇聚了华北地区的多条河流，想要突出天津的海河文化、漕运文化。"三道浮桥"指的是盐关浮桥、钞关浮桥以及窑洼浮桥。"两道关"指的是钞

如今的望海楼教堂

关和盐关（当时政府重要税收部门）。天津的城市特征其实归根结底讲的还是地理位置的重要性。

据说老三岔河口当时还盛产银鱼、紫蟹。产的银鱼都是银眼圈黑眼珠，但过了三岔河口产的银鱼那就不一样了，都是金眼圈红眼珠，也称"金眼银鱼"。还说在明朝的时候，天津卫就设有银鱼监，就是专门用来进贡的。天津人出了名的爱吃鱼，相传在饭店刚兴起的时候，只要是饭店就都有一个灶台是专门用来烹饪鱼类的。天津银鱼也因其不食水中的任何杂物，只吸收水中营养且全身无鳞，没有鱼腥味，倍受人们的欢迎。相传在袁世凯时期，还在天津设置了"银鱼税"，当时凡是捕捞银鱼的，都要向政府缴纳税款。

老三岔河口除了盛产银鱼，周边还有不少的古建筑，如北岸的望海寺、望海楼（并非后来的教堂，现已无存）。据说最早建于康熙年间（也有说是建于明代），是为了登楼观景而建，当然，这里也曾是清代皇帝出巡到天津时的必游之地。不管因何而建，都为后世留下了异彩纷呈的传奇故事。《津门百咏》里就有一首关于望海楼的诗"二水交并抱寺流，东南森森向瀛洲，恰当尺白同归处，观日听潮望海楼"。望海楼经过数次被毁重建重修后改名为海河楼。天津诗人华鼎元在《津门征迹诗》里是这样描述的，"群帆历历望中收，几曲朱栏府碧流，剩有二分明月色，多情犹照海河楼。"无论是《津门百咏》提到的望海楼，还是《津门征迹诗》说到的海河楼，此时此刻读到它们，是不是仿如自己就是那个登楼观景之人？那日、那帆、那潮、那栏的即时画面就呈现在眼前。

当然，三岔河口一带除了银鱼紫蟹、"楼"之外，还有崇禧观、海潮寺、礼拜寺、玉皇庙、三元庙、三取书院。东岸有大佛寺、娘娘庙、玄帝庙。西岸还有天后宫、玉皇阁……钞关、盐关、直隶总督衙门及各种衙署，天津城北的侯家后、估衣街、锅店街等，都因地处运河畔而成为当年的繁华地区。运河造就了运输的便利，运输使得商贸发达，商贸促使各类会馆、货栈、商行、银号、钱庄鳞次栉比。像竹竿巷、针市街、小洋货街等，其名称的由来都是因运河舶来的商品在这里销售而形成的。《津门杂记》中记载的："河路码头买卖广，繁华热闹胜两广"就是对当时最贴切的描述。

来往客商的嘈杂，纤夫哼唱的号子，在三岔河口演奏出一段段漕运繁盛的乐章。所以过去老天津卫还有一首民谣："三岔口，停船口，南北运河海河口，货船拉着盐粮来，货船拉着金银走，九河下梢天津卫，风水都在船上头。" 现在也有很多人还会唱。想当年，沟通中国南北的京杭大运河穿流而过，使得南北文化在这里碰撞，在这里交融。

听老人讲过一段关于三岔河口的故事，是对天津历史的又一次"见证"。家住红桥区的八旬王大爷说，他依稀记得三岔河口周边那些"水上人家"组成的村落，渔民吃住都在船上，直到漕运衰落、河道改变，船只渐渐退出百姓日常交通。他说，那一带曾诞生了谦祥益、瑞蚨祥、正兴德等老字号，不仅有老字号，还有许多茶园和戏楼。因戏楼多、曲种多，天津也被称为北方"曲艺之乡"，当然也

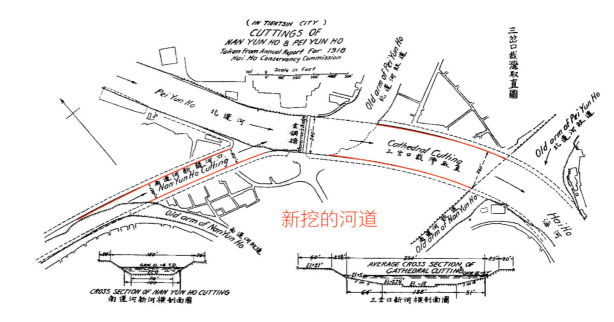

造就了一批曲艺演员和热爱曲艺的观众。

前面说了，狮子林桥附近的是老三岔河口，而金钢桥附近的是新三岔河口。据天津的文史学者介绍说，三岔河口附近的海河裁弯取直是总共六次裁弯取直工程中的第五次"河楼工程"，工程非常浩大。为什么会费这么大劲要裁弯取直呢？原因是1917年7月的一次大降雨，由于北运河从金钢桥下向东拐进金家窑，从狮子林村拐出至三岔口与南运河汇合，河道弯曲不畅，上游洪峰下泄速度很慢且不利于上涨的潮水通过，甚至有淹没城市的危险。于是将海河裁弯取直全长达400多米，直接把南北运河的交汇位置向上游移动了750米，同时缩短弯曲河道1500多米，也就形成了现在三岔河口的格局（天后宫大殿内那块"垂佑瀛壖"的匾额中，可得到印证）。短短750米航道的演变进程，却记载着这座城800多年前的崛起与地位跃升。当然，"梁家嘴过河，赵（照）家场（常）办事"的歇后语也不失天津人的幽默和风趣，因为在河道裁弯取直前，从梁家嘴到赵家场走路或骑车就可以到达，但在河道裁弯取直后，从梁家嘴到赵家场就得跨河了。

更多有关三岔河口变迁的故事，在《三岔河口记》的碑文里有详述，这里不再细述，感兴趣的朋友可以找机会去看看。

乾隆年间，天津知县张志奇在拟定"津门八景"时就曾把三岔河口列为天津八景的首位。这个曾经运送盐粮的热闹市井在历经了百年风霜后华丽变身，演变为政治、经济与商贸共同发展的都市。现如今三区（红桥、南开、河北）交界处的三岔河口虽早已不再肩负漕运的使命，但是因大运河与海河在此相融，使得奔腾不息的运河文化为这座城市积淀出了深厚的历史底蕴，那余存的码头文化，足以让你带上初来乍到的好友"到此一游"：赏河边

三岔河口裁弯取直新旧河道示意图

美景，看望海楼教堂，逛意大利风情街，品一杯茗茶、听一段相声，聊聊未来的生活，何止惬意？沿岸的"天津之眼"、三条石历史博物馆、堤岸休闲区、古文化街以及形态各异的桥梁，呈现在眼前的是一座古今荟萃、蓝绿交融的风景线。而那川流不息的河水也将一直见证着历史的风云际会和城市的日新月异。

一河通南北，千载连古今。运河形成的漕运枢纽造就了天津这座城，人们常说天津是运河水载来的，天津人也都是依运河而生的，而三岔河口在天津运河故事当中担当着浓墨重彩的篇章。古人用画来描摹运河，我们用历史研究，用建筑设计，用运河故事来全方位理解运河，表达运河，致敬运河，形式虽然不同，却都是对运河文化的一种活态传承。

千百年来，大运河穿越历史、流淌至今，恰如中华文化生生不息、奔涌向前，它已成为中华民族长盛不衰的重要文化载体。其不仅见证了中华文明和中华民族的崛起与重生，也见证了天津的包容。它既受到西方文化的影响但又具有中国传统文化的底蕴，它是古老与现代的和谐共存，更是天津这座城市的独特魅力所在。

最后，我想借金元时期文学泰斗元好问的《初到津门》来表达一下我对这座水载来的城市的感受："潞卫交流入海平，丁沽风物久闻名。京南花月无双地，蓟北繁华第一城。柳外楼台明雨后，水边鱼蟹逐潮轻。分明小幅吴江画，我欲移家过此生"。

《三岔河口记》

## 天津运河文化旅游小Tips：

三岔口和"天津之眼"早已成为天津城市地标之一。游天津，就要从三岔口开始，沿河做一次city walk深度游，摩天轮、望海楼教堂、河畔的美景，岸边的各式历史建筑和市井生活，海河上架着的各具特色的桥梁，这里是中西合璧古今交融的典范，也是品味津门古城特有滋味的不二选择。在这里，你可以感受天津的"洋味儿"，咂摸天津的"哏味儿"，还可以像天津人那样去大快朵颐一顿"海货"……

五大道是最能体会天津"洋味儿"的好地方，这里有数百座小洋楼林立，汇集了欧式建筑的各种风格，满眼的欧陆风情，既代表了近代天津的时尚和繁华，又有旧时岁月的风霜与沧桑。漫步在这里，走"洋"路，品洋餐，有一种到了欧洲的错觉。

来天津，不去听一次天津相声怎么行？从前曾有这样的说法：曲艺演员在别处红透不算红，红遍天津才算真的红。去名流茶馆听一次地道的相声，感受一下老天津卫的本土文化，咂摸咂摸天津相声和天津人的"哏味儿"。

天津人爱吃、会吃也舍得吃，从"嘛时吃嘛货"，到"嘛菜配嘛料"，天津人都特别有讲究。狗不理包子、十八街麻花、煎饼果子，当然还有各种海鲜，而天津人管海鲜叫"海货"，天津人吃海货的架势和气魄更是名震四方。天津大街小巷吃海货的餐馆星罗棋布，我们不妨也学着天津人那样来一顿海货大餐。

手绘天津行走地图

# 一船明月过沧州

李群芳

沧州至德州段的南运河是出了名的弯道多,其蜿蜒曲折的雄姿气势磅礴,让人印象深刻。对于大运河沿线而言,大运河带来的不仅有繁荣兴盛的商业,还有可能伴有水灾隐患。大运河许多渠段都是利用自然河道疏浚开凿而成的,为了解决水位落差问题保障通航平稳顺畅,就需要在河道上设计许多的弯道,也就是"三弯抵一闸"。可水流在河道转弯处冲击力比较大,洪水来临时易造成弯道处河堤决口,为了保护运河两岸区域的安全,就需要在弯道相应岸边筑堤建坝,修筑牢固的防洪设施,位于南运河上的糯米大坝和华家口夯土险工就是这类堤坝的典型代表。就让我们一起去看一看,没有先进技术和设备的古代人们是怎么做的,体会一下古代劳动人民建造堤坝的智慧结晶。

大运河沧州段雄姿

千百年来，大运河逶迤而来，"带火了"沿线的几十座城市，其中大运河沧州段全长215千米，是大运河流经较长的城市之一。有深厚文化底蕴的城市沧州市，是最得运河风水的文化古城之一。隋唐大运河、京杭大运河都经过沧州，大运河就是沧州的母亲河。它不仅养育了两岸的百姓，也给沧州带来了空前的繁荣。沧州不仅是繁忙的漕运码头、驿站，更是一座水城，是明清两代的京畿重镇，津南鲁北水陆要津的大码头。

提起运河，人们会不约而同地想到隋炀帝，殊不知曹操也对大运河的修建有很大贡献。早在东汉末年，曹操就曾于华北一带开凿了多条运河，在历史上留下了浓墨重彩的一笔。沧州段运河首位开凿者就是他，曹操为了剿灭袁绍残部北征乌桓，开凿了平虏渠，位置大致在今青县之东，相当于现在的南运河稍偏东处，这就是沧州南运河下游段的前身。

因为唐代君臣篡改历史而"差评"极多的隋朝皇帝杨广，是成也运河，败也运河。其实，如果只为了享乐，哪用得着这么费劲？开凿大运河功不在当代，却利在千秋。隋炀帝为了解决北方的漕运和北征高句丽的需要，不分男女征召了百余万人开永济渠，就是在曹操旧渠的基础上利用部分天然河道建成的，与今南运河河道基本相同。

唐代，沧州段运河仍为永济渠的一部分，依然通航。在永济渠两侧，又开凿了长丰渠、无棣沟等运河，使黄河北侧平原地区运河形成系统。

宋代也称永济渠为御河，中国封建社会时期，往往皇室御用的河道才能称为"御河"，可见永济渠在当时承担任务之重要。

华家口夯土险工

金代由于黄河河道向南迁徙，夺占淮河河道入海，御河摆脱了黄河频繁的冲淤影响，并且金代迁都燕京，改燕京为中京，宫廷建造需要的大量建筑材料从汴梁(今开封)运至北京，同时漕粮北运，逐渐形成以御河为主干运道，再加上漳河、滹沱河等河流构成的水运系统，将河北平原联系起来。

元代开凿元明清大运河，沧州段御河为大运河的组成部分，基本上沿用了原来的河道。

明代沧州段运河为卫河的一部分，卫河又称卫漕，即宋、元时所说的御河。

清代，临清至天津一段，称为南运河，沧州段运河为南运河下游。

大运河许多部分都是利用自然河道疏浚开凿而成的，大运河沧州——衡水——德州段上设置了众多的弯道，这种设计，被称为"三弯抵一闸"，是为了人为地延长运河长度来解决水位落差的问题，从而保障通航顺畅。可是水流在弯道转弯处冲击过大易造成弯道处决口，为了保护弯道河岸附近的村镇聚居区，弯道附近的河堤被不断加固加高，成为运河沿岸的防洪设施。其中华家口夯土险工和连镇谢家坝是南运河上仅存的两座夯土坝，是大运河河堤防洪设施的典型代表。

今天在衡水市景县安陵镇华家口村东头，可以看到大运河缓缓流过，水量不大，但坚固厚实高筑的华家口夯土坝仿佛可以让你想道：过去这里的水流湍急、桅杆林立，拉纤的号子此起彼伏，船运繁忙。华家口夯土坝在历史学研究领域里称为"华家口夯土险工"，是世界文化遗产中国大运河的遗产点。为什么称为"险工"？其实险工是一个建筑术语，指为了防止水流淘刷堤防沿大堤修建的丁坝、垛、护岸工程。由于大运河许多部分都是利用自然河道疏凿而成的，设计了较多弯道，可水流在弯道转弯处冲击力过大极易造成弯道处决口。华家口段历史上曾多次决口，仅在晚清时期载入县志的就有两次决口：一次是同治九年(1870年)村庄全部被毁；另一次是光绪二十年(1894年)庄稼全部被淹。多次决堤给当地百姓带来了深重的灾难，也影响了作为当时运输大动脉的航运。华家口夯土险工原建于清宣统三年（1911年），是时任知县王为仁主持修建的，华家口夯土险工全长255米，呈梯形，南北走向，顶宽13米，全段高程5.8米至6.7米不等。堤内坡采用黄土、白灰加糯米浆夯筑成坝墙，坝墙每步宽1.8米，厚18厘米，分步夯筑，底部采用坝基抗滑木桩施工工艺，外坡与顶部为素土夯实而成。密度高，硬度大，坝体浑然一体，弧形曲线符合流体力学原理，受力面合理，具有耐冲刷、防渗漏、抗水压的特点，其是中国古代利用夯土技术建设水工设施的实物证据。险工修好后，大运河华家口段从此再没有决堤记录，沿用至今已有一百余年。

沧州市东光县的南运河连镇段，曲折多弯，流势凶险，历史上洪水也曾在此处多次决口。清朝末年连镇当地谢姓乡绅捐资从南方购进两万余斤糯米，组织人力，用糯米浆与白灰、黄土，按相应比例混合筑堤夯实。一层接一层筑堤，夯土以下为毛石垫层，基础为原土打入柏木桩筑底，整个坝体长218米，厚3.6米，高5米。筑

成的大坝非常坚固,再没有出现决堤状况,并留存至今。为了纪念这位谢姓乡绅的义举,连镇这一段筑堤大坝被命名为"谢家坝"(也称糯米大坝)。据考证谢姓乡绅的具体名字无人知晓、已无后人在此居住,其他事迹也无从考证,这说明谢姓乡绅非常低调。那个年代,一次能买两万余斤糯米说明家境富裕有实力,而且可能还做了不少的公益慈善活动。两百多年的时间过去了,谢家坝主体基本保存完好,只有局部因裸露而出现风化现象。曾在2012年对此坝进行过整修加固工程,当时施工人员都无法用锤子将木楔钉入,必须借助电钻打孔,足可见坝体之坚固,不得不佩服劳动人民的智慧。有诗为证:"仰看巨坝思难解,米糯何能固土砂"?

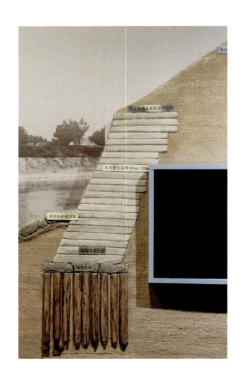

大运河沧州段还有一处水工设施值得点赞,那就是捷地分洪闸。它位于河北省沧县捷地回族乡,由130米的引河与南运河右岸相连接。明弘治三年(1490年)开挖捷地减河时,在减河上口建桥设闸。清雍正四年(1726年)重开减河时,建五孔闸,总宽28米。乾隆三十六年(1771年),将闸改为滚水坝,并将坝顶高程降低0.40米。嘉庆十二年(1807年),又将坝顶提高0.73米。1911年,将坝改成溢流堰。1933年,中华民国华北水利委员会将溢流堰改成八孔闸(即现捷地分洪闸)。目前由于年代久远已不再运用,只作为文物进行保管,属于全国重点文物保护单位。最初的明代滚

上 | 谢家坝(糯米大坝)　　　　下 | 谢家坝工程示意图(拍摄于沧州博物馆)

水坝龙骨石在闸南侧还有部分保存，现存的分洪闸启闭机为1933年改为八孔闸时所安装的设备。其为齿条式电动、手摇两用，是德国西门子公司的产品，现仍能灵活运用，为研究运河水利设施的发展及技术变迁提供了实物资料，也具有较高的历史研究价值。

在沧州市，有一个独具特色的旅游景点——中国大运河非物质文化遗产展示馆。其位于河北省沧州市运河西路，交通便利，可乘坐地铁或公交车前往。中国大运河非物质文化遗产展示馆是中国大运河非物质文化遗产公园"一园一中心"的主要组成部分之一，也是中国大运河沿线规模最大的国家级非物质文化遗产集中展示地，总建筑面积3.1万平方米，展陈面积约为1.59万平方米。这个展示馆以其独特的文化内涵和深厚的历史底蕴，吸引着众多游客驻足观赏。在这里，世界各地的游客可以一窥中国大运河非物质文化遗产的精华，并与之亲密互动。特别是一楼共享大厅循环播放的《运河非遗盛景图》，画面宏大、声效震撼，吸引游客驻足。在这里，你能深刻感受大运河文化的历史内涵，更深入地了解沧州的历史和大运河文化。

## 沧州段运河文化旅游小Tips：

从隋代至明清，沧州大运河始终是国家的交通命脉。明清两代，每年都有400万担漕运粮经沧州运至北京。此外，还有大量的瓷器、盐、煤等货物靠运河水路运输。漕运的繁忙和南北货物的融汇，给沧州带来了两岸经济的繁荣。如今的人们泛舟运河，举目远眺，波光粼粼、芦苇、荷叶、垂柳错落有致，一幅"丰草繁花碧水流，河曲千载寄沧州"的静美画面映入眼帘，美不胜收。大运河沧州中心城区段长13.7km。近几年来自黄河、长江的生态补水，令断行四十多年的河道碧水丰盈，沿线建成南川楼、百世园等12座旅游码头。2022年9月1日通航后，各地游客选择沧州运河游，感受千年运河的时代之变与别样之美。追古抚今，飞架运河的沧曲桥，如同跨越千年的时间隧道，能让人跨入尘封的漕运历史。走进隋唐时期的古老渡口，能感受到漕运人家的日常生活。通过南川古渡石牌楼。从左侧雕工精美的石牌楼洞内可望见运河对岸的南川楼。来到运河岸边，会看到在古代繁忙的漕运码头，如今已成了游船码头。置身重新修复的文化商业古街南川老街，也仿佛穿越到了明清时期的沧州运河畔，触摸到了这座城市的历史文脉。南川区域曾是古渡码头，还有宫隧祠、包公祠、关帝庙、龙王庙、昊天观等场所，犹如南京的夫子庙、上海的城隍庙一般繁华。人们在此下船上岸，观赏名胜，自古就是人流密集的地方。夜幕降临，华灯初上，乘船赏景的游客很多。当然，每逢

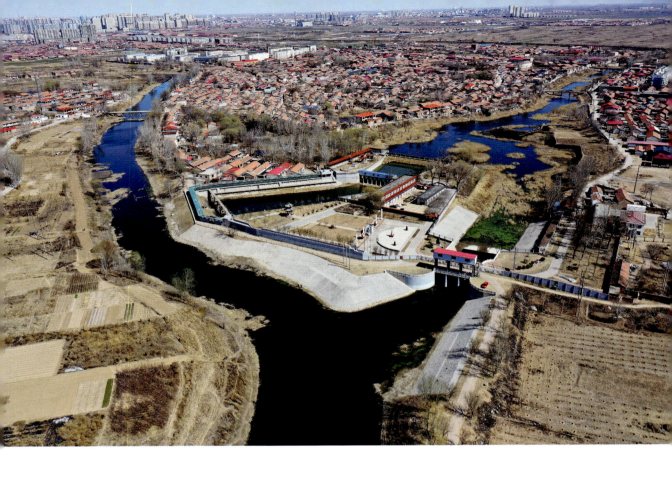

上 | 捷地分洪闸

下 | 沧州中国大运河非物质文化遗产展示馆

节假日，这里的游客会爆满。渡口的旁边就是百狮园，因园内有101只形态各异的狮子而得名。石牌路旁边能看到一座青砖灰瓦的古建筑，这里是和悦仙茶室，有典型的江南风韵。

沧州城内的三大名楼——清风楼、朗吟楼、南川楼，更是吸引了无数的文人雅士、商贾名流，他们情动于运河，兴起于心中。清代诗人孙谔曾写下《夜过沧州》的诗句，"长河日暮乱烟浮，红叶萧萧两岸秋。夜半不知行远近，一船明月过沧州"。

沧州大运河岸边的朗吟楼，也就是倒映在水中的楼，始建于明嘉靖末年，至今已有四百多年的历史。当然，如今的楼是在原址上重新修复的，它是沧州城赏河观景的最佳位置。这里还有一个有趣的传说，相传南川地通暗泉，泉水甘甜。沧州人每年取泉水酿酒，酿造的沧酒甘甜醇厚。爱喝酒的吕洞宾听闻此事，索要沧酒千斗，饮后乘鹤而去，并赋诗"三入岳阳人不识，朗吟飞过洞庭湖"。后人因此而建朗吟楼，并在楼内立有吕洞宾塑像。但这只是一个传说，没有人能说得清吕洞宾来没来过沧州、喝没喝过沧酒。但明清时期，赶考的书生、往来的官员、商人，以及文人骚客大多在此停留，把酒临风，登楼远望，赋诗唱和。那时的朗吟楼绝对是名副其实的"网红打卡地"。这里最著名的游客当属乾隆皇帝。乾隆皇帝东巡途中，巡视运河河工，曾两次登临朗吟楼，对吕洞宾的塑像多有不忿，并写诗批判道，"洞庭飞过已荒唐，沧酒何来重纪沧？遂有高楼临水裔，为传遗迹炫仙乡。因思无是谬悠事，哪得从他吟咏偿。四库全书今校勘，不宁此矣总宜详。"。意思是说，吕洞宾的传说已经久远了，有些荒唐，不能当真。而《四库全书》已经编写完成，正等校阅定稿，我做的事才是有益后人的大事、正事。感觉乾隆爷有点嫉妒神仙的潇洒。

南川楼的历史比朗吟楼稍长一点，始建于明朝嘉靖十一年冬天，历时一年高楼落成，楼上匾额写的是"南川胜览"。于是这座楼就叫南川楼，它是长芦盐运使司的产业。南川楼建成后，很快就成了盐运使司官员们、邀客登临饮酒赋诗之处。明代诗人陈履曾留下一首《舟过沧州。李若临使君邀引南川楼上》："主人能爱客，载酒一登楼，必选沧州胜，人如赤壁游。书林蝉噪尽，曲槛月光符。不为王程促，应拼十日留"。也因南川楼旁暗泉酿的沧酒，所以该楼成为南来北往的官商客商过沧州饮酒驻足的好去处。不过如今的南川楼及周边的南川古街也是近年来重新修复的。

清风楼是三座楼中最出名、最古老的一座楼。其复建于1992年，朱楼碧瓦，翘角飞檐，主楼顶层加斗拱起脊宝顶，外面琉璃辉煌，里面彩绘绚丽，与不远处的南川楼、朗吟楼遥相呼应。据明嘉靖《河间府志》记载，清风楼始建于西晋永康年间，距今已1700多年，是沧州历史最悠久的阁楼建筑。在明代嘉靖晚期，即1560年前后倒塌。晋代原址已无从考证，但元代旧址在运河东、原沧州迎宾馆南侧位置。登上这座5层仿古建筑，一观沧州城区风貌，风物果然大不同。一条"玉带"从南向北流过，不远处南湖波光粼粼、碧波荡漾，映着

树荫、山色、楼影，影影重叠，仿佛汇成一曲流动的交响乐。元代官员兼诗人萨都剌登清风楼，留下这样的诗句，"晋代繁华地，如今有此楼。暮云连海淑，明月满沧州。归鸟如云过，飞星拂瓦流。城南秋水尽，寂寞采莲舟"。古清风楼为官方接待用茶楼。中国是茶的发源地，茶性俭，苦而后甘，它的俭朴、清淡、和静的秉性，恰与国人崇尚的"清风"吻合，可谓相得益彰。这里翰墨飘香、声乐动听，文人汇聚，活动频繁，是沧州重要的文化活动场所。

沧州最大的历史机遇莫过于元代地方行政中心（州治）迁徙到此，明清借助运河漕运以及长芦盐运设在这里的契机，沧州得风气之先，商业文化迅速发展起来，并由此滋养出人文精神与公益情怀。运河两岸曾有六大渡口，均为"义渡"，也就是公益不收费的，大的渡口连马车都能赶上船。蜿蜒流淌的大运河，从吴桥大兴庄村到青县李又屯村，成就了青县、兴济、泊头、东光、连镇、桑园等重要商埠。这些城镇如珍珠般闪耀在运河长链上，数百年来，高桅长篙，大小船艘，装仓卸货，北达津沽，南通齐鲁，熙熙攘攘，络绎不绝。岸上茶庄药铺、布店锅市、酒厂粮栈、廛肆栉比、商贾环集，帆樯林立，船只穿梭，百物汇聚，繁华之处，昼尽夜延。其波光潋滟、流光溢彩，一点儿不逊于江南。沧州借助大运河，应运而生、因河而荣。

大运河之南运河风光

上｜沧州清风楼

下｜手绘沧州/衡水行走地图

# 百年运河文化沉淀的临清印记

范晓华

"两河汇流黄金道,双城合铸聚宝盆"。临清运河钞关,是明清两代朝廷设于运河督理漕运税收的直属机构,也是目前仅存的一处运河钞关遗址。《金瓶梅》"三言""二拍"等许多古典文学作品中对临清钞关都有过描述。临运河、水长清的临清,因其地理位置优越成为名扬天下的漕运"咽喉要道"和繁华的商业都会,素以"繁华压两京""富庶甲齐郡"著称。这座有着一千多年历史的老城,历经时代的冲刷和大运河的滋养,南来北往的文化在此碰撞出了别样的火花,留下了厚重的运河故事。

临清舍利塔

临清，地处隋唐卫河与明清运河交汇处，它是齐鲁西进、晋冀东出的门户所在，是卫运河与大运河的重要节点。临运河，水长清，让临清名扬天下的除了其是漕运"咽喉要道"之外，还有位于全国八大钞关之首的临清钞关。

如果说长城是凝固的历史，那大运河就是流动的文化。这条黄金水道不仅曾见证了临清的繁华，也见证了临清钞关的兴盛与落寞。这座有着一千多年历史的老城，其厚重的历史故事如果要细说估计三天三夜都说不完。

临清，其名始于后赵，因傍清河而得名，取临近清河之意，位于山东省西北部，与河北省隔河相望。本是一个普普通通的小县城，但因运河延伸段的开凿，让临清一举成为南方经济中心与北方政治中心相交汇的重要一环。我想当年疏通那段补充性工程（会通河）的人怎么都不会想到，他们开凿的这一伟大工程不仅催生了临清商品经济的萌发，更是让临清成为商贾辏集的大城市。

临清其实在隋朝时就是贝州的一处储粮重地，因是储粮重地，其军事地位自然也是举足轻重。到了明朝，朱元璋建都南京，此时的临清经济发展虽然不算突出，但因其处于北平与南京之间，于是便成了控驭北方的桥头重镇，其军事地位也得到了极大提升，一跃成为北方的政治和军事重镇。

明成祖朱棣在永乐元年（1403年）预迁都时，大修水利，直到永乐十三年（1415年）五月，南北大运河才畅通无阻，江淮漕运直达北京，而临清的经济也从此进入了飞速发展时期，如成为运河沿岸最重要的粮食转运枢纽；成为运河沿岸最繁华的工商业城市之一；成为朝廷最重要的税收来源地之一等，无一不在证明着临清因运河正在发生着前所未有的变化。

一个"城市"的发展和"壮大"离不开商贸和税收的良性循环。记得北宋时的王安石写过一篇文章叫《度支副

使厅壁题名记》，其中用很大的篇幅阐述财政管理这项工作及负责管理财政官吏的重要性。也可见那时候的人们对财政收入及管理的重视程度。

其实我国早在3000多年前的西周时代，就有了比较完善的税务机构。因为在古代中国王朝建立和维护统治中有两个重要支柱：一是财政，二是军队。而赋税是国家财政的重要来源，它不仅是管理经济的重要手段，也是为维护国家运转而强制征收的。

临清的兴盛与"钞关"可以说是相互成就的，临清优越的地理位置让其成为漕运咽喉，尤其是到了明朝中期，临清已成为我国北方最大的商业都会。商业的兴盛促使临清运河码头在日渐扩大，而

大运河与临清

码头的扩大和完善又带动了临清商品经济的迅速繁荣,如此良性循环便促生了临清钞关的诞生。当然,临清钞关也很快就让临清成为国家重要的纳税和财政收入基地。那时候,如果有人说临清是"小天津",估计十个临清人有九个都会不太情愿,因为那时的天津还是个名不见经传的小商埠,而临清已是位居北方之首的商业大都会,所以"小临清"比"小天津"让临清人更有自豪感。

在明宣德四年（1429年）由户部（相当于如今的财政部）开始在临清设榷税分司,旨在对运河的过往船只征税,也就是我们所说的钞关。钞关,本是税关,由于明朝初年,不允许直接用白银交易,包括缴税也只能用纸钞,所以,税关即钞关。光是运河沿线就设有七个钞关,由北至南依次为崇文门（北京）、河

临清运河钞关

西务（清代移至天津）、临清、淮安、扬州、浒墅（苏州城北）、北新（杭州）（这七处钞关与设在长江上的九江钞关合称为运河八大钞关），其中，地位最突出的便是临清钞关。虽然各关屡有兴废，但"钞关"从此成为国家分设的一个财政机构，用来打理国家的税收。

临清税收主要有两项，一项是征收商税，另一项就是征收船税。《明史·食货志·漕运》中有记载："运船之数，永乐至景泰，大小无定，为数至多。天顺以后，定船万一千七百七十，官军十二万人。"描写的是大运河贯通后，除了众多的官船外还有不计其数的民间商船，而这些商船和官船就成了税收的主要对象。据记载，明朝中前期，年收税银达四万多两，到明万历年间，临清钞关年征收船料和商税达到八万多两，居全国八大钞关之首。明万历六年，山东一年的课税折银也就只有8860两，仅占临清钞关税收的十分之一。

临清钞关占地面积超过4万平方米，据说当时光是衙役办公人员就多达278名，而且他们分工明确、各司其职。它的设立不仅给朝廷带来了可观的收入，还承担了赈济灾民、修建河堤、漕船以及相关官员的俸银等，这也从侧面反映了临清钞关的显赫地位和在国家财政税收中起到的极为重要的作用。

这条"流动的文化"不仅让临清成为"税收大户"，也为临清的商业繁荣带来了各种商机。据说临清在明代的人口就过百万，当时，90%的人口是南来北往的商人，他们不仅带来了货物，也带来了制造商品的手艺。经济的繁盛给临清带来了方方面面的快速发展，例如，明万历年间的文学名著《金瓶梅词话》中对于临清州的一段描写："这临清闸上，是个热闹繁华大马头去处，商贾往来之所，车马辐辏之地，有三十二条花柳巷，七十二座管弦楼。此去离城不远，临清马头上，有座晏公庙。那里鱼米之乡，舟船辐辏之地，钱粮极广，清幽潇洒……"也点出临清在明末时期的繁华与奢靡。

关于描写临清繁华的记载，在许多古典文学作品和名人诗词中也会经常看到，例如，明代文渊阁大学士李东阳路过临清时，就曾留下过"城中烟火千家集，江上帆樯万斛来"的诗句。

除此之外，《金瓶梅》中也比较形象地再现了那个时期商品经济发展给社会带来的变迁。当然，除了《金瓶梅》还有影响较大的明代小说《梼杌闲评》（又名《明珠缘》），它是明末一部揭露宦官魏忠贤的小说。小说里作者对临清的描写也是多达几十处，以真实史料为背景，虚实结合，大大增强了其可读性；又如明末清初的史学家谈迁，他的《北游录》以手抄本流传于世，其对临清钞关的记录可使我们通过字里行间窥得当时商人过关求利之不易；还有冯梦龙的《古今谭概》，巧妙地讽刺了临清钞关横征暴敛的社会现实等。作者之所以选择临清为创作背景，也可见临清当时在全国的地位与分量，它不仅吸引了商人的眼球，同时也是文人们进行文艺创作的摇篮。作者也常会在作品中以大篇幅的笔墨来描写人们如何尽情"啄食"大运河带来的便利。当你走进那些作品并且细细品味它们时，你会仿佛跟着作者一起把鼎盛时期的临清重新走了个遍。

临清钞关甚至还出现在多位外国人的记载中。有我们较为熟悉的《利玛窦中国札记》，其作者是一位意大利传教士——利玛窦。据说他于明万历年间来中国居住时带着准备进献给皇上的贡物，途经临清时受到了临清钞关主事的接待并为其准备了丰盛的宴席。让我不敢想象的是当时的一个钞关主事是用何等奢华的宴席招待利玛窦这位贵客的，使其能在著作中发出如此的赞叹："场面富丽堂皇，足以与人们所能想象的最高君主相匹敌。"

临清经济的繁荣与发展、文化的普及与提高，得益于大运河漕运的兴盛，所以临清走进文学作品不是一个偶然，而是历史进程中农耕文明与商业文明相互交织的一种必然。漕运不仅给临清带来了发达的商贸并遗留下著名的文学作品，它还成就了中国北方的曲艺文化。

繁华的商贸在满足了文人骚客们的物质需求后，精神上的"抚慰"自然也不能缺失，于是就出现了各种各样的曲艺形式：山东运河小调、山东琴书、梨花大鼓、临清时调、快板书、道情、落子、西河大鼓等，它们或虚或实或夸张，但都是当时一种艺术源于生活的文化呈现。极具代表的莫过于诵说类曲艺——山东快书，一人一板便能开始演出。

说到山东快书，它起源于临清、济宁一带，后流行于山东其他地方及华北、东北各地。最有代表性的要数著名的表演艺术家高元钧先生的传统曲目《武松传》，以演唱武松故事为主，高元钧先生喜用"闲言碎语不要讲，表一表好汉武二郎"开场。这门"敲击"技艺，催生了山东快书。我没有考证过山东快书是不是与大运河纤夫的号子声有关（艺人有说山东快书是从"河里"来的，即古运河码头），但是临清人对这门艺术形式有着自己的理解和珍重。

山东快书因运河文化而催生，没有大运河的繁荣，就没有那么多的富商大贾，自然也就不会有那么多爱听"武老二"的人，更没有为了活命而奔走江湖的艺人。当然，没有这些因素的铺垫，自然也就不会有这种民间艺术的诞生，也就更不会有登上大雅之堂一说。

这些曲艺形式的诞生，无不吸引着四面八方的人们，久而久之不仅成了当地百姓喜闻乐见的一种文化生活，更是养成了当地百姓喜欢说唱的习俗。例如脍炙人口的"临清时调"距今就有600多年的历史，现今仍在广泛流传。

文学名著也好，曲艺文化也罢，只能算是精神食粮，再"豪华"的精神食粮也离不开存活的基础底线——物质食粮（吃）。在物资匮乏的年代，"民以食为天"也绝不是一句口号。

被称为世界三大菜系之一的中国菜，有着悠久的历史，因技术精湛、品类丰富、流派众多、风格独特等特点而享有盛誉。但是，你知道在等级观念十分森严的封建社会人们是如何"吃"的吗？

临清自明代大运河开通后，不可避免地诞生了官府菜（宫廷菜之下的一种以地方衙署机构接待用餐的称谓），又称官僚士大夫菜，其规格是不得超过宫廷菜，但又要与庶民菜有极大的差别，所以在封建社会里，膳食不仅要分为三六九等，其更是身份等级的一种象征。史料记载，临清最穷奢极欲的官府菜莫过于明代万历年间的税官马堂，前面我们也提到过他在接待意大利传教士利玛窦的席面奢华到令人难以想象。当然，这也证实了"膳食交往"并非是现代生活中才诞生的一种形式。

明清之时，临清的官府菜以孔府菜为最，如极具代表的一道名菜（喜庆寿宴时）——八仙过海闹罗汉。在以前，此菜上席时才可开锣唱戏，足以证明此菜在人们心中的"分量"。品美味、看大戏，热闹非凡，但也奢侈至极。

据《临清州志》记载，明代时临清的官员以南方人居多，他们对饮食的讲究可谓"食不厌精，脍不厌细"。直到今天，南方菜也仍旧以精致、细腻、醇厚为主打。它们不仅对色香味形要求俱佳，甚至对盛装菜品的器皿也是十分讲究。明明只是一道普通的菜肴，但在经过精心的摆盘和装饰后，会让你"跃跃欲试"但又不忍下口，甚至忘却了它的"普通"。而临清官府菜的菜名也是将运河文明的元素——应运而生，如"玉带扬帆""仓廪连城""花开富贵"……

就是这样一个作为明清五百多年运粮要道和军事要地，一个有着独特历史文化的地方，因为大运河从这里流过，从此，古桥、古塔、古寺的"传奇"中又多了一道古朴的气息。

有"江北小苏州"之称的宛园，说它是临清的"苏州园林"一点也不为过。它将千里江山缩于方寸之间，曲径回廊、蜿蜒徐行，集南方建筑与水乡风格为一体，可谓是一步一景，又步移景异，让人们在行走之间，将各色美景尽收眼底。

撑一把油纸伞漫步于宛园，赏着古老的建筑，配一曲优美的江南曲调，仿佛走进了一幅浓墨淡染的画卷中，它绝不亚于绘画大师用写意的水墨勾勒出的淡雅轮廓。

从独有温婉的宛园到典型木结构的鳌头矶，有种忽从南方到了北方的感觉。

鳌头矶位于元运河和明运河的分流之地，建于明嘉靖年间。在明清两代，因运河漕运的鼎盛，文人骚客常登临楼阁眺望运河，见船来舟往、帆樯如林，即寄情抒怀、赋诗唱和，也让"鳌矶凝秀"成为运河繁荣时期临清的一景。

临清的舍利宝塔与通州的燃灯塔、杭州的六和塔、扬州的文峰塔并称运河四大名塔。它建于明代万历年间，位于临清市城北卫运河东岸，有着380余年的历史，它是真正与明清运河相伴相生的建

上 | 鳌头矶鸟瞰

下 | 鳌头矶

筑。登临舍利宝塔远望，运河如带、翠堤蜿蜒，风吹塔檐铜铃，感受梵音袅袅，撷取的八面风光，让登塔人在感受到片刻宁静的同时仿佛也在追忆着临清已然失去的繁华。

钞关、宛园、鳌头矶、舍利宝塔，这些构建的艺术在运河博大胸怀的滋养下，让我们见证了繁华，也慰藉了心灵。

运河的传奇造就了临清几百年的繁荣，最后都镶嵌在了一座钞关的青砖黛瓦间。"繁华压两京""富庶甲齐郡"。临清这座小城，因运河之故，使其历史遗存丰富，文化底蕴深厚，也让南来北往的文化在此碰撞出了别样的火花，造就了别具一格的景致，成为中国华北平原上的一颗明珠。在你闲暇时，不妨迈开双脚到临清去实地"丈量"一下，真真切切地感受一回昔日江北运河文化的融合与变化，或许你会有更多、更新、更不一样或更加"准确"的感受。

## 聊城运河文化旅游小Tips：

游临清不妨抬脚游一下聊城。说到聊城，最不缺少的应该就是"英雄人物"。一部《水浒传》传遍民间，使其在千年历史长河中熠熠生辉，那些传奇的民间传闻和一个个神通广大的"好汉"会让你在走进聊城时重温那段刀光剑影的江湖快意恩仇。这里有因武松打死一只老虎而闻名天

下的景阳冈，那幅"三碗不过冈"的大字，仿佛在提醒着旅客随时会有"大虫"出现。还有当年武松斗杀西门庆的"狮子楼"，被联合国教科文组织称之为"世界上为数不多的酒楼"。在你走进离它不远处的狮子楼景区时，你会仿佛穿越到了宋代，不仅可以一睹千年前阳谷的繁荣经济，还可以聆听水浒故事，体验水浒风情，做一回地地道道的水浒好汉。

除了《水浒传》中描述的景点，这里还有与鹳雀楼、黄鹤楼、岳阳楼、太白楼、滕王阁、蓬莱阁、镇江楼、甲秀楼、大观楼并称中国十大名楼的光岳楼。还有亚洲三大摩天轮之一及全球首座建筑

临清舍利塔

与摩天轮相结合的城市地标——"水城之眼"摩天轮。东昌湖风景区自然也不能错过，景区内错落散布着光岳楼、铁塔、山陕会馆、海源阁等名胜古迹，以及傅斯年陈列馆、范筑先烈士纪念馆、孔繁森同志纪念馆等文化景点……

总之，聊城是个值得一游的地方。

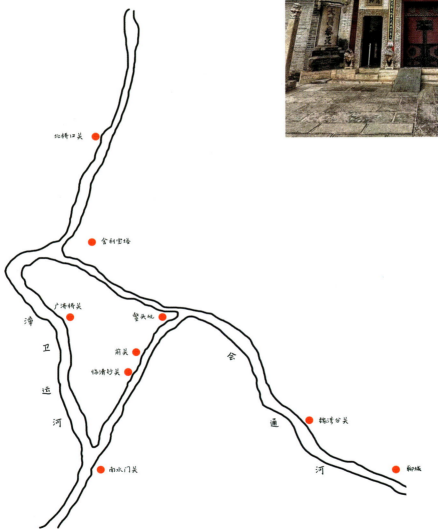

临清运河风光

上｜山陕会馆　　　　　　　　　　　　　下｜手绘临清行走地图

# 南旺枢纽：
# 大音希声的
# 大运河科技
# 明珠

白云

地图标注：
- 昆明湖
- 通惠河 / 通州北关闸
- 北运河
- 天津三岔河口
- 南运河
- 临清
- 会通河
- 卫河
- 小丹河
- 唐洛阳城遗址
- 通济渠
- 洪泽湖
- 微山县夏镇
- 中河
- 淮安清口枢纽
- 淮扬运河
- 长江
- 江南运河
- 浙东运河 / 钱塘江 / 宁波三江口

有人称山东段的大运河为"闸河"，自元代对大运河裁弯取直开通会通河后，因为地理及气候的原因，保障大运河畅通就一直是一部齐鲁人民战天斗地、铮铮铁骨又气势磅礴的英雄历史。这里的大运河，如英雄聚义的一坛烈酒，浑厚浓烈又波澜壮阔。当然，"战天斗地"并不是不讲科学，在这一篇章里，就请读者和我们一起，来看一下世界遗产大运河的重要遗产点之一、被誉为"江北都江堰"的南旺枢纽工程，这项先人们做出的、超出世人所有瑰丽想象的科技大创意，到底是怎样的？一起领略这项古代水利工程的无穷智慧和非凡的科技创造力吧。

戴村坝雄姿

大禹治水的故事是我们从小就熟悉的，这也许是我们最早接触到的有关水利工程的科普知识，其中因势利导、科学治水的理念深入人心。

水是人类生产和生活必不可少的宝贵资源，为了使以自然状态存在的水能符合人类的需要，人类发明了水利工程。水利工程就是为了防治各种水灾害，以及科学有效地调配和利用水资源而修建的工程。为了建设水利工程，一般需要修建坝、堤、溢洪道、水闸、斗门、渠道等不同类型的水工构筑物，来实现水利工程的不同目的。

古人治水是以人水和谐关系为核心的，以此为出发点，来因地制宜建设水利工程解决灌溉、航运等问题。世界文化遗产中国大运河横跨海河、黄河、淮河、长江、钱塘江五大水系，是2000多年前中国人超出世人所有最瑰丽想象的大创意，是"一件人类天才创造力的杰作"。在古代它是一条贯通中国南北的交通大动脉，是当时中国政治、经济和文化的生命线。即使到今天，很多河段还在通航，继续发挥着交通作用。但要保障这条交通大动脉的功能畅通无阻，有两个条件是必不可少的：一是全程有充足的水源，二是全程能通航。在几千千米长的运河上，要做到这一点还真不是一件简单的事。

我们都知道，2014年，中国大运河27段河道、58个遗产点共85个遗产要素被联合国教科文组织批准成为世界文化遗产，而其中大运河山东段就占据了河道6段、遗产点15个共21处遗产要素。让我们感到更加吃惊的是，这15个遗产点中竟然有10个是各种形式的闸，相信不少人心里都浮现出"为什么"的疑问：大运河山东段沿岸文物古迹丰富，人文历史沉淀极其深厚，可选资源非常之多，为什么入选遗产点的偏偏是这些朴素到甚至毫无"颜值"可言的"闸"呢？

就如人在苏州，园林是一堂必修课一样，在山东沿大运河旅行，不了解一点儿闸和坝的知识，也很难读懂大运河的灵魂。因为山东的大运河又被称为"闸河"，这里的大运河，如英雄聚义的一坛烈酒，浑厚浓烈又波澜壮阔。

我们知道，要维系大运河航道的正常运行需要有充足的水源和流向稳定的水流。中国地形西高东低，江河一般都是自西向东流并最终汇入大海。元代对大运河裁弯取直，在临清和济宁之间开凿会通河，由此成就的元代大运河是唯一南北走向的人工河道。由于它没有独立的流域水系，故元代大运河保障航运的水源，一是通过天然水系水源补给方式——降雨，但大气降水的直接补给量远远不够运河所需；二是利用运河沿线地区的河湖水系来进行引水补给，这是大运河主要的水源。

大运河流过的华北平原整体地势较低平，山东济宁段由于地形、地势等自然条件因素，海拔较高，又受到黄河淤积的影响，因此在地势上形成了明显的隆起区域，形成了整个大运河的制高点，引水不便。同时，这一地区季节间降水不均，水源不足，通航很困难。因此，为保证运河的畅通，元明清三代对大运河济宁段展开了"引水济运"、设置水柜和运道的闸坝等重要工程，都是行之有效的重要措施。从元代便开始利用汶、泗两大天然水系对

| 序号 | 组成部分名称 | 遗产要素 | 遗产要素类型 | | 备注 |
|---|---|---|---|---|---|
| | | | 大类 | 小类 | |
| 1 | 南运河沧州—衡水—德州段 | 南运河沧州—衡水—德州段 | 运河水工遗存 | 河道 | |
| | | 连镇谢家坝 | 运河水工遗存 | 水工设施 | |
| | | 华家口夯土险工 | 运河水工遗存 | 水工设施 | |
| 2 | 会通河临清段 | 会通河临清段 | 运河水工遗存 | 河道 | |
| | | 临清运河钞关 | 运河附属遗存 | 管理设施 | |
| 3 | 会通河阳谷段 | 会通河阳谷段 | 运河水工遗存 | 河道 | |
| | | 阿城下闸 | 运河水工遗存 | 水工设施 | |
| | | 阿城上闸 | 运河水工遗存 | 水工设施 | |
| | | 荆门下闸 | 运河水工遗存 | 水工设施 | |
| | | 荆门上闸 | 运河水工遗存 | 水工设施 | |
| 4 | 南旺枢纽 | 会通河南旺枢纽段 | 运河水工遗存 | 河道 | 考古遗址 |
| | | 小汶河 | 运河水工遗存 | 河道 | 引河 |
| | | 戴村坝 | 运河水工遗存 | 水工设施 | |
| | | 十里闸 | 运河水工遗存 | 水工设施 | |
| | | 邢通斗门遗址 | 运河水工遗存 | 水工设施 | 考古遗址 |
| | | 徐建口斗门遗址 | 运河水工遗存 | 水工设施 | 考古遗址 |
| | | 运河砖砌河堤 | 运河水工遗存 | 水工设施 | 考古遗址 |
| | | 柳林闸 | 运河水工遗存 | 水工设施 | |
| | | 南旺分水龙王庙遗址 | 运河水工遗存 | 相关古建筑群 | 考古遗址 |
| | | 寺前铺闸 | 运河水工遗存 | 水工设施 | |
| 5 | 会通河微山段 | 会通河微山段 | 运河水工遗存 | 河道 | |
| | | 利建闸 | 运河水工遗存 | 水工设施 | |
| 6 | 中河台儿庄段 | 中河台儿庄段(台儿庄月河) | 运河水工遗存 | 河道 | |

大运河进行大规模的人工水源补给，在河道落差大的河段修建人工闸坝，来调节水流量和水位，以实现大运河由海拔低地跨越海拔高地通航的壮举。因此，山东运河沿线闸坝密集，颇为壮观。

闸是用来调节水量的，是水利工程的重要组成元素。这些在大运河上所建的水闸，就功能而言可分为两类：一类是为了航船能正常通航，建在主航道上控制河道水位的船闸，通过开闸、关闸、注水、放水，有序地不断提升水位或降低水位，让航船像通过楼梯一样逐级升降，满足了航船在不同高度河段上的升降要求，南北往来的浩荡船队才得以平稳通过。另一类是为了"引水济运"而建在引水河上或沿运河的水柜（湖泊）出入运河口附近，用来控制蓄泄水流量的闸门。

中国大运河遗产山东段遗产要素一览表

位于济宁以北的南旺地势隆起，是整条运河上的海拔最高点，被称为大运河的"水脊"，大运河在这里犹如一条"驼峰航道"。"水脊"河段水源严重不足，每逢枯水期，漕船就会在这里搁浅不能通行，故一直是影响运河畅通的难题。事实上，在明代以前，大运河断流断航的事情时有发生，最主要的原因就是水脊难越。世界遗产大运河的重要遗产点之一、被誉为"江北都江堰"的著名南旺枢纽工程，就坐落在这里。

明代初期重新开通疏浚大运河（1411年），工部尚书宋礼采纳了汶上民间水利专家白英的建议。他们经过勘察，提出"引汶济运"的解决方案：改元代的济宁分水为在"水脊"南旺分水，在戴村筑坝拦截大汶河水，并开挖小汶河河道，引汶水西南行从南旺水脊处入运河，并在此建分水工程，七分向北流，三分向南流，此后建龙王庙于分水处，故称为"分水龙王庙"。同时，为保证运河有适合航运的水位，巧妙利用地形设置"水柜"，并设置闸门调控，陆续建成了一批调节运河水量的重要设施。以此为基础建成的南旺枢纽大型综合水利工程，巧妙地利用"引、蓄、分、排"四项关键技术，成功解决了大运河"水脊"缺水的棘手难题，保证了运河漕运畅通。

在大运河2014年申遗成功的85项遗产要素中，南旺枢纽工程就拥有其中的10项，遗产要素如此丰富集中，这在整个大运河上唯淮扬运河扬州段可以媲美。南旺枢纽是大运河上的一颗璀璨明珠。

那么，这个著名的南旺枢纽工程主要有些什么内容呢？现在又是一种什么现状呢？为了解这项伟大的能与都江堰相媲美的古代水利工程，我们来到位于济宁南旺的大运河南旺枢纽国家考古遗址公园，并沿途对大运河南旺枢纽段的遗产点，进行实地考察与参观。通过考察学习，领略古人水利项目的科技风采，感悟大运河的文化内涵。

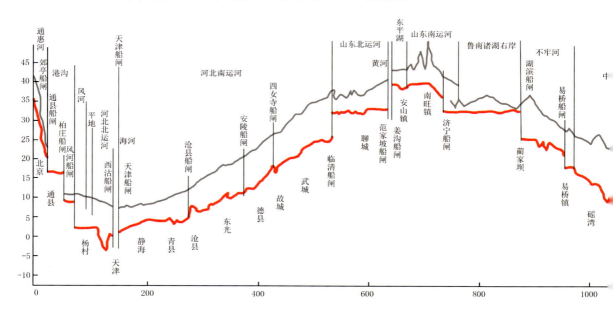

大运河沿线高程示意

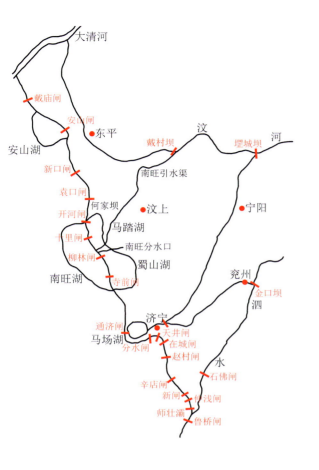

南旺水利枢纽所在的会通河由于长时间废弃，通航功能丧失，当年帆樯如林、船楫相连的繁忙景象，早已消弭于历史的时空，现在，南旺枢纽工程也大部分变成了遗址。也源于此，使得"江北都江堰"南旺水利枢纽在大运河中的关注程度相对较低。现在，这里建起了大运河南旺枢纽国家考古遗址公园，考古工作者对南旺枢纽进行了大规模的考古发掘工作，对南旺分水口周边部分的运河故道、石驳岸、分水鱼嘴、码头、分水龙王庙等遗址进行了科学保护，修复部分斗闸设施。同时，在遗址公园内又修建了大运河南旺枢纽博物馆。当我们进入大运河南旺枢纽国家考古遗址公园，慕名前来参观这项古代伟大的水利工程遗址时，只能依据仅存的部分遗迹，凭想象在脑海中勾勒出当年曾经的繁荣。所幸，大运河南旺枢纽博物馆内用现代科技手段和多媒体技术再现了这座伟大水利工程昔日的辉煌，弥补了我们不能亲

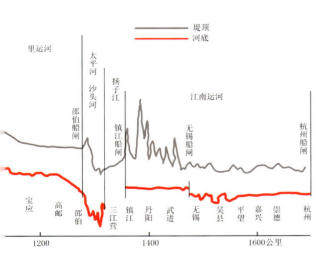

上左｜南旺分水枢纽工程示意　　　　　　　上右｜大运河南旺枢纽国家考古遗址公园

上｜大运河南旺枢纽国家考古遗址公园鸟瞰图　　　　下｜大运河南旺枢纽博物馆展厅中的南旺枢纽模型

眼看到几百年前盛况的遗憾，串联起了历史的时空。我们于参观和体验中，更加深刻地感受到，大运河赋予的灵气和风韵，是于此长存的。

大运河南旺枢纽博物馆是以展示南旺枢纽科技成就为主题的，建筑面积3400余平方米，包括序厅、古代运河展厅、3D影视展厅、南旺枢纽展厅、河工技术展厅和运河管理展厅共六个展厅，全方位展现水工技术成就和大运河自然风貌与历史文化。

通过对部分遗产点进行实地考察，以及在大运河南旺枢纽博物馆的参观学习，特别是多媒体技术复原的南旺枢纽工程，让我们对整个南旺枢纽系统工程的构成、运行原理有了非常形象的概念和理解。现在，就让我们一起把这项枢纽工程分解开来，来看一看宋礼和白英他们当年是怎么做的，以及为什么要这么做。

## 修筑戴村坝

首先，利用大汶河上戴村坎河口地势高于南旺这一地理优势，在坎河口修筑了戴村坝，简单说就是拦截大汶河水流并抬高水位，同时开挖小汶河道作为引水渠，分流汶河水进入小汶河转向西南流，直达"水脊"南旺以补水运河保漕运。从戴村坝到南旺水脊再到南北分流，水一路都是从高往低处流淌，契合了自然规律。戴村坝是"引汶济运"的基础工程，它的建成为大运河山东段提供了充足的水源保证。因此，戴村坝促成了大运河五百多年漕运繁荣的历史。可以说没有戴村坝，就没有中国历史上大运河五百年的畅通。

戴村坝有"中国第一坝"的美誉。戴村坝总长1500米，坝体由三部分组成，是一道三坝连体的拦河石坝，坝从南向北依次为：主石坝、太皇堤和三合土坝，这三段坝高低不同、长短不一，既各自独立，又相互关联，互相保护。其中，主石坝部分长443米，又分为坝高不同的三段：玲珑坝、乱石坝和滚水坝，其中滚水坝最低，这样设计的目的是在汶水上涨时可分级漫水泄洪，以此来调控小汶河水量，保证小汶河引水流量的蓄泄得宜和能持续供水满足济运需要，同时又确保了运河堤岸及沿岸农田免遭水患。正如戴村坝碑文所述："水高于坝，漫而西出，漕无溢也；水卑于坝，顺流而南，漕无涸也"。大坝为石砌结构，巨大的石料之间镶砌十分严密，并采用腰铁锚固，非常坚固耐久，至今仍完好并发挥着作用。

戴村坝是南旺枢纽工程中最令人震撼并具旅游观赏性的部分。因为正值丰水期，当我们登上观景平台，只见浩瀚汶水之上，戴村坝如一条巨龙横卧河中，气势磅礴，将大河一分为二，大坝的上游水天一色，坝下白浪翻滚，涛声震天，更可以欣赏到戴村坝虎啸奇观，甚是壮观。

气势磅礴的戴村坝

戴村坝现为世界文化遗产、国家水利风景区、国家水情教育基地,如今大坝旁边建起了戴村坝博物馆,建筑风格简洁,现代感十足,馆内通过文物和现代科技手段,展示戴村坝悠久的历史和卓绝的设计思想。博物馆前矗立着戴村坝设计者汶上老人白英的雕塑。

## 开挖小汶河人工河道

建戴村坝的同时,宋礼、白英又建议开挖出一条人工河道小汶河,以将汶水引向南旺汇入大运河。戴村坝顶海拔50.3米,南旺分水口约海拔37.3米,两地相距30余千米,而高程落差达13米。为了避免流速过快的河水直冲运道,需要降低流速,本着"三湾抵一闸"的原则,小汶河设计呈"S"形蜿蜒前行,滩浅而宽,使河道总长延长到约90千米,这就保证了水流速度适当,处于不冲不淤的流速范围,既增加了河道储蓄水量,又降低了汛期水患发生的概率。

## 在南旺分水处建分水工程

在小汶河入运河口的"T"字形对岸砌筑了一道高4米、长220米的迎水石

左 | 戴村坝虎啸　　　　　右 | 博物馆前白英塑像

堤——石驳岸，以抵挡入运河的水流冲击。在入水口又建了如都江堰那样的分水鱼嘴（又称石拨），将入运汶水进行分水，向南北两个方向为运河供水，称为"龙王分水"。根据会通河水源北欠南丰的实际，七分向北流，三分向南流，也就是民间流传的"七分朝天子，三分下江南"的说法。此后建龙王庙于分水处，故称"南旺分水龙王庙"。

南旺分水龙王庙是一处大型古建筑群，曾经包含十几个院落，非常雄伟壮观。庙宇内碑碣林立，但现在除了观音阁

左上｜小汶河南旺入运口（分水口）遗址　　左下｜分水口处的镇水兽

等少数几栋建筑尚存，多数建筑均已毁坏消失不见，只剩下遗址了。

我们站在当年的南旺分水口前，眼前依稀可辨的河道及分水遗迹，旁边大片龙王庙遗址上残存着几栋孤零零的建筑，景象萧瑟，如果不依靠资料介绍，很难把这里与当年水浪滔滔、帆樯如林的运河繁忙景象联系起来。

在历史上，分水龙王庙主要发挥了抵御水患、防洪护堤的职能。基于保障漕运的需要，明清两代河漕官员多次重修南旺分水龙王庙，成为河漕官员祈愿和祭祀的重要场所。庙内有龙神、宋礼、白英及关帝塑像，体现了地方百姓的信仰需求。因此，南旺分水龙王庙既可作为官用，也带有地方特色和民间神话色彩。

## 设置"水柜"储水

在完成南旺分水工程之后，为减少汛期河道流量，平抑洪灾，以及解决枯水期运河需水，白英等人又巧妙利用南旺地区自然地貌形成的低洼湖泊，建成一批调节运河水量的重要设施人工湖。在当时被称为"水柜"，先后修建了安山湖、南旺湖、蜀山湖、马踏湖、马场湖等"水柜"，俗称"北五湖"，与运河有人工闸坝相连，来对运河供水进行季节性调节。丰水时向水柜放水储存，枯水时从水柜向运河济水，既减轻洪涝灾害，又保证运河漕运水位。如邢通斗门是运河与南旺西湖的重要减水闸，用以调节运河水量，而徐建口斗门则是连接小汶河和马踏湖的减水闸，均是建于明代，现在都已经是考古遗址了。

另外，水柜对运河来说还起到防沙防淤的作用，泥沙随河水入湖，停留时会在湖中沉淀，也就防止了泥沙进入运河。在疏浚运河时只需要定期在湖中进行清淤即可，比对河道清淤疏浚要简单。

如今，北五湖中除了东平湖（当年的安山湖）依然存在外，另外四个当年的水柜已经干涸变成农田，沧海桑田，完全没有了昔日湖泊的模样，只留下了一些当年闸坝的遗址，在默默述说着昔日的故事。

上 | 100年前的分水龙王庙　　下 | 南旺分水龙王庙遗址

上 ｜ 柳林闸发掘现场图（拍摄于大运河南旺枢纽博物馆）　　　　下 ｜ 柳林闸现状

## 导泉补源

仅仅采用水柜蓄水,还不能满足运河供水需求,宋礼和白英解决运河水源问题的又一重要措施便是"导泉补源"。鲁中山地丘陵区喀斯特地貌发育相当完整,地下裂隙溶洞水受阻后一部分涌到地表,形成诸多泉群。白英等人便寻找和收集鲁中山区所蕴藏的丰富泉水,通过汶、泗、沂诸水系疏导济运,由此也解决了部分运河水源需求。

由戴村坝、小汶河水道、南旺分水工程以及一系列配套闸坝、斗门组成的南旺枢纽工程自明永乐年间始建,经过明、清两朝为保漕运畅通而进行的不断发展、完善和维护,使得大运河南旺水利枢纽工程日臻完善。在这个过程中,无数治运功臣为之付出了聪明才智和艰苦的劳动,总结了许多有效治理运河的方法。南旺分水枢纽的选址与营建使大运河全线贯通,成功地解决了大运河穿越"水脊"的难题,是大运河的关键部位之一。作为大运河的核心工程,它是一个集引水、分水、蓄水、排水于一体的系统工程,是大运河上最具科技含量的关键节点,千里运河南北分水之咽喉,代表了当时土木工程和水利工程的最高成就,是我国古代先人了不起的创造发明,在世界水利史上占有重要地位。

南旺水利枢纽工程建成后,使大运河畅通五百年,对明清两代产生了巨大的影响。缘于此,全国上下都对白英的贡献给予极高的评价,把白英封为"永济神",并修建分水龙王庙,纪念、供奉白英、宋礼等治运英雄。精通水利知识的康熙皇帝也褒奖说:"朕屡次南巡经过汶上县分水口,观遏分流处,深服白英相度全之妙。"乾隆六次南巡,每次都在此题词留诗。

南旺分水枢纽工程在选址、水源蓄泄、管理机制以及防黄保运等方面皆可谓是整条大运河的缩影,反映了彼时大运河的复杂程度和重要地位。另外,其因地制宜、因势利导的治水思想和创新技术,充分体现了中华民族的智慧,在中国水利史上占有极为重要的地位,丰富了中国乃至世界的水利建设史宝库。这些古代先人发明的水利工程科技手段,在当今国内外水利工程中仍在使用。尽管斗转星移,沧海桑田,大运河南旺枢纽工程仅余遗迹,但依然向世人昭示着古人的无穷智慧和非凡的科技创造力,以及在困难面前无所畏惧的英雄气概,彰显了大音希声的大运河精神。

## 济宁运河文化旅游小Tips:

参观完南旺枢纽工程以后,带着古代先人治水不朽的科技智慧给我们的启迪,以及戴村坝留给我们的震撼,可以"趁热打铁"在周边进行一次运河文化之旅。大运河文化最本质的特征是交流,作为儒家文化发源地的山东,在文化交流与传播、融会与移植等方面更是走在了前列,运河沿岸文物古迹和旅游资源相当丰富。由于大运河的开通,成为南北文化交流与融合的纽带,故而山东运河文化,也呈现出包容与统一、扩散与开放的特点,以及齐鲁儿女侠肝义胆的英雄气概。"好客山东，情义齐鲁"绝不是一句空喊的口号。

大运河穿过的济宁是发展比较成熟的旅游地，有以曲阜、邹城为中心的孔孟文化旅游区，有以济宁城为中心的运河文化旅游区，有以微山湖为中心的北方水乡旅游区，还有以水泊梁山为中心的水浒文化旅游区，"东文西武，南水北山"，共同构成了济宁运河历史文化旅游带。

## 济宁运河文化一日游

一路沿运河南下，就到达了30千米以外的运河之都济宁，来一次济宁运河文化一日游。

济宁是一座因运河而兴的城市，地处京杭大运河的中段，史籍称济宁为"南控江淮，北接京畿""闭则为锁钥，启则为通关"，故而是运河重镇。元、明、清三代都把济宁作为治运司运中心，明代和清代前期在济宁设立"河道总督衙门"，这是治理大运河的最高行政机构。同时，济宁以其所具有的北方城市少见的水乡特色被誉为"江北苏州"。运河鼎盛时期，济宁是全国著名的商业大城市之一，百货聚集，客商往来，南北通衢，不分昼夜。多种文化在这里交汇融合，造就了济宁独特的运河文化特色。如今，厚重的运河文化，仍是这座城市宝贵的资源。

在济宁，可以船游古运河，观清代运河总督署遗址、太白楼、东大寺、铁塔寺、声远楼、新世纪广场，漫游竹竿巷、宣阜巷，看非遗技艺传承，赏文化，品美食。

■ **太白楼**：太白楼位于济宁市任城区古运河北岸，因李白常在此饮酒赋诗而得名，经历代修葺，延存至今约1200年，是济宁古八景之一。唐代大诗人李白曾家居济宁23年，济宁是李白的第二故乡，杜甫与李白的友谊也得从这里说起。太白楼作为中国历史文化名楼之一，是济宁人心目中的文化地标。

■ **东大寺**：始建于明朝初期，坐落在济宁市小闸口上河西街，因前门正临老运河，俗称"顺河东大寺"。

■ **铁塔寺和声远楼**：位于济宁铁塔寺街。铁塔寺原名崇觉寺，始建于北齐皇建元年（560年）。北宋崇宁四年（1105年）建铁塔，遂改称铁塔寺。铁塔原为七层楼阁式，明万历九年（1581年），济宁道台龚勉集资重修时，在塔顶增加两级并铸起塔顶。声远楼始建于北宋中期，楼内悬挂一口巨型铁钟，撞击铁钟，响彻全城，声远十余里，故名"声远楼"。

■ **竹竿巷**：位于济宁市老运河南岸，总长约1千米，沿街西侧的店铺，大都是2层、3层5开间抬梁硬山式楼房，前出抱厦，明柱承托。竹竿巷是自元代京杭大运河改道济宁后逐渐发展起来的，以经营竹编、土产、杂货等为主的济宁著名手工业作坊区。其前店后厂，下店上居的建筑格局，是目前反映明清时期济宁商业概貌的典型街区，体现了济宁运河文化的特色，并具有浓厚的江南水乡韵味。

夜晚，徜徉在古运河畔，运河两岸灯火万家，一片繁华商业景象。有多少浓缩的历史隐藏于寻常巷陌之中，古风遗韵如醇香的美酒，飘散在古街老巷的每一个角落。每一个转弯，每一条小巷，都给人一种别样的心情。

济宁元明清三代大运河枢纽的历史地位，在为大运河的畅通做出巨大贡献的同时，运河也给济宁带来了空前的繁荣。历史将济宁与大运河紧密地联系在了一起，并且这种联系将继续延续下去。

## 圣地曲阜游

曲阜是个神奇的地方，不仅是孔子故里，还有孟子、鲁班等也来自这里，中华民族的始祖轩辕黄帝也出生在这里，因此被称为"圣城"。孔孟之乡，礼仪之邦。圣城的吃住行，也因为这些"系出名门"的渊源而有了特别的风情。

在曲阜，参观三孔，听文化讲座，感受儒家文化的真谛。最好在曲阜住一晚，去杏坛剧场夜观大型广场乐舞《杏坛圣梦》。

▋ 游：曲阜的旅游线路设计比较简单，三孔（孔府、孔庙、孔林）是"必修课"，少昊陵、寿丘都值得一游。三孔景区是中国历代纪念孔子、儒客朝拜之圣地，以丰厚

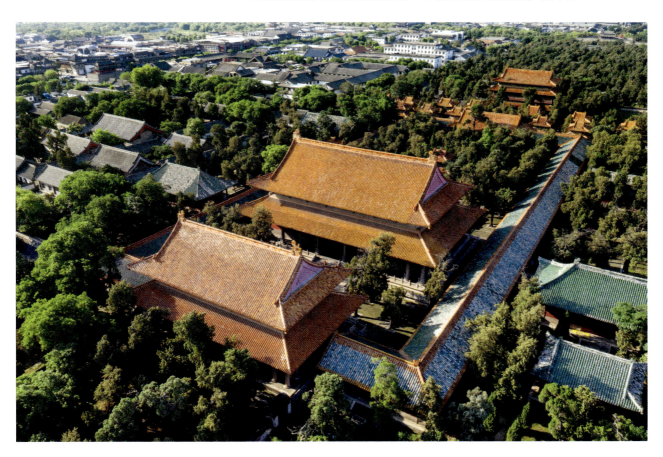

孔府、孔庙鸟瞰

的文化积淀、悠久历史、宏大规模、丰富的文物珍藏而著称。在别的地方旅游，自游自乐的方式最是称心舒适。但在曲阜，如果你不想错过那些重量级的文物古迹和精彩纷呈的历史典故，请解说或导游是必不可少的，因为没有专业的解说，只靠自己看是看不出名堂来的。

孔庙规模很大，主要景点包括金声玉振坊、圣时门、奎文阁、明成化碑、大成门、先师手植桧、杏坛、大成殿、诗礼堂。早上的开城仪式也值得一看。

■ 吃：吃是旅行的一大乐趣。古人云，食色，性也。曲阜最有名的美食是"孔府宴"，这是曲阜的独特菜系，讲究颇多。孔府菜讲究的是"食不厌精，脍不厌细"的宫廷饮食文化，作为游客，品尝孔府宴可丰可俭，丰可去诸如阙里宾舍、贵宾楼等品尝正宗孔府宴，俭则可找个干净小餐馆点个"孔府豆腐""孔门酱肉"等经典菜，也能找到感觉。

■ 街头巷尾：在曲阜，住店逛街满眼皆是论语和孔子的画像，据说这里当地五分之一的人都姓孔。另外，也别错过搭乘一次人力三轮车的体验，请蹬三轮车的师傅做导游游览一次街头巷尾，师傅们会热情地讲述上下五千年的历史掌故。

## 微山湖的运河故事：北方水乡，渔荷人家

沿大运河从济宁一路向南，就到了著名的微山湖，微山湖实际上由被称为"南四湖"的四个湖泊彼此相连组成：南阳湖、独山湖、昭阳湖、微山湖，沧海桑田，世事变迁，这四个湖在清朝初即连为一体成一湖了。这里是著名的北方水乡，京杭大运河纵贯全湖，有大运河世界遗产点会通河微山段和利建闸，还有著名的运河古镇——南阳古镇。

在山东沿大运河旅行，这里没有南方星罗棋布的水乡小镇，没有细腻、婉约、古朴又风情万种的小桥流水人家，也少有才子佳人的缠绵故事。北方的运河水乡，是独具风骨又别有风情的旖旎风光，有浩瀚辽阔的千顷芦苇、万亩荷田，有淳朴善良的渔荷人家，更有铮铮铁骨的江湖轶事。大家耳熟能详的红色经典《铁道游击队》的故事，就发生在这里。

在微山湖旅游，要看大运河怎样穿湖而过，去南阳体验运河古镇风情，

看水上列车，观鱼鹰表演，在水上餐厅品特色名菜全鱼宴，然后坐轮渡赴微山岛，参观铁道游击队纪念园。

■ 微山湖的运河故事

从济宁一路南下的大运河，到了微山湖的南阳湖就借用湖水一贯而下。从最北边的南阳湖开始，大运河进入北方最大的淡水湖微山湖，开始了大运河全线上唯一一段湖中运道。大运河世界遗产中的会通河微山段就始于这里，北起南阳闸，南至利建闸，长约9千米，故而，会通河微山段也称湖中运道或湖中运河。

烟波浩渺的微山湖上，大运河穿湖而过，形成了河湖交融的壮美景观。"黄金不及堤形壮，白马长随练影悬……"这是明代著名文学家李攀龙《新河功成》中的一部分。在这里，河就是湖，湖就是河，湖

微山湖运河

河一体，只有依河道行进的运输船队，才能看出大运河的行踪。

这段湖中运河，自北向南蜿蜒前行，它是大运河的一部分，也是微山湖人引以为豪的文化标志之一。

### ■ 一个南阳镇，半部漕运史

南阳古镇作为大运河上的著名水上古镇，曾作为大运河上的重要商埠码头而存在，是大运河悠久历史文化的真实印记和物质载体。大运河给南阳带来了持续的繁荣昌盛，南阳逐渐成为江北最繁华的水乡，被称为"江北小苏州"。古镇内有为数众多的名胜古迹，如杰阁跨河、关帝庙、皇帝行宫、杨家牌坊、状元胡同、胡记钱庄、长桥卧波等，这些散落在古镇上的建筑和遗迹，诉说着当年曾经的繁华。

悠悠的运河古镇，如今依然是沿河而居，过着悠悠的水上生活，一直保留着运河人家的文化和风貌，是一座"活着"的古镇。

大运河上故事多。在南阳古镇住上一晚，乘坐摇橹船体验运河古韵、荷塘采摘，观看渔家水上婚礼，探寻当年皇帝住宿的驿站，体验南阳古镇秀丽的水上风光和别具特色的渔家文化，定能感到耳目一新。

南阳古镇

■ 微山岛回顾红色经典，观看"水上列车"

乘坐快艇驶往微山湖中央的微山岛，铁道游击队纪念园就坐落在岛上。"哎嗨哟嗨哎咿哟"，一曲《微山湖》使微山岛名扬中外。缅怀英雄先烈，回顾红色经典。

在微山岛附近湖面的水上餐厅品尝全鱼宴，观看鱼鹰捕鱼表演。距离餐厅不远的湖面上就是"水上列车"的必经之路。已经运行了600年的"水上列车"，其实就是由牵引船和拖船组成的一条长达数十米的船队。看上去有些许沧桑的长龙很是壮观，映着蓝蓝湖水，荡起道道涟漪，是湖上一道靓丽的风景线。一队拖船的运量大约相当于20节火车的运量，真正的低成本、

微山湖风光

大容量。在"北煤南运"的影响下,微山湖上的水上运输异常繁忙,特别是大运河航道,路宽水深,特别适合大型运输船队行驶。

在夏季,微山湖上的数十万亩野生荷花竞相盛开,满湖荷花清香四溢,碧叶翠盖,十分怡人。远望微山岛上纪念碑之影高高耸立,观湖光山色,赏万亩红荷,仰望帆影如梦如幻,似入桃源仙境。

有位历史学家曾这样说:中国有两大人工奇迹,一个是长城,一个是运河。长城代表了中国的历史,它是防御的、坚守的,但运河代表了中国的今天,它是交流的、开放的、共融的。大运河自开凿的那一天起,就一直与人类互相连接、互相见证。滔滔运河水,在千年涤荡的岁月中,将历史精华沉淀,哺育滋养了芸芸众生,也串起了中国人的精神世界。

南旺枢纽风采

手绘济宁行走地图

# 大国粮仓：米香里的隋唐

白云

通惠河　昆明湖
　　　　通州北关闸
北运河
　　　　天津三岔河口
南运河
临清　　　临清
卫河
　　　　会通河
小丹河
　　　　惠山县夏镇
隋唐洛阳城遗址　○
通济渠　　中河
　　　　淮安清口枢纽
洪泽湖
　　　　淮扬运河
　　　　长江
　　　　江南运河
　　　　浙东运河　钱塘江
　　　　　　　　宁波三江口

在洛阳，有两处比较"小众"的世界文化遗产点，知道的人可能并不多，却彰显了超越世界和时代的大国制造先进水平，也见证了隋唐洛阳城曾经的辉煌，它们就是曾作为帝国粮仓的洛阳回洛仓遗址和含嘉仓遗址。当我站在巨大的含嘉仓160号仓窖遗址旁时，虽然之前在网上看过无数遍它的照片和视频，但真正站在它的面前，还是瞬间感到非常的震撼，因为它的巨大，也因为古代先人的智慧。下面我就带大家去看一看，到底是什么样的粮仓，能让保存在其中的粮食一千年也不会腐烂。

隋唐洛阳城夜景

提起洛阳的世界文化遗产，人们首先想到的会是龙门石窟。洛阳作为十三朝都城的著名古都和国家历史文化名城，曾是丝绸之路的东方起点和隋唐大运河的中心，各类文化遗产灿若星辰十分丰厚。然而在洛阳，还有两处比较"小众"的世界文化遗产，知道的人并不多，那就是曾被称为帝国粮仓的洛阳回洛仓遗址和含嘉仓遗址，它们作为世界文化遗产中国大运河的组成部分，彰显了隋唐时期国家粮仓建设的巅峰，也见证了隋唐洛阳城曾经的辉煌。

隋、唐两朝的首都设在洛阳或长安。隋朝在统一后，东南地区的经济逐渐恢复并繁荣起来，隋炀帝建东都迁都洛阳，为巩固中央集权的国家政权，解决首都众多官兵民众的粮食和日用供给，以及对北方的军事需求，大规模修建了隋唐大运河，将首都洛阳与这些地区连接起来，于是漕运逐渐繁荣。时光流转，隋灭唐兴，唐朝虽将都城迁至长安，但洛阳仍是南北漕运的中心和重要节点，是长安所需物资的中转地。隋唐时期的洛阳因为有了大运河，各方面的发展都达到了鼎盛时期，成为当时全国商品贸易与文化交流的中心，也成为丝绸之路的东方起点。

隋炀帝不仅开挖了大运河，他还有个壮举让世界震惊。洛阳作为国都，既是隋唐大运河的中心也是漕运的中转站，大量粮食和各种物资，通过大运河源源不断地运往洛阳，这就需要建造大量的仓库来储存物资。于是，隋炀帝一边开挖运河，一边在洛阳附近、运河沿岸兴建粮仓，如洛口仓、回洛仓、黎阳仓、含嘉仓等大型官仓陆续建了起来。仓是古代储存粮食的地方总称，故这每一处仓库，其实都是一座仓城，规模惊人。特别是坐落在都城里的含嘉仓，历经隋、唐、北宋三个朝代，一直沿用了五百余年，是唐宋时期大型国家粮仓之一。含嘉仓在唐朝前期的地位更是重要，它不仅被唐朝沿用，更是被发扬光大，既是洛阳的粮仓，还是关东和关中之间漕米的转运站，东都以东的租米都先集中在含嘉仓，由含嘉仓再转运至长安。因此，含嘉仓随着储粮增加而不断增建了许多仓窖，规模逐渐扩大成为当时全国最大的国家粮仓。其有过很长时期的辉煌，对漕运繁荣和首都的稳定发挥了巨大的作用，被称为"天下第一粮仓"。

回洛仓、含嘉仓都是当年天下数一数二的国家大型粮仓，是主体部分建于地下的窖穴式粮仓，在当时，粮仓建造技术非常先进和讲究。其作为隋唐时期大运河沿

隋朝沿大运河粮仓布局

岸重要官仓遗址，反映了当时大运河漕运的规模与相应的国家直属仓储建筑建设情况，2014年作为中国大运河重要见证被联合国教科文组织列为世界文化遗产。

含嘉仓建于隋大业元年（605年）营建东都的同时，是隋中央政府设置在都城洛阳城里的大型官仓。仓城位置就位于隋王朝宫城东北角，是隋唐洛阳故城的重要组成部分。含嘉仓于20世纪70年代被发掘出土，仓城呈长方形，东西长612米，南北长710米，总面积约43万平方米。四周围有城墙和城门，仓城内有十字形道路，分为仓窖区、生活管理区和漕运码头区。1971年开始对仓城遗址进行发掘，在仓城内东西成行密集有序地排列着400多座仓窖，其中已探明的仓窖有287座，仓窖口径一般为8～16米，最大者为18米，底径为4～12米，深5～7米，最深者达11.7米，将近四层楼高，粮食的储量也十分惊人。随着考古发掘的深入，出土刻铭砖、大量生活器皿、碳化粮食等文物，这座隋唐时期的"天下第一粮仓"重见天日，从古籍文字记载中款款"走"来，重新"走"入世人视野。考古发掘之后，除保留了位于仓城中部编号为160号的仓窖外，仓城其余部分均又回填，并在含嘉仓160号原址上修建了洛阳仓窖博物馆，进行保护展示。

我是慕名专门过来参观含嘉仓和回洛仓的，到达洛阳后就直接先奔向位于城区的含嘉仓160号遗址。含嘉仓遗址位于今

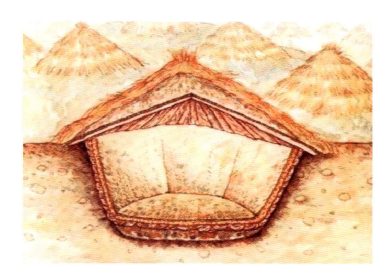

洛阳老城区北，藏在这座著名古都城郊不起眼的小巷子里，由洛阳隋唐大运河文化博物馆统一管理。穿过洛阳老城区，来到安喜门外的瀍河回族区古仓街，沿指示牌去找含嘉仓遗址，这里位置比较偏僻，紧邻铁路线，作为隋唐洛阳城遗址的一个组成部分，基本看不到隋唐洛阳城的历史风貌。如果不是提前做功课，一般人想象不到这里还有一处世界遗产，这一片地下居然藏着一座一千多年前的帝国"天下第一粮仓"，就算是当地人，知道它"真面貌"的人也不多。

含嘉仓遗址大门口立着两块牌子分别写着"隋唐洛阳城遗址（含嘉仓160号仓窖遗址）"和"中

上｜地下仓窖构造示意　　　下｜含嘉仓160号仓窖遗址

国大运河（含嘉仓160号仓窖遗址）"。进入大门后有一个整洁的小院，走进展厅后，迎面便是巨大的160号仓窖遗址，虽然之前在网上看过无数遍它的照片和视频，真正站在仓窖遗址面前，还是瞬间感到非常的震撼，因为它的巨大，也因为古代先人的智慧。

根据馆藏资料介绍：含嘉仓160号仓窖位于含嘉仓城中部，1971年发掘时仓窖里还有半仓的谷子，这些在地下静置千年的粮食，虽已碳化，但颗粒清晰，经分析有机质成分超过50%，这些1000多年前的谷子仍有生命力，这不得不让人称奇，考古学家把这归功于粮窖设计科学保存得当。那这到底是什么样的粮窖，才能做到保存粮食千年不腐呢？

含嘉仓160号是一个上口大仓底小的圆缸形地下粮窖。仓窖口呈圆形，直径11.1米，窖底直径8.6米，深6.2米，窖的底部分上下两层，上层窖底是平底，下层窖底是圆底。它的建造过程并不复杂，首先，从地面向下先挖一个口大底小、中部有点弧形外鼓的圆缸形土窖，并将窖壁和底部仔细夯实，防止窖底下沉。第二步就是给仓窖做防水防潮处理：先把窖壁窖底进行火烤，让其变得相当坚硬致密，这样做能起到防潮作用并进一步加固窖体；然后铺抹一层青膏泥防水层，窖底铺设木板和草，上面再铺竹席，起防潮作用。第三步是在四周窖壁镶砌护壁木板，有的窖在木板和储粮之间，还夹有围席和谷糠。据研究，壁板的镶砌可能和储粮是同时进行的，随储粮随镶砌壁板。镶砌壁板可以使窖内所储粮食的压力，通过壁板分散在仓窖的周壁上，减轻下层壁板的荷载，使仓窖更坚固。待装入粮食后，再用席、谷糠、土盖顶密封。最后一步则是搭建窖顶建筑，至于窖顶结构的外形和具体建筑情况，现在已无从知道，据推测应该是古代粮仓常用的木架圆锥形草顶结构。然后铺筑木板或草，上面再加铺谷糠和席，窖壁用木板砌成。

含嘉仓其他仓窖的建筑结构都与160号仓窖基本相同，所有粮窖的形制、结构和建筑程序完全相同，区别只是体积大小，以及仓窖底部的单层底与双层底之分。这样的窖穴式粮仓储存的粮食不易受潮发霉，保存时间长，如谷子能保存9年。这种用于存储粮食的粮仓建造技术在当时是世界一流的，可见中国古代农耕技术处于世界前沿的领先水平。这种密封的藏粮方法，近现代北方不少农村还在沿用。

含嘉仓足够大，仅含嘉仓160号窖，根据随窖出土的谷子情况测算，如果是存放一满窖的谷

含嘉仓160号遗址大门

子，就约250吨。整座含嘉仓城有约400个仓窖，满负荷运转时的储粮能力不容小觑，数据超出我们现代人对古代粮仓的认知。另据文献记载，唐天宝年间，全国储粮约1200万石，而仅含嘉仓的粮食储量就达到580万石，占全国各大官仓储量的46%。可见其"天下第一粮仓"的名头并不虚传。

我站在含嘉仓160号仓窖口边，向下望着深深的巨大粮仓，思绪穿越时空，来到了隋唐，仿佛看到了当年这座工程浩大的仓城热火朝天的建造场景，看到了隋唐时代运河漕运的繁忙景象，也仿佛闻到了千年之前的醇厚米香，那个经济、文化、商贸十分繁荣，米香千里、丰衣足食的大唐盛世就浮现在眼前，继承了隋朝物质成果和制度成果的唐朝，则续写了中华民族空前的辉煌。

遗址博物馆里除了160号仓窖窖体原址展示外，还有对含嘉仓的详细介绍陈展，以及隋唐时期的漕运、租税制度、仓储制度及粮食储藏保管制度等历史资料，使公众了解中国古代储粮发展与演变。含嘉仓先后发掘了19座粮窖，其中9座出土刻铭砖。刻铭砖实际上是随同粮食密封于仓窖内的"账簿"，如含嘉仓19号仓窖中发掘出土的唐代记载仓窖储粮情况的刻铭砖，长、宽各33厘米，厚6厘米，上有10行刻文，记载了窖内储粮的时间、数量、品种、来源、仓窖位置及授领粮食的官员姓名。

含嘉仓因为只保留了160号仓窖遗址，其余全部回填保护于地下，因此我们无法看到仓城应有的壮观景象。如果论古代粮仓遗址的可观赏性，还是要到位于洛阳市小李村西的回洛仓遗址，这里可以亲眼看见回

左 ｜ 含嘉仓160号仓窖　　　　　　右 ｜ 仓窖复原示意

洛仓的群仓景观,感受当年国家粮仓的壮观。

回洛仓是隋炀帝于大业二年(606年)建在洛阳城外运河临岸地势高处的国家粮仓,位于隋唐洛阳城宫城以北3.5千米处。主要功能是为洛阳都城内的皇室和百姓供应粮食,是保证隋王朝正常运转的国家粮仓。作为当时的六大粮仓之一,其实它存在的历史并不长,仅仅十余年的时间。回洛仓建成后没几年,就身陷隋末乱世,"兵马未动,粮草先行",回洛仓几度成为交战各方拼命争夺的战略要地,几度易手,故此毁于战乱。隋亡唐兴后,唐朝沿用并发展了城内的含嘉仓,回洛仓被废弃,并消弭于时间长河的尘埃中。关于回洛仓,其实早在《隋书》中就有记载,但是一直没有被世人发现,直到2004年才在一次工程施工中被发现。2013年经发掘"浮出"地面的整个回洛仓城东西长1000米,南北宽355米,面积相当于50个标准足球场。仓城内,约700个大型仓窖成组分布,整齐排列,仓窖的大小基本一致,仓口直径10米、深10米,仓城城墙厚约3米,仓城由管理区、仓窖区、道路和漕渠等部分组成。整个仓城规模巨大,气势恢宏。

现在,在回洛仓遗址上建立了洛阳仓窖博物馆,博物馆内有回洛仓C46号窖、C47号窖等仓窖窖体原址展示,仓城城墙模拟展示,仓城道路原址保护展示等,再现了隋唐大运河重要漕运官仓的风貌。另外,馆内陈展也从制度、仓窖、舟船、南北货物等方面来展示隋唐大运河这条帝国命脉是如何高效运转的。

含嘉仓、回洛仓这样的窖穴式粮仓,是我国古代先民储粮传统中的一种重要形制粮仓。地窖储粮是我国古代劳动人民在长期的生产斗争实践中创造出来的一种方法,远在五六千年前我国原始社会就有应用。王祯《农书》也记载"夫穴地为窖,小可数斛,大至数百斛,先令柴棘,烧投其土焦燥,然后周以糠,稳贮粟于内。" 说明在地下挖窖储粮, 在我国已有悠久的历史。到了隋唐时期,人们在不断总结前人经验的基础上,不断改进粮窖建筑结构,创造出含嘉仓、回洛仓这种口大底小的缸形大型粮窖,其建筑技术、工艺和构造、形制处处彰显着工匠精神。其鲜明的特色在于:首先,窖仓形制结构科学,采用口大底小的设计,增大了仓窖稳固性和存粮容量;其次,采用了完备的防潮技术,窖仓刚性防水和多种防潮措施并用,粮食存储效果好;最后,低碳的仓储形式,确保自然状态下低温、恒温、低氧的绿色储粮效果。因此,含嘉仓、回洛仓的建造技术彰显了我国古代先民的储粮智慧,所展现出的技术水平和建造工艺均超越了时代,并对后世窖仓建设工艺和粮食存储技术产生了

含嘉仓遗址出土的刻铭砖

深远影响。改革开放后，我国在含嘉仓等窖形基础上建造并推广的喇叭仓地下粮仓等新型地下绿色储粮体系，为世界粮食存储提供了中国样本和东方典范。

隋唐大运河的开通使东都洛阳成为当时全国政治、经济和文化的中心，也是连接陆上丝绸之路与海上丝绸之路的重要节点，使得中原通过大运河的连接实现了与海外的交流与沟通，促进了当时的经济发展与文化交流。漕运是当时全国重要的运输方式之一，而在运河的运转体系中，仓窖又起着重要的节点作用。因此，粮仓的建设也反映了当时的漕运情况与政治、经济和军事的关系，以及建筑科技发展、粮食管理制度等。"民以食为天"，粮食关系国家生死存亡，从古至今都是国之大事，手中有粮，心里不慌，粮食的丰富储量带来了当时社会的安定和国泰民安。粮食对于一个国家或者政权的重要性不言而喻。有了含嘉仓，每逢关中缺粮，朝廷可从容调拨。

当我们驻足在千年之前的仓窖前，伴着这数米之深的古代粮仓回望隋唐，身为普通工匠的先人们用技术和创新，因地制宜、就地取材，设计出简易高效的营

回洛仓遗址

造方案，科学实现了粮仓建筑形式的迭代演进，建造出了闻名中外的大国粮仓——含嘉仓和回洛仓，续写了一个民族的辉煌。我想，这就是我们世世代代追求的卓越工匠精神吧，大国制造的精髓就体现在这里。

## 洛阳运河文化旅游小Tips：

洛阳作为十三朝古都、丝绸之路的东方起点和隋唐大运河的中心，如一颗镶嵌在华夏大地上的明珠。它的历史如一卷浩瀚的诗书，历史文化积淀十分深厚，各类文物与古迹更是多得数也数不清。在这片河洛大地上随意一挖，没准就能挖出什么文物，甚至一铲掘出一个什么遗迹，因此旅游资源异常丰富，每一道风景都在诉说着千年的沧桑故事。龙门石窟、隋唐洛阳城、洛邑古城、白马寺、关林、洛阳二里头夏都遗址、洛阳博物馆、洛阳隋唐大运河文化博物馆、洛阳山陕会馆、老城历史文化古街等构成洛阳文化旅游线路。在此，可读洛阳历史文明，看世界文化遗产。同时，洛阳牡丹闻名天下。洛阳不仅有着丰富的历史文化遗产，还有着美丽的自然风光，是一座值得亲身体验的城市。

### ■ 世界文化遗产龙门石窟

了解洛阳可以先从世界文化遗产龙门石窟开始，1500多年前的石刻艺术宝库，始凿于北魏（493年），盛于唐，终于清末，历经多个朝代长达1500余年的陆续营造，从中可了解洛阳历史文化和十三朝古都洛阳的博大精深。龙门石窟被联合国教科文组织评价为"中国石刻艺术的最高峰"，于2000年入选世界遗产名录。

上｜回洛仓遗址公园中一个挖掘的仓窖　　下｜展厅里的C47号窖

### 隋唐洛阳城国家遗址公园

隋唐洛阳城始建于隋炀帝大业元年（605年），盛于唐朝，特别是女皇武则天统治时期，距今已有1400多年历史，历史文化价值珍贵。它曾是中国隋代大运河中心、丝绸之路的东方起点，拥有成熟的洛南里坊制度，宏伟壮观的城市中轴线和星罗棋布的名人园林，曾经有过繁盛辉煌的鼎盛时期。隋唐洛阳城以其"洛水贯都"的独特城市格局展现了物流能力对城市地位的影响，是7~10世纪中国运河城市的杰出范例。作为唐代武则天的登基大殿，隋唐洛阳城遗址公园完整地保存了武则天时期的皇宫——明堂，以及在古代就被发现的、120米高的最高古建筑天堂。

### 洛阳老城历史文化古街

洛阳老城历史文化古街保存了许多古老的建筑和传统的手工艺品店，以及洛阳的农副土特产等。其中，最为著名的就是洛阳十字街和西大街，是洛阳历史文化的缩影。

### 洛阳隋唐大运河文化博物馆

自从2014年中国大运河被列入世界文化遗产名录，大运河沿线遗产点所在城市纷纷设计建造当地的大运河博物馆，于是有关大运河的各具特色的博物馆陆续建了起来。洛阳隋唐大运河文化博物馆也是其中的一座，而且还是被评为"网红打卡地"的一座"网红"博物馆。博物馆建筑设计非常有特色，以"运河源、隋唐韵、河洛技"为设计理念，倒拱形的结构元素，起伏连绵的屋顶勾勒出隋唐宫殿建筑群的天际线。鲜艳的橙黄色建筑立面，大气磅礴，

隋唐洛阳城国家遗址公园

意蕴深厚，让人们对辉煌灿烂的隋唐历史文化和大运河充满想象。博物馆一共三层，共十多个展厅。一层、二层为"国运泱泱——隋唐大运河文化展"常设展，展现隋唐大运河的开凿与发展历史。洛阳大运河的历史，在此一页页展开，全面展示了隋唐大运河的兴衰故事。三层为"一粒米的漕运之旅"互动体验展，此外设有临时展厅。博物馆内有多处复原场景，大气磅礴，给人印象极其深刻。

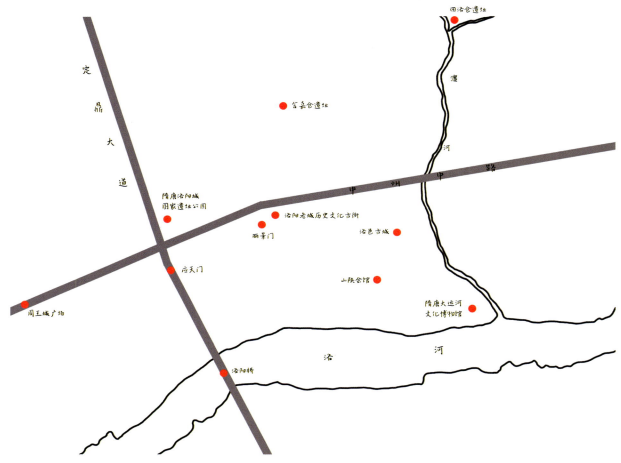

上｜洛阳隋唐大运河文化博物馆

下｜手绘洛阳行走地图

# 柳孜：
# 运河古镇

朱永德

安徽淮北柳孜隋唐大运河遗址，是唐代至宋代的遗址，这是我国隋唐大运河建筑遗址的首次发现。淮北柳孜曾是隋代、唐代、宋代隋唐大运河岸边的重镇，不仅是一座漕运中转码头，而且是一个重要的繁华商埠和驿站，这里曾发掘出土了八艘唐代沉船和两座石质建筑物，以及一座北宋虹桥的遗址。这座隋唐大运河岸边重镇，见证了隋唐大运河的繁华和衰败，被专家们誉为"大运河文化带""项链"上一枚耀眼的"珍珠"，"是隋唐大运河的活化石"。

柳孜运河遗址南侧石筑台体

转眼之间，柳孜运河遗址列入世界遗产名录10年了，细细一想自己经历了柳孜运河遗址一期、二期考古发掘，全过程参与了申报世界文化遗产的工作，这些年因为不从事文物保护工作了，柳孜运河遗址去得少了些，忽然兴起，想去曾经为之付出的柳孜运河遗址看看。从市区驱车沿省道238向南行驶20多千米，很快就会来到百善镇，百善在唐宋时期曾经是大运河岸边的一座集镇，至今还保存着一段完整的、200米左右的隋唐大运河遗址，一棵唐槐还矗立在运河故道上，仿佛是一位历经沧桑的老人，虽历经千年岁月，依然在执着地守护着大运河。

从百善镇沿国道343向西再行驶8千米，便到了柳孜村。以往，柳孜村与淮北平原上的众多村庄一样平常无异，普普通通的砖瓦房，错落有致的四合院；而如今，这里已经成为世界文化遗产，公路两侧的房屋整洁干净，遗址区内绿意盎然，栽植了草坪、花木，铺设了游览路径和游览设施，建起了考古大棚，已是民众休憩及外地游客"打卡"参观的热门文化景点。站在遗址保护区旁，不觉思绪又回到了1999年，当年淮北市公路局决定拓宽、重修一段40千米长的宿永公路（343国道的前身）时，在柳孜穿村而过的一段公路截弯取直的施工中，意外也发现了大量唐、宋、元时期的陶瓷器件；而一户农民在拆房挖基础时，无意中也发现墙基下面有摆放整齐的石块；省、市文物部门闻讯赶赴现场考察后，认定这里可能是隋唐大运河的遗址，经过与公路建设部门艰难的"博弈"，终于启动了抢救性考古发掘工作。由此，柳孜这座已经沉睡了数百年的隋唐大运河古村镇，被再次唤醒，并被专家誉为"大运河文化带""项链"上一枚耀眼的"珍珠"。

唐代大诗人白居易在其《隋堤柳》一诗中云："隋堤柳，岁久年深尽衰朽，风飘飘兮雨萧萧，三株两株沐河口……大业年中炀天子，种柳成行夹流水，西自黄河东至淮，绿影一千三百里"。或许，柳孜的由来就与这浩渺的柳烟有关。柳孜地名最早见于《资治通鉴》中，"康承训军于新兴，贼将姚周屯柳子，出兵拒之……康承训既破王弘立，进逼柳子，与姚周一月之间数十战。丁亥，周引兵渡水，官军急击之，周退走，官军逐之，遂围柳子，"这段史料足以说明在唐代柳孜已经是经济、交通和军事要地。唐代时，柳孜依托大运河，已经初具规模；到

柳孜运河遗址

了宋代，柳孜商铺、酒肆、官署、寺庙、砖塔、驿站林立，已成为经济繁荣、富庶的运河重镇了。唐宋金时代不少文人曾驻足柳孜，留下关于柳孜的记录和诗词。如北宋诗人晁说之诗作《后十一月十一日夜宿柳子镇》："早岁无知到柳桥，黄流澎湃客雄豪。自从道路无形势，今日睢阳益谩劳。"汴水西来、隋堤烟柳、晨钟暮鼓、虹桥明月……这一处处的美景，佐证了柳孜是隋唐运河岸边的一个重要集镇和驿站。

一阵稚嫩的欢笑声打断了我的遐思，原来是一群小学生在遗址讲解员的引导下参观柳孜运河遗址。随同他们走入遗址区内，最先看到的是在碧绿的草坪上立着的一块巨大灵璧石，清灰色的石面上镌刻着隋唐大运河流经的地段、城市和沟通的五大河流、水系，驻足观看，足以使人神往大运河曾经的繁华兴衰，仿佛间这一脉浩荡的运河水正载着一排排装满漕粮、瓷器、丝绸、茶叶等物资的货船，驶向开封，驶向洛阳，驶向扬州，驶向杭州。

在这块文化景观石西侧，就是1999年、2012年两次考古发掘的探方区了。远远看见矗立的钢构大棚，我不禁回想到，2013年炎热的夏季，为了更好地保护并展示考古发现的运河遗迹，文物部门冒着酷暑用了两个月的时间搭建了这座2000平方米的钢构大棚，才给人们参观游览带来了良好的基础条件，真的要向他们致敬。走进宽大蔽日的大棚内，耸立在南北两侧的石筑台体、深达7米的运河河道立马会冲入人的眼帘，让很多第一次到这里参观的人不觉感叹一声"这就是隋唐大运河啊！"

这时，我听到讲解员正在向参观的小学生介

柳孜遗址考古大棚

绍道:"同学们,我们看到的南侧的石筑台体为第一次考古发掘中所发现,长14.3米,宽9米,高5米,保存相对完整;北侧的石筑台体则是在第二次考古发掘中被发现,长12.7米,宽7.7米,高4.5米,因为被村民长期取用其上的青石块,造成这处台体的上端缺失严重,但是下端部分依然清晰可辨。两处台体相距18.7米,形制和砌筑方法相同,砌筑所用石料来源较杂,有规整的石板(条)、不规则石块、汉代画像石、带凹槽的构件等。两座石筑台体东西长、南北窄,四周界限分明,临水石面为陡直的立壁。"在讲解员声音里,我眼前不觉浮现出"虹影卧澄波,登高供远瞩"的画面来。文献记载,北宋时期曾在运河沿线推广一种无柱木拱桥,名曰"虹桥",通过专家学者的对比研究,柳孜出土的这座桥梁就是宋代的虹桥。柳孜出了虹桥,这是一个令世人震惊的考古发现。有人可能要问:柳孜出土虹桥有历史依据吗?其实,从古代文献中真的可以找到记载。《参天台五台山记》是日本高僧成寻撰写的入宋旅行日记,1072年,成寻乘船沿大运河一路西行,前往大宋京师开封。在这本日记中有成寻路经柳孜驿、柳孜镇及柳孜大桥的记述:"雨下。寅三点,出船……巳时,过柳子驿。未四点,至柳子镇,有大桥。"根据这段记载可知柳孜确有"大桥"。斗转星移,日

淮北柳孜遗址

月轮回,近千年的柳孜虹桥连同运河故道因考古发掘得以重现天日,也是迄今隋唐大运河沿线唯一一处北宋虹桥遗址,昔日见之于《清明上河图》的虹桥在这里得到印证。

站在巨大的考古探方内环顾四周,可以看到东部的河床截面有十多层清晰的河床遗存叠压堆积,犹如一条条时光飘带,可以使人细细品读大运河开挖、航运、疏浚淤塞的过程。这时,耳边又响起讲解员非常有亲和力的声音:"同学们,我们现在看到的这段剖面是文化层,考古工作者正是从这一层层文化堆积中发现,运河使用时期有明显的三次较严重的淤塞,使河床不断抬高;南岸河堤的位置处于变动中,由南向北推进;北堤是北宋时期修筑的,使用时间直到运河废弃。根据河堤地层堆积可以看出宋代河堤是建在唐代河道之上的。柳孜运河遗址考古发掘探方内,保留着一段宋代的大运河河道遗迹,河口宽超过20米、河底宽12~15米;考古工作者推测隋唐时期河道宽约40多米,可能是历史上多次对运河疏浚的原因,河道不断的变迁,运河南岸逐渐向北推进,河道逐渐收窄;北堤位置变化不大,堤面残留宽度约13米,是隋唐遗留并一直使用的河堤,宋代时期不但增筑加高,一直沿用到大运河淤塞。"这时,我的遐思再次纷至沓来,在大运河流淌的时光里,数不清的漕船、商旅曾往来于此,历代多少文人乘舟经过,那一幕幕曾经的繁荣也早已成了往事。尚好,这段保存完好的运河遗址还可以向人们诉说它辉煌的过去。

柳孜运河遗址第一次考古发掘最让人感到震撼的是发现了八艘唐代沉船。考古人员在南侧石筑构体之下及其周围,发现压覆着八艘唐代沉船,这些沉船相互挤靠、叠压在一起,着实让人惊讶,它们因何而被弃置?为什么集中压覆在石筑台体

柳孜唐代沉船展示在隋唐大运河博物馆

下？至今依然众说纷纭。我踟蹰在南岸一侧石筑构体上，想起了当年也曾亲眼看见唐船发掘过程，也曾苦苦思索这些古船沉埋在这里的原因，转瞬间已是二十余个年头过去了，这些场景仿佛就在眼前一样。如今，其中的一艘独木舟和一艘货船已在淮北市博物馆展厅里陈列。尤其是那艘唐代货船，虽然出土时船头缺损，只留下部分船身，但是船体结构严密、工艺精良、用材合理，反映了当时的运河漕船造船工艺的特点。更重要的是这艘唐代货船尾部设立了拖舵，根据武汉理工大学古船研究成果，这个像大扫把一样的尾舵，它在中国造船史上有着重要的研究价值。这种尾舵是原始手握舵到北宋时期垂直转向舵的过渡型舵，实物为首次发现，席龙飞教授亲切地称它为"淮北舵"，并认为"淮北舵"的发现在船舶操纵器发展史上具有里程碑地位。现在，这艘唐代货船作为淮北市博物馆（隋唐大运河博物馆）"重量级文物"，陈展在运河神韵展厅，可以让人们近距离的观瞻、品鉴。每次去参观，站在唐代沉船前，我恍惚都能听到，柳孜运河上货运船、客运船、渔船、渡船熙来攘往的喧嚣声和运河中那水流不息的波涛声⋯⋯

这次到柳孜运河遗址，还有一个重要目的，就是再看看第二次考古发掘的重要发现——运河水工设施"木岸狭河"遗迹。走到南岸河堤，依稀还可以看到一排斜插入泥沙中的木桩，它们粗细不一，残长两至四米不等，排列有序。记得起初这些木桩刚出现时，考古人员并没有在意，但是随着这种遗迹被发现得愈来愈多，大家开始意识到这个发现应非同一般，经过查阅大量的文献，最终确定它就是大名鼎鼎

柳孜运河遗址发掘区域全景

的"木岸狭河"水工设施。"木岸狭河"是古代治理隋唐大运河的一种技术，具体方法是在河堤中打入成排的密集木桩用以加固河堤，做成木岸，使河床束窄，水深加大，激流冲走引黄河水作为水源的泥沙，从而达到自然清淤以改善航道状况的目的。根据史料记载，北宋在通济渠段多次使用了"木岸狭河"技术，从而有效保障了这段黄金水道的漕运功能。一直以来"木岸狭河"只是存留在典籍上的记载，人们对此项水工技术莫衷一是。正是考古工作者手铲小心翼翼地剥离，史书记载的大运河"木岸狭河"才得以再现世人的眼前，展示了"老祖宗"的聪明智慧。而自己作为一个文物人，能有幸参与并见证这些重要的发现，无疑是欣慰的。

柳孜运河遗址出土了7000多件文物，它们按质地分有陶器、瓷器、铁器、铜器、石器、骨器、木器等大类；按用途可分为建筑材料、生活用品、生产工具、茶具、玩具、乐器、泥（瓷）塑制品、娱乐用品及赌博用具等，涵盖了当时社会生活的方方面面。它们有形有神，有温度，甚至有生命，也最能折射出唐宋时期柳孜民众的社会生活。现在，这些精美的文物大多陈列在淮北市博物馆内，观者通过细细地品读，足以神往唐风宋韵的柳孜运河古镇风情。如一件宋代抱球童瓷塑，抱球童怀抱之球，与宋代十二片皮砌成鞠壳的记载非常相似，这种形象的瓷器出现，说明宋代时蹴鞠运动很普及，并成为生活在柳孜的民众喜爱的游乐活动。再如，遗址内

左｜唐代三彩狮　　右｜柳孜遗址出土瓷器

出土的大量骰子、围棋及骨牌类文玩娱乐用品，说明唐宋时期生活在柳孜的民众生活富足、衣食无忧，有一定的富裕时间休闲娱乐。柳孜运河遗址还出土了"唐处士刘怀璧赋"唐代碑刻、"柳孜砖塔碑"宋代碑刻，碑刻文字记载了唐代、宋代柳孜就建有寺庙佛塔，佐证柳孜人们的佛事活动可能较多，物质生活、精神生活丰富。我想，透过这些文物，柳孜呈现给观者的一定是隋堤垂柳、拱桥路人、寺庙暮鼓、酒楼茶肆、熙攘喧闹的市井生活画卷。

但是，万物皆有兴废，隋唐大运河在繁盛500多年后，在南宋时期走向了衰落。宋金南北分治以后，淮北一带战事不断，社会经济受到很大破坏，隋唐大运河通济渠段水源因长期引自黄河，泥沙俱下，河床淤高，需要经常加固堤岸、疏浚河道，但是当时的金朝统治者却无暇顾及。再加上宋与金相互掘黄河以水带兵，导致黄河连年泛滥，隋唐大运河通济渠段河道很快被黄河水携带的泥沙淤塞。失去了大运河的航运，柳孜也褪去了繁华，开始逐步走向衰落。元朝建立后，政治中心北移，1283年开凿了元代大运河，没有再去治理已经淤塞的通济渠，通济渠从此完成其历史使命而永远沉睡于地下，柳孜至此彻底变成一座普通的乡村

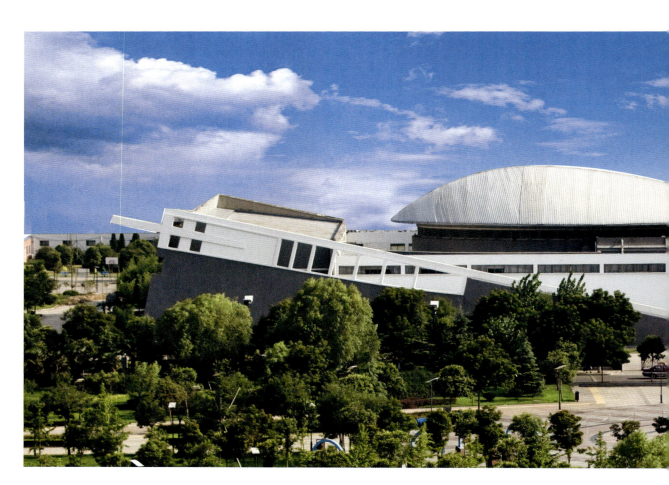

隋唐大运河博物馆

集市。弯弯长河，悠悠历史；岁月不居，时节如流，运河涛声虽已消逝，但承载着历史见证的文物遗迹却深埋于地下，就在不经意的考古发掘中，当年繁华的柳孜又重新散发出耀眼的光辉。

在悠悠的思绪中，不觉间，已随着小学生的参观队伍走出了考古大棚，在院内一排图文标牌旁，讲解员停了下来，用自豪的语气说："同学们，柳孜运河遗址是我国大运河遗址考古史上的一次重大考古新发现，它为研究中国运河史、交通航运史、水利史和隋唐宋三代历史增添了重要的实物资料。2001年，柳孜运河遗址被公布为第五批全国重点文物保护单位；2014年6月22日，柳孜运河遗址作为中国大运河重要申报点段成功列入世界遗产名录，这是我们国家的骄傲，更是我们生活在这块土地上每个人的骄傲！"是啊，作为隋唐大运河重镇的柳孜，见证了大运河的繁华，也经历了大运河的衰败，用"柳孜是隋唐大运河的活化石"这句话来概括，应该无可厚非。柳孜运河遗址作为大运河一处重要的文化遗产，所蕴含的不可估量的历史文化财富将会不断被人们挖掘而得以呈现其华美风采。

离开柳孜运河遗址的时候，抬头间看见了安置在遗址旁的一座高大的宣传

牌,上面有"建设柳孜运河遗址大运河国家文化公园",我知道柳孜运河遗址已被确定为安徽省大运河国家文化公园标志性项目,将建设永久性保护大棚、遗址博物馆等系列工程。相信在不远的将来,柳孜——这个坐落在大运河故道上的、看上去再普通不过的村庄,一定会像周口店、马王堆一样,为中国乃至世界更多的人所认知、赞叹,成为展示中国大运河文化的靓丽名片。

## 淮北运河文化旅游小Tips：

淮北,古称相城,安徽省地级市,被誉为"皖北江南"。淮北历史悠久、人文荟萃。四千多年前,商汤十一世祖相土建城于相山南麓,发文明之滥觞,此后历代王朝在此设郡置县。有蹇叔、桓谭、嵇康、刘伶等先贤圣哲。风景名胜有相山公园、龙脊山、南湖湿地公园、华家湖、石板街、临涣古镇、隋唐运河古镇、大方寺等。除此之外,还有中共淮海战役总前委旧址纪念馆、淮海战役双堆集战场旧址等。

柳孜遗址沉船展示

# 海晏河清，四海承平

姜师立

宿迁龙王庙行宫始建于17世纪末，是一座四院三进封闭式合院的北方宫式建筑群。清乾隆皇帝六次下江南，五次驻跸于此，并建亭立碑，故又称为"乾隆行宫"。龙王庙行宫是大运河江苏段沿线保存最完整、规模最大的皇帝南巡行宫遗址之一。自清代以来，每年农历正月初八至初十为皂河龙王庙庙会之日，盛况空前。宿迁龙王庙行宫是大运河世界遗产的重要遗产点，见证了运河水神崇拜和中国古代国家对漕运的持续重视。

龙王庙景区俯瞰

龙王庙行宫全貌

早就听说宿迁市有座龙王庙行宫很出名，夏日的一天，我们大运河文艺采风团来到位于大运河中河宿迁段皂河镇附近的龙王庙行宫采风。汽车在路边的一个停车场停下，等候多时的宿迁市文联同志立即迎上前来，我们感受到了当地人的热情。一进入宽阔的龙王庙行宫外围广场，导游就向我们介绍，龙王庙行宫始建于公元17世纪末（清康熙年间），雍正五年（1727年）和嘉庆十八年（1813年）两次重修。清乾隆皇帝六次下江南，五次宿顿于此，并建亭立碑。经清朝历代皇帝的复建和扩建，形成了现在占地36亩，周围红墙，四院三进封闭式合院的北方宫式建筑群。资料显示，龙王庙行宫是大运河江苏段沿线保存最完整、规模最大的皇帝南巡行宫遗址之一，具有极高的历史、科学和艺术价值，见证了运河水神崇拜和中国古代国家对漕运的持续重视。

陪同的宿迁市文联负责人向我们介绍了龙王庙传奇般的来历。他说，据记载，龙王庙行宫的前身为一座草堂庙，始建于元末明初。史载明孝宗弘治八年(1495年)以来，"其地前控大河。后临运道，洪流湍波，远近奔汇，号为最险，乃黄运泛滥集中之地"，是名副其实的洪水走廊。因为宿迁境内的黄河、大运河、骆马湖，每隔三五年，就要泛滥一次，草堂庙周围方圆百十里地的黎民百姓，时常遭受洪水侵袭，饱尝洪水泛滥之苦，生活于水深火热之中。康熙二十三年（1684年）十月一日，草常庙内的众僧在庙前广场，燃烛焚香，为141岁的主持高僧祝寿。正巧康熙皇帝南巡经过宿迁，御舟刚过徐州窑湾，康熙皇帝就隐约听到皂河镇内传来笙歌磬鸣，镇区上空香烟缭绕。康熙帝大惊，此乃穷街僻巷，何来此番热闹景象。随即命漕运总督邵甘、河道总督靳辅前去查个究竟。两位大臣带上随从，乘快舟前往皂河探访。他们发现小镇南边的草堂庙前广场上，黑压压地跪满了人群，广场中央，一位童颜鹤发、身披袈裟的僧人，盘坐在蒲团之上，依次接受人们的跪拜。随从见到此番景象很是不解，一个僧人如何博得这么多人的拥戴？两人命随从乔装打扮，混入人群中打探。不多时就查明情况。

原来,小镇南的草堂庙里,主持僧人,号道磊,此人心地善良,乐善好施。面对皂河地区频发的洪涝灾害,道磊同情百姓们的疾苦,他节衣缩食,身居破庙,每次洪灾过去,就四处奔波筹集钱物,将募捐化缘得来的大部分银两,捐赠给受灾的百姓,深受地方官员和穷苦百姓的爱戴与敬重。当天,正值道磊和尚141岁寿诞之日,当地百姓为感谢道磊平日里的救灾之恩,纷纷前来为道磊祝寿,一时间,竹磬齐鸣,香火漫天。邵甘、靳辅得知草堂庙内高僧的义举,立即返回御舟上奏皇帝,康熙帝听说后,对草堂庙的高僧深表敬意,即兴御书:"甲子重逢三七岁月,古稀双度一载春秋"寿联一副,巧妙地将道磊141岁的寿龄收入联中,予以夸赞;并对他乐善好施、治理皂河地区的洪灾,为国分忧的精神大加赞扬,所以决定从国库中拨帑金,将草堂庙扩建成四院三进的龙王庙。庙中供奉大禹王和东海龙王以及五湖神、四海一井神等水神塑像35尊。以借助神的力量达到"河清""海晏""风调""雨顺"的目的。

安澜龙王庙建成后,康熙帝每次下江南巡视,都会派官员祭祀龙王庙的水神,并先后御书"福靖灵波""福佑荣河""法雨慈云""功崇利薄""阳春""白雪""奏平成"金匾七块,分别悬挂于安澜龙王庙的怡殿、龙王殿、灵官殿、大禹殿和戏楼的额枋之上。

听着龙王庙的故事,穿过写着"海晏"匾额的牌楼门,我们跟随着导游进入了龙王庙行宫第一进院。导游指着龙王庙行宫建筑分布图向我们介绍:龙王庙行宫建筑群,共分为"四院三进",轴线分明,左右对称,气势磅礴,雄伟壮观。中轴线上建筑物主次清晰,错落有致、规模宏大,双重围墙。

上 | 龙王庙行宫牌坊　　下 | 龙王庙戏台

目前的龙王庙行宫保存完好,总占地2.4公顷,有三进院落,殿宇十四座,建筑面积接近两千平方米。中轴线上有山门殿、御碑亭、献殿、龙王殿、灵官殿和大禹王殿,两侧有钟鼓楼和配殿。主体建筑龙王殿立于须弥座台基上,面阔七间,进深四间,重檐歇山顶,内部梁枋饰以苏式彩绘。

我们看到,龙王庙第一进建筑前的广场上有三座建筑物,第一座建筑为南端的古戏楼。导游说,这座戏楼主要用于一年一度的正月初九龙王庙会及清帝驾临时看戏之用。相传清代乾隆皇帝六次南巡,五次驻跸龙王庙行宫,都在这个广场观看当地的民间艺人的演出。

走进戏台,发现戏台基座为青石砌筑,台口高1.44米。台面、立柱、斗拱、梁架均为木作,斗拱制作台面。东、南、西三面用双昂、北面用双翘,后台正面次间用单昂,明间及北立面用单翘,方砖地坪,屋面为布筒瓦。前台为歇山顶,装饰有龙吻和跑兽,后台为卷棚顶,飞檐的檐角有跑兽,前台额枋上悬挂"奏平成"金匾一块,舞台的上下门上方各悬"阳春""白雪"金匾一块。一旁的导游介绍,这座戏台建于清康熙二十三年(1684年),1976年被毁,2004年重修。占地面积128.5平方米,建筑面积93.3平方米。最近宿迁旅游部门专门排演了一台柳琴戏——大型新编历史剧《苍天剑》在古戏楼演出,但还没有到演出时间,我们只得继续向前参观。

在古戏楼向北的广场两边有两根6丈(1丈≈3.33米)高的木质神杆(俗称旗杆),神杆两边有相对应的"海晏""河清"牌楼。导游介绍说乾隆帝五次驻跸龙王庙,都是从这两座牌楼门进出的。"河清"寓意天下太平,"海晏"寓意国泰民安。从"河清"牌楼向东有一条道路,是当年康熙皇帝建造龙王庙时,为方便老百姓祭祀龙王而修建的通道,后因乾隆皇帝六下江南驻跸龙王庙,多次从这条路走过,自然升级为"御道"。

上 | "海晏"牌楼　　下 | 龙王庙山门殿和石狮子

跟着参观队伍从行宫广场向北，来到了中轴线上的第二座建筑物山门殿，这里也称禅殿。禅殿大门的两旁，分别安放一尊石狮。导游说，这是清中前期的皇家石狮，东侧为雄狮重2.8吨，西侧为雌狮重2.76吨。一般建筑物前的狮子，都是正着头提着腿弓着背，但这两座石狮的造型非同一般，它的造型为前腿直立，后腿盘曲，昂首挺胸，雄强威猛。整个石狮造型独特，用料考究，为典型的皇家正坐石狮。难怪龙王庙行宫又被人们称之为"小故宫"。

我们继续向前，来到山门殿，山门殿正门的上方，青砖镶嵌着乾隆皇帝御笔题写的七个镏金大字"敕建安澜龙王庙"御匾，匾上还刻有一方"乾隆御笔"印。禅门的两旁连接着内宫墙，宫墙上有相对的两明两暗的脚门，就是侧门，据说清代皇帝驾临时，从正门入内，其他文武官员按文东武西的礼规从两侧便门进入。进入山门殿，我们看到殿内供奉"平风""静浪"两尊水神。东首为"平风"神，西首为"静浪"神，由于龙王庙是水神庙，所以这里供奉的神像都与水神有关。

走出山门殿，进入第二进院落，第二进院落共有三座建筑。御道的中心是御碑亭，在御碑亭的两旁，建有钟、鼓两楼。东边为钟楼，西边为鼓楼。建筑的形制、布局、尺度相同，每座建筑面积100平方米左右，重檐歇山卷棚顶，屋面苫盖筒瓦。钟楼内悬挂着八角铸铁钟一口，铁钟的八只角上，分别铸有八卦图文，钟体上铸有"国泰民安、风调雨顺"八个大字。据说，撞击此钟八只角会分别发出八种不同的声音，清代乾隆皇帝南巡至此，必须红毡铺地，撞钟、击鼓以迎驾。

院子左侧的鼓楼内放着一面大鼓，直径达1.5米。我们试敲了一下鼓，声音浑厚远扬，龙吟虎啸。据说平日里有风吹过，各殿宇檐角悬挂的风铃，在微风的吹动下会发出悦耳的响声，衬托着庙内的晨钟暮鼓，馨声鸟鸣，回荡于殿堂之间，传布于云霄之外，使龙王庙行宫更加威严。据传说，每当洪水来临时，龙王庙内的钟鼓自鸣，声震数里，及时唤醒人们撤离危险，使老百姓免遭洪水灾害。

院子中间的御碑亭为六角重檐攒尖顶，黄色琉璃瓦屋面。通高达10米以上，檐柱高3米多，上檐斗拱五踩出双昂，下檐三踩出单昂，梁枋有"一整二破"旋子彩画，其形状如伞。导游说，因其黄色瓦饰，故俗称"皇伞"，以象征皇权。御碑亭建于乾隆元年(1736年)，是乾隆皇帝为其祖父康熙皇帝歌功颂德树碑立传所做的第二件事。导游介绍，乾隆皇帝为让后人牢记康熙皇帝的爱民功德，在龙

龙王庙的御匾

王庙共做了三件事，一是"重写庙名"，二是"勒碑题诗"，三是"种树立传"。碑亭正中耸立有一块5米高的御碑，上有"圣旨"二字。当年如果有人从正门进入，在此都要向"圣旨"下跪。碑阳面有593个字，系清乾隆元年(1736年)十一月初九书，记述建庙的缘由和修庙的经过。碑阴面和两侧分别刻有乾隆皇帝五次南巡下榻此处时题写的御笔诗文。御碑的下方为青白石雕刻的龙首狮尾状巨大碑座，造型极为别致。碑额和碑身四周雕有五爪巨龙，生动传神。整块御碑布满着皇帝的圣旨和诗文，具有较高的文物价值。

在这里，陪同的专家为我们解答了龙王庙行宫为何又被称作乾隆行宫的疑惑。乾隆元年，乾隆皇帝效仿其圣祖康熙皇帝的治国方针，"唯河工、漕运，二者皆国家大政"，专为皂河龙王庙颁发圣旨，并在龙王庙的第二进院内建亭立碑，将圣旨的全文镌刻于御碑的正面。后来是因为乾隆皇帝六下江南巡视，五次宿顿于此，并建亭立碑御笔题诗。

乾隆十六年，乾隆皇帝为治理洪灾考察民情，第一次南巡视察，驻跸顺河集大营，派官员祭祀皂河龙王庙。乾隆二十二年，乾隆皇帝第二次南巡，驻跸龙王庙行宫。当乾隆皇帝走进龙王庙时，面对眼前雕梁画栋、斗拱飞檐、规模宏大、气势雄伟的建筑群，看到龙王庙内神情威严、栩栩如生的35尊水神塑像，乾隆深感圣祖康熙皇帝治理皂河地区洪灾的良苦用心。为了让后人永远牢记其祖父爱民如子和治理洪水的功德，乾隆皇帝亲自将龙王庙山门殿上方的"龙王庙"三字题匾，改书为"敕建安澜龙王庙"，并将"乾隆御笔"的御印盖在题匾的正上方。同年四月一日，乾隆皇帝南巡从杭州返回京城下榻龙王庙，又亲笔题写御诗一

乾隆御碑和御碑亭

首，供刻于龙王庙御碑的背面，乾隆二十七年、三十年、四十五年和四十九年，乾隆皇帝又连续四次南巡，均驻跸在龙王庙行宫。

穿过第二进院，我们来到怡殿参观。怡殿占地面积不大，面阔四间，进深三间，正门悬挂"法雨慈云"匾额一块。殿内供奉杨、柳、杜、孟四大水神坐像，他们分别持执锤、鞭、斧、蜇，端坐两旁，神态各异，造型逼真，威武刚烈。

过了怡殿就进入第三进院落，第三进院落是整体建筑中心院落，御道上的主体建筑是龙王殿。龙王殿是龙王庙最具特色的主要建筑之一，殿宇为重檐歇山顶，脊饰为清式龙吻，另有七只战兽，以及黄、绿、蓝为主的六色琉璃瓦覆面，面阔七间，进深四间，占地面积有400多平方米。殿前两米多高的青石基座，白石月台，玉石栏杆。大殿额枋高悬"福佑荣河"镏金匾额。月台当中为祭龙台，台中有一吨多重的大铁鼎一尊。龙王殿的东西两侧分别为东配殿和西配殿。东配殿供奉"五湖神"，西配殿供奉"四海一井神"，两殿内的十尊水神分列龙王殿两旁。整个龙

王殿，雕梁画栋，斗拱飞檐，结构严谨，装饰华丽，金碧辉煌，气韵无穷。大殿正中供奉东海龙王，为贴金坐像，神态端庄威严，令人肃然起敬；左右分列八大水神。龙王像背后，绘有彩色壁画，画中有一头大象，大象身上立有一位童子，手持一盆万年青，其意象征万象长青。这一院落中的建筑是龙王庙祭祀活动的主要场所。乾隆皇帝下榻龙王庙时，这里也成了他朝政议事，举行祭祀典礼的地方。

接着我们来到龙王庙行宫中轴线上的最后一进院落，

上｜怡殿　　　　　　　　　　　　下｜龙王殿

这里是乾隆皇帝南巡时的行宫。三、四进院落相交处的横向轴线上分别是灵官殿和东、西庑殿。我们看到灵官殿东壁的王灵官手持七节长鞭,西壁韦驮手持一根降魔杵。灵官殿正门上方悬挂着"福靖灵波"金匾。而庑殿则是皇帝南巡时文武百官处理政务的地方。

中轴线北端是禹王殿,也用作乾隆寝宫,禹王殿为官式大作,重檐硬山顶,屋面饰黄色琉璃筒瓦和龙吻,分为上下两层,面阔七间,进深五间,坐落在1米高的须弥台上,殿高20多米,是龙王庙行宫内最高的殿宇。底楼额枋上悬挂有"功崇利溥"镏金大字的朱红匾额一块。大殿的明间供奉禹王木雕贴金坐像。大殿西间的阁楼里观世音跌坐在莲花座之上。导游说,这尊佛像原是龙王庙里的主神。当龙王庙还是草堂庙时,庙里供奉南海观音,1684年清康熙皇帝下江南,路过宿迁,发现这里水患严重,为治理洪灾造福百姓,康熙皇帝开始扩建草堂庙,供奉水神大禹王和东海龙王。从此,草堂庙里的主神观音"让位"于大禹王,而"隐居"于殿内西阁。

禹王殿二楼是由304块龙凤呈祥的彩色雕花板制作而成,对对龙凤翩翩起舞,多姿多态,各不相同。我们由东侧暗间扶梯向上,进入禹王殿的顶层,乾隆皇帝六下江南,五次驻跸龙王庙,都是住在这二楼上,人们将其称为正宫。据导游介绍,乾隆皇帝住过的龙床遭到破坏,凤床也流失民间。20世纪80年代,管理部征集文物时,发现一张凤床,便收回来,放在乾隆的寝宫内供人们观赏。与正宫相呼应的是位于正宫两侧的东宫和西宫,这是随皇帝南巡的皇妃们居住的地方。我们看到,在二楼展厅,布置了一个皇帝与大臣讨论治水方略的场景,一组蜡人做得惟妙惟肖,墙上还挂了一张黄淮运交汇的水情图,赶紧拿起照相机拍了几张照片,真为管理部门的用心"点赞"。

走出禹王殿,来到院子里,院落内分别植有柏、柿、桐、椿、槐、杨六棵树。导游介绍说,六棵树为六科六属六种,形成于三个历史时期,目的是取其树名用其意,柏、柿、桐、椿树取谐音为"百世同春",寓意中华民族像春天般青春永驻,世世代代兴旺不衰。

在乾隆寝宫的东西两侧,有与之配套的东廊院和西廊院,结构对称,形制相同,是东西宫的附属院落,位于寝宫横向轴线上。东廊院原为僧房和斋室,现称御膳房,西廊院原为书房和厅

龙王庙庙会

堂，现称御书房。这是为了旅游的需要吧，让游客想象，当年乾隆皇帝下江南下榻龙王庙行宫在御书房为御碑题诗，在御膳房用餐的场景。

导游介绍说，自从康熙皇帝下旨修建龙王庙后，乾隆皇帝五次驻跸龙王庙，并祭拜水神，从此皂河地区名不见经传的草堂庙，在清朝康熙、雍正、乾隆历代皇帝的扩建、修复之后，逐渐形成了四院三进、前庙后宫式的北方官式建筑群。敕建安澜龙王庙是全国众多乾隆行宫中规格较高、规模较大、保持较为完好，且具有较高价值的清代北方官式建筑群。保护好这一文化遗产，对于研究运河建筑艺术和运河文化的发展有着十分重要的意义。

自清代以来，每年的农历正月初八、初九、初十这三天，为皂河安澜龙王庙庙会之日，届时众多善男信女，纷纷前来烧香拜神，祈福求祥。附近山东、河南、安徽的行商坐贾，四乡八镇的老百姓，纷至沓来，云集皂河。一时间逛庙的、敬神的、看景的、购物的热闹非凡。这其中最为光彩夺目的是皂河镇内大香会的绕街巡游，朝山祭祀。花船、花车、舞龙、舞狮，所有参加庙会的人们一起向龙王祈福，人山人海，盛况空前，被列为苏北地区36处香火盛会之首。数百年来，岁岁如此。如今，皂河正月初九龙王庙会，已由原来的民间祭祀活动发展为集民间祭祀、文化展示和

新建的皂河下景区

贸易交流为一体的自发性民俗活动。

　　导游说，近年来随着龙王庙旅游景区的对外开放，龙王庙庙会活动得到政府的认可和支持，庙会的规模逐渐扩大，高峰时庙会人数可达35万人之多。庙会的商品成交额可达一亿元以上。

　　陪同的宿迁文联同志介绍，1999年5月，宿迁有关部门投资400多万元对龙王庙行宫的山门殿、钟鼓楼、御碑亭、怡殿、东西配殿、龙王殿等进行了全面修缮。2003年又投资200余万元，修复了东、西宫和古戏楼以及御膳房、山门广场、景区大门等。2006年投资800余万元，建设了外部广场，整治了龙王庙行宫西侧的外部环境，使龙王庙行宫基本恢复了历史的原貌，再现了皇家建筑的本来面目。这几年，宿迁旅游部门还对皂河古镇进行了整体开发，新建了一个皂河龙运城景区。

## 宿迁运河文化旅游小Tips：

　　宿迁是江苏省"最年轻"的地级市，古称下相、宿豫、钟吾，是西楚霸王项羽的故乡，大运河穿境而过，北倚骆马湖，南临洪泽湖。宿迁境内有世界文化遗产龙王庙行宫遗址，以及项王故里、骆马湖、洪泽湖湿地等著名旅游景点，是中国优秀旅游城市。宿迁还是中国酒都，洋河、双沟两大名酒出产于此。2012年8月，中国轻工业联合会和中国酒业协会授予宿迁"中国白酒之都"的称号。

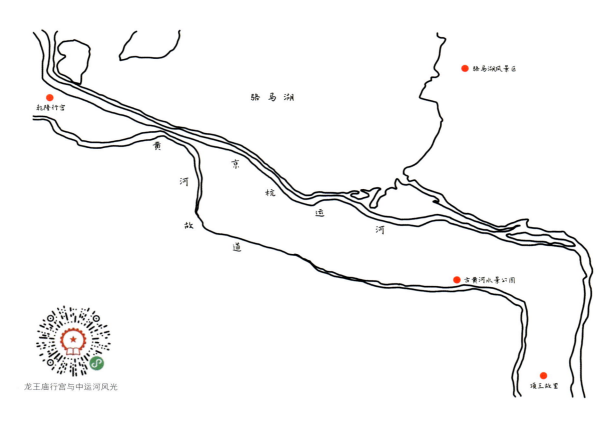

龙王庙行宫与中运河风光

手绘宿迁行走地图

# 三游淮安清口枢纽

姜师立　潘娟

淮安清口枢纽位于历史上黄河、淮河和大运河的三河交汇处,是明清两代为解决运河会淮穿黄难题、保障运河航运而建设的一项大型水利水运枢纽,也是中国大运河上最具科技含量的水利工程之一,曾被誉为"中国水工历史博物馆"。清口枢纽遗产区范围遗产要素丰富,有53处各种类型的遗产遗存,还有亚洲最大的水上立交。在本文中我们带您一起去看看,这项代表了我国古代水工技术最高成就之一的枢纽工程的模样,见识一下在古代及现代,大运河是如何过长江、淮河、黄河的,领略中华民族自古至今的创新精神。

清口枢纽-洪泽湖大堤

　　清口枢纽位于黄河、淮河与淮扬运河北段、中河交汇的位置，是明清两代为解决运河入淮穿黄的难题而修建的大型综合性水利水运枢纽。1128年黄河夺淮后，黄河、淮河、运河交汇于淮安清口一带，极大地干扰了运河的畅通。自16世纪末开始，历时200多年，耗费了大量人力、物力和财力，兴建起与黄河泥沙抗衡的清口枢纽工程，形成极为复杂的工程体系。

　　去清口枢纽参观前，我们就做足了功课，从有关资料了解到，明河道总督潘季驯先在淮安码头镇东南大规模修筑高家堰（今洪泽湖大堤的一部分）堤防，意在利用地形和大堤形成人工湖以蓄积淮河清水，通过抬高水位实现对黄河泥沙的冲刷。到18世纪中期，共持续筑堤70余千米，其中砌筑直立式条石挡浪墙长达60余千米，形成具有蓄水、冲沙、泄洪等功能的洪泽湖水库。清口枢纽在运行200多年后失效，但其运行过程中"诞生"的高家堰是17世纪前世界上规模最大的砌石坝，其石工墙的修建代表了当时先进的施工技术；形成的洪泽湖水库是淮河中游的重要控制性工程，至今仍在发挥作用。清口枢纽完善的工程体系，集中了中国传统水利中的主要水（河）工建筑和结构形式，并将工程管理与运用提高到前所未有的水平。因为清口枢纽覆盖范围巨大，而且工程体系复杂，这么大的工程，一次是看不完的，因此，我们游清口枢纽，是分三次完成的。

清口枢纽主要遗产点示意图

# 一游清口，水工技术的最高成就

第一次去清口是大运河申遗期间，作为大运河联合申遗办的一员，去了解清口枢纽的遗产保护状况。一到清口，我们就从淮安遗产保护部门的专家口中了解到清口枢纽的形成背景。

原来，自12世纪起，由于人为的破坏黄河大堤，黄河向南改道，主流逐渐固定在经原泗河河道从清口（原泗河与淮河交汇口）入淮河河道。由于黄河泥沙含量较大，将原淮河河道不断淤积抬高，使淮河泄流日趋不畅，在清口上游潴积形成洪泽湖。从14世纪起，黄河、淮河、运河交汇的清口地区面临着由于黄河泥沙淤积而产生的河床抬升问题、黄河洪水倒灌入运河与洪泽湖的防汛问题、保障运河水位的供水问题，以及克服运河、淮河、黄河之间的水位差进行通航的工程问题。这就是清口枢纽修建的历史背景。为此，15～19世纪（明清时代）清口枢纽的主要工程目标在于防范黄河泥沙进入运河，利用淮河清水弥补运河与黄河之间的水位差，以及抬高洪泽湖以湖水冲刷黄河河床减少淤积泥沙等。

清口枢纽的建设过程分为三个时期，早期在15世纪初，为了避免行船在黄河河道中面临险滩等危险，疏浚北宋故道的沙河，将清江浦运河向西延长淮扬运河至鸭陈口，漕船由清口附近进入黄河。同时在运河河道上建立一系列节制闸，控制水流保障航运，其中包括清江大闸。16世纪时，由于清口被淤积的黄河泥沙不断抬高，使运河无法从淮河供水，并在汛期常常被黄河倒灌。为了解决泥沙淤积和运河供水问题，将西来的淮河河水储积在洪泽湖内，以不断加高、加固洪泽湖大堤的方法，抬高洪泽湖水位至高过黄河水位，导引湖水从清口流出刷深黄河河道，并供应运河用水。同时将运口南移，远离黄河以方便从洪泽湖供水，并在运口内建立多处闸坝，调控水位防止淤塞（即所谓"束水攻沙""蓄清刷黄"的方针）。至此，能起到防洪、挡沙和引水作用的清口枢纽初步形成。

中期在17～18世纪，在黄河水量大、泥沙含量高的背景下，清口枢纽持续受到泥沙淤积、河床抬高的影响，不断调整、改造相关工程设施，采取了导引淮河河水（引淮）、防御黄河决口（御黄）等多项综合措施，保障淮水顺利流出进行刷黄济运（冲刷黄河淤泥，保障运河通行）。引淮措施包括：不断加高洪泽湖大堤以蓄积淮河河水；开引河引洪泽湖水进入淮扬运河刷黄济运；建设转水墩、束清坝以调控洪泽水的水位来冲刷河床，并使湖水"三分济运，七分刷黄"。御黄措施包括：开凿中河将北运口南移至清口附近的杨庄，缩短借黄行运的距离；南移南运口，以南运口为核心建控制闸坝以减少黄河水倒灌；在清口附近陆续修建堤防系统以固定黄河主河道；建设御黄坝防止黄河泛滥入洪泽湖。随着运口不断南移，清口枢纽的U形总体结构逐渐形成。

晚期在清代后期，由于黄河泥沙在清口的淤积速度远大于清口引河的冲淤量。至18世纪末19世纪初，蓄清刷黄的措施已经基本失效，严重淤积的清口地势相对较

高,造成淮河河水难以冲出清口,而东出洪泽湖下泄至高邮湖、宝应湖,再向东入海或汇入长江,同时黄河常从清口倒灌入地势较低的运河,造成运河泥沙淤积严重。

从19世纪开始,清口枢纽已放弃原先采用的"蓄清刷黄"的方针,改为以"灌塘济运"的方式通航。在临清堰和御黄坝之间形成一个可容一千多艘船的塘河,用水车抽清水入塘,塘内水位高于黄河时便开坝放船入黄河。至此,黄河与淮扬运河实质上已被截断。1855年,黄河向北改道,夺大清河入渤海,清口水利枢纽也失去了调整黄河、淮河与运河关系和保障运河航运的作用。

20世纪后,在原清口枢纽范围内陆续新建了淮阴船闸、淮沭新河、二河闸等水利设施,替代了原有清口水利枢纽调整淮河与运河的关系,因此清口枢纽、洪泽湖大堤、清江大闸等大部分相关设施作为遗址或弃用河道保存较好,总体格局基本维持历史原貌。

清口枢纽俯瞰图

在现场，我们看到一块牌子上写着"清口枢纽遗产分布示意图"，这让我们了解到，按照各个河道设施遗迹的功能，清口枢纽遗产区可分为四个部分：御黄部分、引淮部分、淮扬运河部分、中河部分。

按照牌子上的提示，我们首先参观了清口枢纽的御黄部分。清口黄河，原为12世纪黄河夺淮入海前淮河下游故道。至16世纪时，黄河主流逐渐固定从清口入淮河河道。虽然我们今天看到的清口黄河故道由于在19世纪中期黄河北徙，原河道被废弃，现多用作农田灌溉，但在明清时期却是波涛汹涌，泥沙翻滚。我们感慨，大自然的力量是多么巨大，100多年的时间，这里的地貌变化居然这么大，真是沧海桑田呀。

我们在黄河故道参观了黄河堤防体系遗址，为防止黄河洪水的危害，明清时期建成了由多个堤坝组成的黄河堤防体系，起到收窄河槽，加大流速提高挟沙能力，兼顾防洪防汛的作用。至今多数遗迹地面格局可见。

从专家口中我们了解到，16世纪中期，黄河堤防体系主要由缕堤、遥堤等共同组成，以保证"束水攻沙、以河治河"的水利工程措施得以顺利实施。其中，距离黄河主河槽较近的临水大堤统称为缕堤，用以将黄河约束在主河槽内；遥堤建在远离河槽二三里（1里=500米）的河漫滩上，用以在汛期容纳漫出缕堤的洪水；其他堤坝则用于辅助性防护加固。16世纪后期，鉴于对黄河挟沙能力的进一步认知，则改加固遥堤为"放淤固堤"，即使黄河洪水所携黄沙沉积在缕堤与遥堤之间，最终靠泥沙淤积而形成黄河河槽。此即"束水归槽"的规划思想的成果，清代得以延续。清口枢纽黄河堤防体系的规划思想，反映了16～17世纪中国古人对泥沙动力学理论的掌握和用于治河工程的实践，代表了中国古代高超的科技成就。

其中，顺黄坝是黄河南侧缕堤的关键工程，位于江苏省淮安市淮阴区码头镇御坝村境内，以北紧贴今黄河故道。顺黄坝在当时的清口至关重要，时堵时闭、反复无常。亦由于经常不断的堆筑，使顺黄坝不断延长和加高，至今仍巍然壮观。古人适应

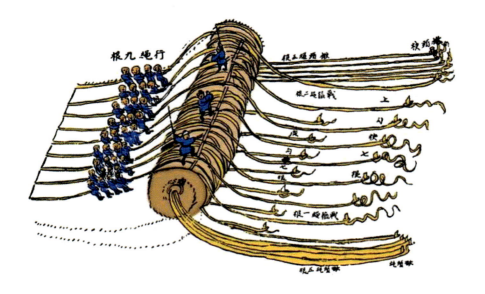

自然、改造自然的壮举让我们赞叹不已。

2009年和2012年，淮安考古部门两次对顺黄坝遗址进行了考古发掘。先后清理出清代埽工、石工、碎石护坡及木桩等一批重要遗迹，并出土了万余枚古代钱币。这两次考古工作的发现，对研究清代土堤坝的堆筑过程、埽工水工技术的工艺以及与故淮河、运河、洪泽湖等水系的关系等提供了重要资料。

听说在顺黄坝的两次考古工作均清理出埽工遗迹，2009年清理的埽工共5层，埽层之间填土，2012年清理出埽工6层。两次发现的埽工遗迹皆以芦苇铺筑。我们忙询问什么是埽工。专家解读道，这种称为"埽"的建筑材料是中国特有的一种用树枝、秫秸、草和土石卷制捆扎而成的水工构件，主要用于构筑护岸工程或抢险堵口。单个的埽又称为捆、埽由等，多个埽叠加连接构成的构筑物则称为埽工。埽工在我国已有两三千年的历史，主要用于黄河、运河等多沙河流上，是中国古代水工技术的创造之一，是具有中国传统工程特点的重要的护岸技术，具有因地制宜取材，适应河流特性的特点。

当年，清口地区是黄淮交汇之地，堤坝无数，并且经常决口，需要经常出动民力堵决口，这就是埽工技术出现的背景。据《清河县志》记载，明、清时的清口堤坝数百条，埽工无数个，如七堡埽工、顺黄坝埽工、南坝埽工、束水坝埽工等。我们了解到，今天顺坝下的碎石、秸秆碳化物，就是当年堵决的埽工。

卷埽施工示意图

在现场我们还看到2012年考古工作清理出的不规则形分布的一片石工遗迹，已揭示的部分长16米、宽3~7.5米、高0.2~0.5米。由碎石堆放而成，西高东低并分别向两侧延伸。石头颜色各异，有黑色、绿色、红色及白色等，皆为碎石，较为杂乱，堆放状态不像天妃坝那样规整，推测是因为倾倒所致，这也与相关文献中关于乾隆后期石工采用"抛石"方法堆筑的情况吻合。

据说，2009年考古工作在埽层与护坡之间开展，在约5平方米的平面范围内，清理出土古钱币万余枚，有的成串摆放于石头缝隙中，也有的零散分布。目前发现的钱币有北宋"元丰通宝"、明代"万历通宝"、清代"顺治通宝""康熙通宝""雍正通宝""乾隆通宝""嘉庆通宝""道光通宝"以及日本的"宽永通宝"、越南的"景兴通宝"等。其中清代的"康熙通宝""乾隆通宝""嘉庆通宝"数量居多。

那这些钱币是哪里来的呢？专家解读，这些钱币是祭祀河神所用。中国古代有着传统的祭祀河神的习俗，清代朝廷极为重视祭祀河神。据（光绪《清河县志》艺文）载：当年康熙皇帝六次南巡，每次过清口总是先祭祀河神庙。乾隆皇帝更加信奉河神。乾隆四十二年五月，在清口顺黄坝与南坝堵决时，便依乾隆口谕在决口处祭祀撒钱。钱币遗物体现了中国古代对清口处黄河堤防的重视。

顺黄坝遗址的各种遗迹印证了顺黄坝的重要性。清口顺黄坝当年是多灾多难的地方，也是牵动帝王河臣精力最多的地方。有资料记载，道光四年，黄水大涨，顺黄坝冲决百余丈，洪湖大堤岌岌可危。河督严烺、张井率八千余民力在清口抢险筑坝，又祭神以碎石、埽工堵决。我们仿佛看到了100多年前军民奋力抗洪的场景，可想清口当年上演了多少人类与自然奋力抗争的故事。

那么，漕船是怎么过黄河、淮河的呢？

接着，我们参观了亚洲最大的水上立交——淮安水上立交桥。大运河串连中国五大自然水系，在大运河申遗时，国外专家询问最多的问题就是大运河如何过长江、过淮河、过黄河？淮安水上立交为我们提供了"解题思路"，大运河与淮河入海水道在这里相交汇，在今天的淮安区运河形成了亚洲最大的水上立交。淮安水上立交桥由40座建筑组成，上有河道，下有涵洞，是一座水道的立交桥。桥头堡有七层高，是一座古塔式的建筑，有电梯直通顶层。我们乘电梯直上顶层，从顶层往下看，水上立交全貌尽收眼底。

水上立交桥四周布局紧凑而精致，一块黄色的巨石上刻着红色的大字"亚洲之最水上立交"。这个工程最大的特点是"上漕下洞"结构，上面让南北向的大运河运输走船，下面走淮河东西向入海的水。一期工程于1998年施挖，2003年建成。二期工程于2022年7月30日开工建设，长达162.3千米。设计行洪流量7000立方米每秒标准，计划总投资438亿元。上下水流并不交汇，这是因为在立交桥的上跨底部采用了巨大的钢板包裹着，这是用的现代科学技术。那么问题来了，古代大运河是怎么解决过黄河、淮河的问题呢？

带着这个问题,我们来到淮阴区码头镇参观淮安三闸遗址,专家说这里的水利工程可以解释大运河是如何过黄河、淮河的。据介绍,码头镇域作为明清五百年来的漕运要枢,黄淮运交汇之地,水患频繁,为了保证帝国漕运命脉通畅,从明朝万历初年开始,总理河漕的潘季驯创行了"蓄清刷黄"之策,并在惠济祠旁的淮河、黄河、运河交汇处创建了"之"字形河道。在这段"之"字形河道上建了惠济、通济、福兴三座船闸。明清时期清口一带的三闸是漕运锁钥,三闸由上而下(由南而北),依次连通,逐渐升高水位。当时漕船沿运河北上经过三闸时,一节节地过闸,犹如登上三级阶梯,就像让漕船爬盘山公路一样,完全靠人力拉纤,把漕船拉到水位高于黄淮交汇处的清口(淮河口)的运口(运河之口),然后才从运河进入淮河,再进入黄河或中运河北去。这样就实现了漕船过黄河。

我们看到,现存的河道总长约6千米。三闸依次排开,俗称头闸、二闸、三闸,是一项十分复杂艰巨的水利枢纽工程。现场的模型图显示,三闸均包括正闸和越闸,结构形式基本相同,均为单孔,宽七米余,闸高十米以上。条石闸底、闸墙。闸身中部设有插板槽两道,相距约两米。进出口护坦为三合土加铺条石,出口长达七十余米。

陪同的专家说,当地有句老话相传,"船过惠济三闸,一般下水三天,上水七天"。由于从运口入清口水位落差大,十分危险,驾长(舵手)、水手过闸,都会去闸旁天妃庙烧香祷告,祈求天妃娘娘保佑。咸丰五年(1885年),黄河改道北流入渤海,惠济三闸逐渐废弃。通济闸和福

淮安水上立交

兴闸于1967年拆除，惠济闸于1973年拆除，三闸拆下的木料总计超过六七千立方米。

因为三闸中的通济闸的左岸有天妃庙，故又名天妃三闸。在三座正闸旁，均建有越闸、越河，如正闸损坏，即可启用越闸。各闸相距三四里，这段长仅七八里的河道是明清时期的交通枢纽，漕运锁钥。清康熙、乾隆两位皇帝曾多次亲临阅视，朝廷发帑百万，派遣得力大臣到此督修、督运，并设官管理。

在返回的路上，我们不禁感慨：三闸遗址作为黄、淮、运水系变迁的历史见证，是中国漕运发展历史的见证，对研究明清时期我国社会政治、经济、文化、交通、水利、科技发展状况等有重要意义。淮安清口枢纽体现了人类农业文明时期东方水利水运工程技术的最高水平，其整体性尤为突出。河道、闸坝、堤防、疏浚、维护、水文观测工程共

上 | 天妃庙遗址　　下 | 淮安运河新姿

同组成的运口大型水利枢纽,堪称人类水运水利技术整体的杰出范例。

## 二游清口,洪泽湖大堤巍然屹立

夏天,我们随着扬州文艺家采风团来到洪泽湖大堤参观。洪泽湖大堤(史称高家堰)是位于洪泽湖东岸长达70多千米的防洪蓄水的巨大土方工程,是清口枢纽引淮措施的重要组成部分。

清口枢纽的引淮部分直接促成了洪泽湖大堤的形成。为配合清口枢纽,以"蓄清刷黄""束水攻沙"的方式解决黄、淮、运交汇处泥沙淤积的问题,洪泽湖大堤不断被加高加固,抬高洪泽湖水位,蓄积淮河来水。同时陆续开凿多条引河,从洪泽湖引湖水冲刷黄河河道,为运河供水,并不断加高加固临湖堤和圈堰等引河堤防,保障航运的安全。

我们通过查找资料了解到,洪泽湖大堤最早来源于东汉至魏晋时期的水利学家陈登,陈登任广陵太守时大力推行屯田制,采取一系列兴修水利的措施。为了屯田的需要,陈登经过一番考察以后,发现淮河南岸的今淮安市洪泽区一带土肥水美,只要筑好堤坝,即可旱涝保收。于是他组织民力修筑了从今天的武家墩到西顺河镇三十里长的堤堰,并取名为捍淮堰。捍淮堰对洪泽湖堤的固筑和江淮之间的经济发展起到了一定的促进作用。史学家认为这一水坝格局奠定了如今洪泽湖大堤的基础,除了筑捍淮堰减轻水患,陈登还开陈公塘为运河补水,发展江淮一带农业生产,为汉末的运河复兴做出了重要贡献,成为东汉至魏晋时期区间运河建设的重要人物,也是大运河发展史上的功臣。

洪泽湖的形成还与另一位历史人物隋炀帝相关。《方舆纪要》中,洪泽浦在"县北三十里。旧有破釜塘。邓艾立白水塘,与破釜塘相连,开水门八以溉田。其后炀帝幸江都,道经此,久旱遇雨,因改今名"。也就是说,隋大业十二年(616年),隋炀帝杨广从洛阳乘龙舟沿运河巡幸江都时,一路干旱,经过破釜涧时,喜逢大雨,他一时兴起,就将破釜涧改为洪泽浦,洪泽之名由此而来。这说明,当时的破釜塘就在隋代的大运河边上。到了唐朝,又改称洪泽湖。隋炀帝是第一次贯通大运河的决策者,他为洪泽湖起名,也正是说明了洪泽湖与大运河之间密切的关系。

我们从资料中查到,捍淮堰演变成高家堰有一个过程。自12世纪开始,黄河向南改道,在其侵占的淮河河道下游积沙渐高,使淮河泄流日趋不畅,遂在清口上游的洪泽凹陷区潴积,水面逐渐扩大,形成洪泽湖。明清两代,为实施清口枢纽"蓄清刷黄""束水攻沙"的工程策略,解决黄淮运交汇处泥沙淤积、汛期防洪等问题,在洪泽湖的东侧,大体以历代修筑的塘堰为基础,加筑土坝石堤,抬高洪泽湖水位,使之高于黄河水位,以蓄

积导引淮河来水，冲刷黄河运口河床。明清时期，为防止不断升高的洪泽湖溃堤决口，保障运河漕运的畅通，洪泽湖大堤被不断加固维修，陆续被改造为石砌堤。历经兴废，决而复修，毁而复建。

明朝永乐年间，为了防范淮河下泄带来的洪水，开始在捍淮堰基础上加固加高，称为高家堰。万历七年（1579年），总理河道都御史潘季驯再次加高加固高家堰并向南延伸25千米至越城，此时古堰总长达40千米。后来，清康熙年间的河道总督靳辅延续明代的治水方略，在康熙十六年（1677年）将大堤从周桥延伸到蒋坝。古堰修筑过程中，在明代石工墙基础上，又在古堰西侧迎水面全部建筑石墙护坡，以抵御风浪冲击。直至清乾隆十六年（1751年），筑成长60.1千米，高7～8米的石工墙，蜿蜒曲折，甚为壮观，且规格统一，是用长0.8～1.2米、宽厚各0.4米的6万多块条石砌成，筑工精细，这些从山东和盱眙等地运来的玄武岩条石，据测算共有60万立方米之多。洪泽湖大堤这项浩大的工程历时171年，筑堤70.4千米，其中垒砌石工墙60多千米，今天仍是淮河防洪工程的重要组成部分，受到重点维护。

在附近的高家堰村，我们看到了高家堰铁牛，铁牛被放在一个四面通透的亭子里，这是清代康熙年间铸造的、用于标志水位和镇水的信仰崇拜物，当时共铸造了九座铁牛。

洪泽湖大堤

汽车走在洪泽湖大堤上,我们发现堤顶公路上建起了彩色的自行车道,用于自行车骑行爱好者平时锻炼。在一处开阔地,我们停车近距离领略洪泽湖风光,当时天上有乌云,湖面上阵风比较大,站在洪泽湖边远眺,天空中乌云翻滚,有种山雨欲来的感觉。湖面上波涛汹涌,浪涛击打着堤岸,掀起阵阵浪花,巍峨的大堤迎接着浪头的一次次冲击,宛若一条水上长城,坚韧不拔。我们不禁感慨,几百年来,洪泽湖大堤经受了多少考验。

说到洪泽湖大堤经受的考验,我们又去参观了洪泽湖大堤的周桥大塘,这里见证了洪泽湖大堤经受的重大考验。我们从一旁竖立的"周桥大塘碑记"上了解到,在清道光四年(1824年)农历11月12日午后,天气突变,湖面结成冰凌,风助冰势,浪击冰摧,终将周桥息浪港堤防冲垮,并且一下子就将这里冲成了宽400米、深27米的大塘,湖东顷刻成为一片汪洋。由于决口太宽,到第二年仍然无法堵住。1826年,朝廷任命在家丁忧的林则徐为江苏按察使,前往现场指挥。林则徐赶到洪泽湖大堤周桥段,看到决堤后的遍地黄水、满目疮痍,他心急如焚,身穿素衣,吃住都在现场。

为使大堤牢固,林则徐要求在每块条石上,凿出一条齿槽,再用生铁铸成工字型铁锔放在齿槽间,浇上用糯米汁和石灰搅拌成的砂浆。这样,条石之间牢牢黏合在一起,一块块条石连成了一大块巨石,让洪水无罅隙可乘。在现场,专家还让我们看了形似"蝴蝶结"的"铁锭",正是这个铁锭让石块连成一体,起到加固作用。在堤底下几层条石平面接拼接口,还镶嵌铁锔,铁锔上面,铸有铭文"林工",以示对其修筑的工程终身负责。经过几个月的奋战,林则徐终于完工复命。决口堵住后,朝廷又出资,用6年时间,于道光十年(1830年)筑成长737米,顶宽33米的内堤,将大塘紧紧围住,并用条石砌成护墙,以防再决,自此形成一个半月形的大塘。由于它形状如月,深如龙潭,所以人称月潭。淮安人民还记着林则徐的功绩,专门建了一组雕塑来纪念林则徐当年带领人民治水的事迹。如今,林则徐带领军民筑堤群雕屹立在大堤上,述说着那段悲壮的历史。

离开周桥大塘,我们来到位于洪泽区城南20千米的头坝遗存参观。据史料记载,为伏汛泄洪,自明嘉靖元年(1522年)至清道光六年(1826年)有记载的各种减水坝有26座。乾隆十六年(1751年)添建的"智""信"两坝与前期的"仁""义""礼"三坝合称"上五坝"。如今只剩下了头坝,就是信坝。我们看到,头坝进水石坎长约192~210

高家堰铁牛

米，翼墙下口宽约233米，纵深38米，两坝头地面以上可见8层条石（地下9层），地面以上高约3.4米，反映原始的减水坝造型。头坝段保留了较为完整的原有减水坝整体平面格局与规模。坝体基本保留原有的地势坡度，具有较高的真实性和完整性。头坝是洪泽湖上重要的减水坝，反映了洪泽湖大堤的巨大规模与中国古代高超的水利工程施工技术。

  乘车离开时，我们看到，如今的洪泽湖大堤上的自行车道成了市民们锻炼的场所。据说每年都要举办环洪泽湖自行车骑行赛。陪同的人员告诉我们，这里的主要旅游项目除了有古堰旅游，还重点建设了水釜城风景区、渔人湾风景区、洪泽湖欢乐园、洪泽湖大堤及沿线节点等部分，力求打造一个品位高雅、功能齐全的综合性生态文化旅游景区，带动与促进苏北地区旅游经济的发展。

上｜周桥大塘  中｜林则徐治水雕塑  下｜信坝遗址

## 三游清口,探寻旅游发展之路

第三次去清口是随扬州市委宣传部考察团参观清口淮扬运河部分,探寻大运河水利工程遗址旅游开发。

淮扬运河又称"里运河"。15世纪初(明代初期),为了避免漕船在黄河河道中行船时面临险滩等危险,减少借黄河河道行船的距离,疏浚宋代开凿的沙河为"清江浦"运河,这就是清口枢纽区域的里运河部分。

我们首先参观的是惠济祠。清代,为了解决黄河淤积清口的问题,不断筑坝建闸(其中包括惠济闸、通济闸、福兴闸),使清口附近的运道形成一个明显的U形河段,起到调控水位利于通航的作用。20世纪新建的二河闸和淮阴船闸切断了清口枢纽的U形河段,使原里运河U形河道失去了运输功能,而主要承担起了灌溉排涝功能,称为"里运河故道"。惠济闸和通济闸原有的空间布局基本保留。

### 游天妃坝

15世纪之后,为了加固淮扬运河河堤,防止黄河水泛滥,随着南运口的不断迁移,在淮扬运河两岸配合闸坝的建设,陆续修建了淮扬运河的多处堤坝。其中,天妃坝位于里运河西堤上惠济祠附近,是为里运河入黄淮交汇处抵御激流冲击的保护性堤防设施,也是里运河堤防体系的重要组成部分。

据陪同的淮安市委宣传部同志介绍,2008年和2011年,淮安文物部门对天妃坝遗址前后进行两次考古工作,共挖掘出3处堤坝遗址。其中2008年挖掘出的石工堤坝总高6.66米,分为上、下两段,条石共15层;砖共计26层。下段石工下方暴露出直径10厘米的木桩。

在现场的保护大棚,我们看到2011年挖掘出的明代砖工堤坝与清代石工堤坝是两段不同时期的堤坝,两处堤坝相距1.7米。其中明代砖工堤坝长18米、宽1.5～2.35米、高1.6米。整体呈中间向外(向西)凸出,两边分别向东北和东南延伸并弯曲的"弧形",东西剖面为上窄下宽的梯形,挖掘出来的砖工一共13层。砖与砖之间用三合土黏合。整个清代石工堤坝长44米、宽0.15～1米、高2.2米,整体呈弯曲状。坝体为砖石混合结构,下段外部为条石砌筑,共3层;上段在条石上砌砖,共有7层,最上面覆盖的一

惠济祠

层也是条石。

天妃坝坝体遗址保存较为完好，工程坚固，气势恢宏，为研究明代清口堤防体系的建筑材料、砌筑结构等方面提供了第一手资料，对于水利史、水文地理以及判断相关水工设施的年代，确认古运河河道、运口位置的变迁，了解黄河、淮河淤积深度等方面的研究具有重要意义。

### 游板闸遗址公园

在淮安参观时，听说淮安板闸遗址公园基本建成，我们决定去看一下。早就知道板闸遗址是大运河申遗成功后发现的又一处重要的大运河遗产，因此一直关注。板闸位于淮安市淮安区，陪同人员介绍，这是明代平江伯陈瑄在建移风、清江、福兴、新庄四闸后，于永乐十四年（1416年）增建的板闸，因创制简陋，起初以木板为闸，故称板闸。一年后改建为石闸，但板闸的名称一直保留了下来。板闸遗址是曾经漕粮北上的必经之地，是在淮

上｜天妃坝石工堤　　　　　　　　　　　下｜板闸遗址公园全貌

安里运河文化长廊板闸风情街工程施工中被发现的，此前一直被保护在土层下。本体包括板闸闸口遗址、河道遗址和明清房址三个主要部分。当时经过考古调查，确定了原真性保护措施，利用浅地下水对遗址本体形成水封保护，与空气隔绝。

2020年，淮安开始建设板闸遗址公园，板闸遗址公园项目总占地面积7.3万平方米，总建筑面积1.52万平方米，主要建设内容包括：板闸遗址本体保护与遗址展示工程，三元宫、朱家老宅、钞关等文物保护建筑及遗址的房屋修缮与环境整治工程，运河船闸博物馆、板闸遗址展示馆土建工程，遗址公园景观工程及遗址公园配套服务用房等。

在现场我们看到，占地109亩的大运河板闸遗址公园十分壮观。截至目前建筑及市政景观全部完成，展馆也已对外开放，我们可以透过清澈的运河水，一睹古老的板闸遗址真容。

## 游清江大闸

在清口枢纽游览期间，一直听同行的人谈到清江大闸，于是我们决定去看下这处著名的运河遗产。为了在航运过程中克服水位差，并调节黄河、淮河涨落对运河的影响，15世纪之后，在淮扬运河河道上，朝廷陆续修建了清江大闸等水闸，起到调水通航的作用。其中，清江大闸位于清口枢纽东侧的里运河上，是明代开凿的"清江浦"上4座协同工作的节制闸之一。明清两代，作为大运河南北交通要道的清江浦上的清江大闸，位置十分重要，有"漕运咽喉"之称，闸体前后水位落差

清江大闸

较大,水流湍急,每年过闸北运漕粮达400万石。目前,清江大闸已成为淮安古运河夜游线的必经之地。经过半小时车程,我们来到清江浦。现场看到,现存清江大闸保存完好,正闸高11.5米,闸门宽7.3米。旁边还有一座小一点的越闸,据说,官船是从正闸经过,而民船则只能从一旁的越闸经过。

晚上,我们在清江浦附近的淮扬菜体验馆用餐,以便夜游清江浦,也可参观清江浦周边的历史遗迹。我们看到清江浦河边到处都是散步的本地居民和拍照的外地游客。广场中心竖立着陈瑄的雕塑,我们赶紧去拍了几张照。接着,我们还来到陈潘二公祠参观,这里是纪念明代治水名臣陈瑄和潘季驯的。可惜,我们去的时候已过了开放时间,只好在门口拍了几张照片。晚上的淮扬菜"清炒软兜鳝鱼",是淮安清江浦河道总督署的一道传统名菜,也是今天淮安人厚待中外宾客最喜欢上的一道"鲜嫩可口别具一格"的菜。据说籴制长鱼,是将活长鱼用纱布兜扎,放入带有葱、姜、盐、醋的沸水锅内,籴至鱼身卷曲,口张开时捞出,再取其脊肉烹制。这道菜长鱼脊背乌光烁亮,软嫩异常,清鲜爽口,蒜香浓郁。大家品尝后,赞不绝口:今天看到了美景,又

淮安运河夜景

尝到了美食,真是不虚此行。

### 夜游清江浦

晚餐后我们坐船夜游清江浦。船上导游说,这艘里运河夜游船的航程就在清江浦楼附近的运河上,航行时间约40分钟。清江浦的夜晚很热闹,不远处亮着灯光的古塔,广场上川流不息的游客,公园里锻炼的市民构成了一幅夜晚游乐图。我们从古运河游船码头开船,穿过清江大闸,一路上经过越秀桥、北门桥,再返程回到古运河游船码头。我们坐着旅游船,从闸口经过,去体验过去的漕船是如何过闸的。在灯光的照耀下,清江大闸显得更加漂亮。

华灯初上,清江浦景区被五光十色的灯火装点着。那映着灯光和星光的运河水,波光粼粼,梦幻迷人,像明亮的星辰,在宁静的夜空闪耀。河面上树影婆娑,流光溢彩,一座座桥梁犹如一道道彩虹,将运河装扮得多姿迷人。画舫起航,笑声、歌声、琴声荡漾水面,演奏出一曲运河繁华再现的动人乐章。喜欢摄影的我们,拿出照相机在船头一阵狂拍,漂亮的夜景让人陶醉。特别是从水上看清江大闸,与白天在岸上看的完全不同。坐在花灯装扮的画舫里,两岸景色倒映水中,把600年清江浦的兴盛之景、繁华之所、绚丽之美次第呈现,真有一种时空错乱之感。

淮安运河水上游船

据介绍，淮安启动了"淮安大运河百里画廊"建设项目。如果白天来游淮安运河，里运河游船从清江浦古运河码头出发，一直行驶到河下古镇。一路上可以边欣赏两岸风景，边了解淮安运河文化。人在船上，船在河上，泛舟运河，别有一番意境。舍舟登陆后，大家又可以到散落在运河两岸的闻思寺、河下古镇、吴承恩故居、淮安府衙、周恩来同志纪念馆、漕运博物馆等处参观。可惜这次没有白天游览的机会了，下次再来清江浦，一定白天坐船游淮安古运河，体验从清江浦到河下古镇的这段航程，欣赏淮安古运河百里画廊的美景。

《中国大运河申遗文本》中有这样一段话："淮扬运河的价值还体现在处理与黄河和淮河的关系方面。1128年黄河夺淮后，黄

淮安古清口特色田园乡村

河、淮河与运河在淮扬运河北端淮安相互纠结，从而使淮扬运河成为大运河沿线形势最严峻、工程最密集、管理最复杂的河段。明清时期，清口枢纽成为处置好与黄河、淮河的纠结关系，确保漕运畅通的关键，反映了中国古代高超的水利工程勘测、设计、施工和维护技术。"这就是对清口枢纽作用的最好诠释。针对黄河夺淮改变了淮河水系的状况，清口枢纽集成了与水动力学、水静力学、土力学、水文学、机械等相关的经验型成果，建筑了水流制导、调节、分水、平水、水文观测、防洪排涝等大型工程，形成了枢纽工程组群，完整体现了明代著名水利工程专家潘季驯"筑堤束水、以水攻沙、蓄清刷黄、济运保漕"的工程意图，这真是人类伟大创造精神的成果。

中州岛上新建的清江浦楼

# 淮水东南第一州

李群芳

漕运是经济，也是政治，更是制度。"南船北马，九省通衢"的淮安，不仅有世界上最早的船闸、大运河最古老的航道、大运河科技含量最高的枢纽工程、亚洲最大的水上立交，还曾经作为全国漕运枢纽和指挥管理中心近600年，明清时期在这里设总督漕运部院，以督查、主管漕运事务。坐落在淮安城中心的总督漕运公署遗址，是明清两代统管全国漕运事务的漕运总督的官署建筑群，见证了淮安与漕运历史的兴盛和衰落，展示了一个民族"行走"在水上的智慧和故事。

淮安漕运总署一带鸟瞰

凿运河的鼻祖。全长约170千米的邗沟是中国大运河水系中最[早的]，[比]杨帝修建隋唐大运河早了1000多年。位于邗沟北端的淮安是[漕运枢纽]、南船北马交汇之地，明清时期更是全国漕运、河道治理、[盐务、]税务、船舶制造的"五大中心"，也是南北文化交流的中[心，有"九省通]督，淮居其二"之称、"南船北马，九省通衢"之誉。这里[京杭运]河、古淮河、盐河穿过主城区，洪泽湖、白马湖镶嵌其间。[末口、]新罗坊、新城、五坝等，铸就了末口2000余年的繁华。[因为河]道改变，告别了山阳湾的天险，里运河川流不息，漕关、盐[关让淮]安富甲天下。老城、新城、联城，三座古城相连的城市格[局，在古]城中别具一格。

黄河虽然善变，但在现代工程加固中终于安稳下来，甚至还有变清的趋势。如今的淮安建起了一座亚洲最大的水上立交桥，京杭大运河与淮河入海水道在此交汇，却"各行其道"。上为运河，下为淮河。站在淮河入海水道的水上立交桥头，极目远望，河道纵横，绿地如茵，入海水道大堤像两条巨臂，护卫着水上立交。上部航槽承接京杭运河南北航运，船队浩荡，往来如梭；下部15孔巨大涵洞已没入水中，自西向东沟通了淮河入海水道；进出口段创新地采用了水泥砌块护坡，整齐美观，更增添了淮安枢纽工程的风采。桥头堡建筑钢索缆桥，犹如彩练当空，将现代工程与淮安古运河文化融为一体，成为淮安水利枢纽风景区的重要景观。现代工程技术的发展，使河道交汇问题得到进一步解决。运河上，千吨级货船平安行驶；运河下，淮河水奔流入海，再无古人所面对的运口之难。

大运河淮安段拥有丰富的世界文化遗产要素，是大运河最具代表性的文化遗产之一，来淮安不可不游。我们淮安之行的第一站，就到了位于淮安区的总督漕运部院遗址公园，现在中国漕运博物馆也设在这里，这是全国唯一展示漕运历史和文化的专题博物馆，馆内通过180°巨幅投影、互动多媒体装置、场景幻影成像等高科技数字设备和大量史料、文物等，全面展示中国漕运的历史沿革、漕运渊源、漕运和运河的关系，以及淮安在漕运史上的独特地位和衍生出来的漕运文化等，述说着千年漕运的沧桑巨变。

明代永乐年间，明成祖朱棣迁都北京后，

淮安大运河雄姿

淮安古名淮阴、楚州、清江浦、清江、清河、古楚，位于江淮平原东部，是个有着深厚历史文化底蕴的城市。淮安，与水结缘，寓意淮水安澜，可以说是大运河的起源之处。水，让淮安显得格外清新、滋润和灵秀。淮安和运河一起流淌的时光，一直把这个城市的高光时刻记录在岁月之中。让淮安成名的，不仅是2200多年的建城历史、融南汇北的地理特征、开放包容的城市特质，还有漕运繁盛年代的大运河。淮安的里运河，全长32千米，沿岸的景点有百余处，承载着淮安千年的运河文化，见证了昔日淮安漕运文化的兴盛，是淮安人的母亲河、文化河。

公元前486年，吴王夫差为了争霸天下，沟通江淮，从水路运兵运粮，雄心勃勃地开凿了中国历史上第一条有确切记载开凿年代的运河——邗沟，所

以夫差可算是开
早的河段，比隋
大运河入淮河口
粮食储运、盐榷
心，有"天下九
水网密布，大
北辰镇、楚州港
明初大运河的河
关、榷关，使淮
局，在中国的古

上 | 中国漕运博物馆　　　　　　　　下 | 总督漕运部院遗址公园

漕运博物馆内景

国家漕运的重心聚焦到淮安,近500年,淮安成为全国漕运枢纽和管理中心。总督漕运部院设在淮安,等于是明朝把本朝国运都系在淮安。淮安"安",则天下安,淮安如果有一点风吹草动,势必会影响明朝的统治。一旦淮安不为朝廷控制,整条运输线都将瘫痪,国将危矣。

我们先参观了中国漕运博物馆,了解曾经的全国漕运枢纽与管理中心的基本概况和历史沿革。资料显示,宋设江淮转运使,东南六路之粟皆由淮入汴而至京师。从1451年也就是明景泰二年开始,明朝在这里设总督漕运部院,以督查、催促漕运事宜,主管南粮北调、北盐南运等筹运工作。总督漕运公署(兼兵部侍郎或加都察院右都御史衔时又称部院)是明、清两代统管全国漕运事务的官署,是朝廷的派出机构和管理全国漕运的最高机关,总督均由勋爵大臣担任。漕运总督权力显赫,不但管理漕运,有时兼巡抚,因此也称漕抚。公署机构宏大,文官武校及各种官员达270多人,下辖储仓、造船厂、卫漕兵厂等,共约20000多人。自明初至清末,共有漕运总督237任,其中不乏名士。漕运总督不仅管理漕运,还管理地方行政事务。直至清光绪三十年(1904)漕运总督裁撤,总督署废止,历经两朝四个多世纪,共453年。

漕运总督有多厉害?其位列从一品或正二品,相当于现在好几个省的省长兼大军区司令员,为什么这么高的职位呢?因为其负责管粮食,粮食是国家的命脉。每年有两万多艘漕船要进京城送钱粮,还有上万条商船。所以漕运的稳定与否,关系到帝国的安全。在统治者心中,漕运总督的地位甚至高于号称第一总督的直隶总督,要保住这条运输线,手里必须有"枪杆子"。不要看漕运总督是干运输专业的总督,他手上可是有兵的,早期,漕运总督与漕运总兵是两个职务,后来合二为一,所以漕运总督有时也称为漕帅,可以直接调动的军队就有三千多人。漕运总督在各省内所管辖的还有粮道衙门,都驻有兵力,保护沿途漕运安全。这些兵力加在一起也有两万多人,均听命于漕运总督。

来到总督漕运部院遗址大门前,只见庄严的大门正中有"总督漕运部院"匾额,门前一对石狮栩栩如生,石狮两侧各立一块石碑，东侧一块碑上刻着"全国重点文物保护单位：京杭大运河·江苏段（总督漕运公署遗址）"，西侧的则刻着"中国大运河遗产：总督漕运公署遗址"。正门是五间抬梁硬山式建筑，坐北朝南，其中左右各有偏房一间，给人的感觉十分威严。从资料中我们了解到，总督漕运公署建筑群坐落在淮安城正中，院东街与院西街（今镇淮楼东西路）之间，长三百余米，宽一百余米，占地约三万平方米，与南面的镇淮楼、迎熏门(南门)，和北面的淮安府署在同一条中轴线上，规模宏大，布局严谨，曾有房屋213间，牌坊3座。依中轴线设大门、二门、大堂、二堂、大观楼、淮河节楼、后院等；东侧有官厅、书吏办公处、东林书屋、正值堂、水土祠、一览亭等；西侧有官厅、百录堂、师竹斋、来鹤轩等。因地处三路交叉之地，"威仪"点缀署门外，东、西、南面各建有一面楠木制过街牌坊作为官署正门的引导。东书"总共上国"，西书"专制中原"，南面则为"重臣经理"，在南侧牌坊内则有一座五开间宽的巨大青砖小瓦硬山式照壁，尊于须弥座之上。砖雕镶嵌，栩栩如生。两端北侧各有旗杆一座。牌坊与辕门之间，东西南北还各建官厅三间，南门相对，东文西武。大门两旁还有鼓亭两座、一对石狮，尤显威仪。

资料中介绍，总督漕运署大堂是全署最为庄重、巍峨之处，也是总督漕运公署建筑群的中心。两侧为漕运各部办公之所，东一间为水土祠。大堂建有月台，上有望柱。巨大的大堂建筑，悬山式建

总督漕运部院遗址大门及门前石狮

造,高大巍峨,一般为总督举行重大仪式,处理重大事件、公务之处。二堂即日常办公之所,有库房且两侧均有附属。二堂后有宅门一座,此后便为官宅,有后院,上房即为大观楼(即淮海节楼),正房供长辈居住,两侧厢房为晚辈的住处。又有后厅、耳房、后院等建筑,另有一后门。在大门与二门东路箭道门后有土山一座,因植满松树,也称万松山,山有一亭,名曰"一览",可俯瞰全城。总督漕运署建筑多为青砖、小瓦,抬梁结构硬山式建造。整体建筑布局,用若干条纵深的轴线来安排东西中三路建筑,这些建筑全部以院落的形式来展开,每个院落当中,都有成组的建筑,每栋建筑相互之间都是有主有从,有正有配,体现了封建社会、封建礼制的等级和秩序。

2002年,总督漕运公署遗址被清理出来。大堂遗址坐北朝南,东西长28.8米、南北宽22.8米,五开间,青砖地坪,34个柱础有33个完好。二堂、大观楼遗址也相

淮安总督漕运部院遗址建筑群

继被发现。西南发掘出一眼直径3.2米的明代大型官署水井，这在全国实属罕见。如今，几经考古发掘，总督署的大堂、二堂位置已建成总督漕运部院遗址公园，并向公众开放。进入遗址公园，一块卧碑上有总督漕运公署示意图，空地上整齐地排列着数十个石础，一层层向后延伸，巨大的石础、石宫灯以及石门鼓上的纹饰精美，反映出衙署建筑恢宏的规制和极高的等级。右手边的玻璃罩下，可以看到不同时期的建筑遗迹。在明清遗迹之下，是宋元两代的文化层，展示着这片建筑悠久的历史。而官宅院内宏伟的大观楼，今已修建成为中国漕运博物馆，让这座承载着厚重历史的建筑，永远地记住这里曾经的辉煌和显赫。

总督漕运公署遗址是重要的历史文化遗产，是研究中国运河史、漕运发展史、古代城市官衙建筑史等重要的实物资料，是大运河江苏淮安段的重要节点之一。

2014年6月22日，作为中国大运河淮安段遗产点列入世界遗产名录。

漕运因水而生，淮安因漕而兴。如今，帆帆点点的漕船虽已远去不复回，但流淌不息的运河水却依旧滋润着这片大地。位于淮安区老城中心的总督漕运公署，尽管目前已经变成一片遗址，但其中巨大的柱础依然在讲述着这里曾拥有的盛世繁华，而博物馆内高科技手段也"原汁原味"地重现了明清漕运，诉说着中华民族一段行走于水上的传奇。

从总督漕运部院遗址公园向北走，同一中轴线上相连的就是淮安府署，其是淮安历史地位的象征和见证，是古代府级官衙建筑。戏曲《窦娥冤》《施公案》等名

总督漕运部院遗址

篇的创作也与其息息相关，文化内涵丰富。现在，淮安府署与总督漕运部院、镇淮楼连为一体，雄踞淮安古城中心。

此外，还有设立于明清两朝的淮安钞关，是明代"八大钞关"之一。据史载，明万历年间，全国只保留了最重要的八所钞关，其中七所在运河沿线，从北向南依次是：崇文门、河西务、临清、淮安、扬州、浒墅关、北新关(杭州)，只有江西九江在长江上。

大运河淮安段的修筑及其演变，可以说既是一部中国社会发展史的缩影，也是中国古代水利发展史的缩影。来到淮安，不仅可以领略大运河在新时代焕发出的勃勃生机，也可以感受淮安这座拥有名人、名著、名河、名湖、名菜等"一身名牌"傍身的历史文化名城。在古代，李白、韩愈、刘禹锡、苏东坡、顾炎武、龚自珍等多位文坛大家都曾经在这个城市旅游"打卡"过，运河自古多才俊，长淮千里足风流。白居易更是为这个城市留下了"淮水东南第一州"的美誉。

说起淮安的名人，那是灿若星河。国士无双的韩信、《西游记》的作者吴承恩、民族英雄关天培、巾帼英雄梁红玉、汉赋大家枚乘和枚皋、京剧"通天教主"王瑶卿等众多名人都是淮安人，新中国开国总理周恩来更是让这座城市熠熠生辉。淮安还是一座有故事的城市，是一个孕育神话的地方，中国四大名著三部都与淮安有关，除了是《西游记》的作者吴承恩的出生、创作地，《水浒传》《三国演义》的作者施耐庵与罗贯中都长期客居淮安，《水浒传》中的宋江就是在淮安（楚州）上任的。中医四大经典之一《温病条辩》、晚清四大谴责小说之一《老残游记》等众多杰作也诞生于此。

在古城中心的镇淮楼东约200多米，有汉韩侯祠，是为纪念韩信而建的。在镇淮楼东面的街上，有鸦片战争中著名爱国将领关天培的祠堂，林则徐为关天培撰写

左｜淮安府署　　　右｜镇淮楼

的挽联就保存在这里,"六载固金汤,问何人忽坏长城,孤注空教躬尽瘁;双忠同坎壈,闻异类亦钦伟节,归魂相送面如生",写出了在腐败欲坠的清王朝中,一个民族英雄的悲剧。

## 淮安运河文化旅游小Tips:

淮安位于江苏省中北部,江淮平原东部,坐落于古淮河与京杭大运河交汇点,是国家历史文化名城、中国优秀旅游城市。曾是漕运枢纽、盐运要冲,驻有总督漕运署、江南河道总督府。旅游景点有里运河文化长廊、文通塔、镇淮楼、韩信故里、水下泗州城、明祖陵、吴承恩故居、梁红玉祠、关天培祠、周恩来故里旅游景区、洪泽湖大堤、西游乐园、"方特东方欲晓"主题公园等。

周恩来同志故居

淮安也是美食之都，中国八大菜系的淮扬菜发源地之一在淮安，因此来淮安旅游，品美食是必修课。专为乾隆准备的"平桥豆腐"，因乾隆的御口称赞而闻名遐迩；"文楼蟹黄汤包"被道光皇帝一夸奖就成为贡品，甚至到了中华民国时期，在北京要吃仍要排队。地处"味兼南北意悠长"的精妙让淮扬菜成为新中国"开国第一宴"，现存于世的淮扬名菜名点有1300余种，"软脰长鱼""文楼汤包""钦工肉圆"等美食令人唇齿留香，回味无穷。在这里，同时可以感受到南方的婉约细腻和北方的粗犷豪放，至今洪泽湖的大闸蟹，盱眙的小龙虾，仍然是全中国的"网红"美食。

淮扬运河风情

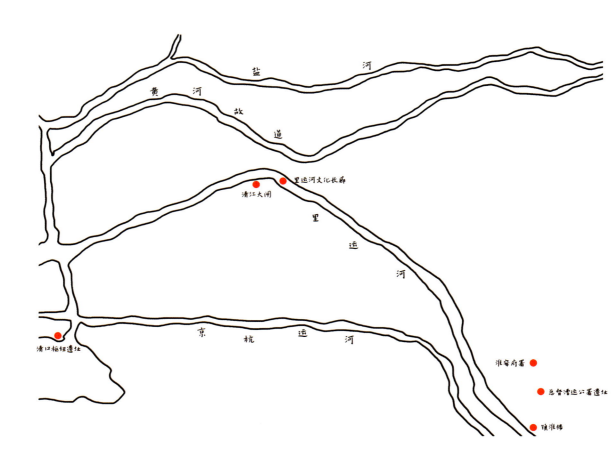

手绘淮安行走地图

# 盂城驿：
# 中国邮驿
# "活化石"

陈茜

盂城是高邮的别称，建于明朝洪武八年(1375年)的盂城驿，是中国大运河沿线最著名的古代驿站，被称为中国邮驿"活化石"。驿站，指的是古代供传递文书的人中途更换马匹或休息、住宿的地方。提起从前的邮驿，我们不由地就会想起那句："从前的日色变得慢，车、马、邮件都慢"，落日余晖、古道驿马的画面浮现于眼前。那么，古时的驿站到底是什么样的？让我们一起到盂城驿，"穿越"到古代，听一听古代驿站的故事，体会彼时运河边邮驿的兴旺繁忙，感受一下有着600多年历史的邮驿文化。

盂城驿全貌

盂城驿是大运河沿线保存完好的驿站。2014年，随着中国大运河申遗成功，盂城驿也被列为世界文化遗产点。机缘巧合，今年夏季，与家人、同学、朋友聚会高邮，三次游览古盂城驿，让我有机会走进盂城驿——这颗遗落在高邮南门大街外，运河边的"明珠"，深刻感受了一番有着600多年历史的邮驿文化。

## 馆驿巷和马饮塘

7月，一个阳光明媚的早晨，我和姐姐相约再去盂城驿附近看看。我们从父母居住的魁楼新村沿蝶园南路出发，一路不断回忆，奶奶说过："远呢，南门外馆驿巷那块"。外婆住在南门大街天桥下南海子河边，妈妈曾经工作过的南门粮油厂在马饮塘东侧，南门大街上。姐姐不由感叹，我们一直生活在盂城驿的周边呢。

过琵琶路护城河，10分钟的路程，馆驿巷东牌楼便赫然眼前，盂城驿就到了。过牌楼，一棵石榴树旁树立着六枚方柱圆雕，此处景观称为"驿印流年"。我跟姐姐讨论起历史记载中"盂城驿"的名称是什么时候才出现，今天不妨从这六枚驿印中寻找答案。从东向西，方柱上依次雕刻："高邮亭印"——秦王嬴政二十四年（前223年）在此地筑高台、置邮亭，后称为高邮亭，也称为秦邮亭；"迎华驿印"——宋代驿站印；"高邮驿印"——元代驿站名；"秦邮驿印"——元代至正年间更名为"秦淮驿"，又名"秦邮驿"；"盂城驿印"——明代洪武八年（1375年）知州黄克明在南门外设；"秦邮公馆印"——明代隆庆二年（1568年）知州赵来亨重建盂城驿，增设秦邮公馆。雕刻全部采用"印章"形式，充分体现了古代驿站邮递过程中，驿印封泥的流程。

看来，"盂城驿"最初只是秦代运河驿道上的邮亭和驿亭，隋唐宋元时期才"馆驿"结合，为递送公文的人或往来的官员供应暂住、换马的场所。而更名为"盂城驿"。比较可信的说法就是北宋著名文学家高邮人秦观在《送孙诚之尉北海》诗云："吾乡如覆盂，地据扬楚脊"对高邮城地形特征进行了形象的描述。明洪武年间因此正式命名为"盂城驿"，而且随着盂城驿的重建、扩建，特别是秦邮公馆的增设，盂城驿的发展达到了顶峰，增加了通信、交通以及接待功能。我们讨论的问题也就有了答案。古盂城驿有600多年的历史，应该就是从明洪武八年算起的。

我们从"驿印流年"向西继续前行。站在驿通桥上，可见马饮塘桥和清秋桥，桥下南海子河连接马饮塘河，河水潺潺，柳树成荫，阳光筛漏。河边人家在家门口、河坎边栽种了太阳花、凤仙花、晚饭花、喇叭花、满天星……沿河落差处还兴修了小水坝，打造了微型瀑布景观。站在桥上，鸟鸣声、蝉鸣声、跌水声声声入耳，凉意也随风而来。

不由得我们一起诵读："枯藤老树昏鸦，小桥流水人家，古道西风瘦马。夕阳西下，断肠人在天涯。"看呐，那高

邮明朝的盂城驿的意境逐渐展开！古道在，西风有，夕阳西下的时候，马夫赶着驿马来这里饮水和休息，马一定不是瘦马，因为，下一程可能就会有"日行千里"的任务，没有膘肥体壮，哪能飞驰远方。想到这里，我们不由相视而笑。

　　河对面的巷口、路口、小广场处的居民墙面上画有20世纪七八十年代的生活场景，煤炭炉、电影院、爆米花机、买冰棒的小朋友，山墙高处涂绘了蓝天、白云，所有的房屋仿佛变得透明了一样，在树影和光影下一律梦幻而又生机盎然。我跟姐姐说："盂城驿的历史厚重，我们小时候的生活情境也成了历史，这些都是有关家的回忆。这里就好像在引导我们回望历史，一步步地，将美好和珍贵一点一滴地呈现给我们，等着我们驻足回望，探个究竟。"

馆驿巷东牌楼

　　"马饮塘河"向南变宽成"马饮塘"，最美的景致仿佛就在中间的河心岛上。马饮塘景区中的清秋桥也极具特色，桥亭一体，古色古香，其上有朱延庆撰写的楹联："柳荫夜灯禅影瘦，碧潭秋水佛心宽。"。可想河水从大运河琵琶闸引入水流经南海子河，逶迤向南，从盂城驿东、馆驿巷直通马饮塘。"馆驿巷""南海子河"和"马饮塘"这些小时候就知道的地名从记忆中再次浮现。在这里终于串联起来，河水像是一个柔软的外壳，护卫着古盂城驿。姐姐进一步解释道，馆驿巷是连接盂城驿和驿丞住所的巷子；南海子河是盂城驿的东界，从前也为盂城驿提供水源和行驶在水上的交通；当年的马饮塘周围湖荡相连，清澈见底，水草丰盈，最适合养马了。盂城驿在这里设置马厂，喂马、养马，所以这片"水塘"名为"马饮塘"。

　　清秋桥楹联中提到的"柳荫"是指"河心岛"上的"柳荫禅林"。门口牌子上记录柳荫禅林建于清嘉庆二十四年（1819年），现存山门殿及大殿。早听说蒲松龄与"柳荫禅林"有一段故事，我们好奇地上网查阅。一

时间,站在柳荫禅林前,仿佛看见了另一个情景:康熙十年夏季某个月明之夜,应山东同乡人孙蕙之邀,来高邮担任盂城驿驿幕(类似驿站站长)的蒲松龄从盂城驿来到了这里。这一天,蒲松龄并没有像往常一样与当地百姓聊一聊鬼怪故事,因为高邮正遭受水灾饥荒,断墙残垣的盂城驿让蒲松龄忧心忡忡,禅林的孤灯更是让蒲松龄彻夜难眠。回到盂城驿,奋笔写下《高邮驿站》一文,"伏祈早画长策,以救一线危驿事",大声疾呼救盂城驿于水荒之中。

与盂城驿有关的掌故遗迹还有很多。马饮塘边的"同昌粮行"遗址前,"运粮"雕塑生动地呈现了明清时期繁忙的漕运情景。我跟姐姐说,以地理学的角度看,这一带是水陆码头,是上河(大运河)与下河(南澄子河)连接的纽带,可谓"襟带苏皖、控引下河"的必经之路,区位条件自古以来就好。码头紧挨几条小巷,在巷口亭子间乘凉的老人告诉我们,早些年,这里叫"花子巷",因为当时穷人多,搬运工人就到巷子里的"海天池"浴室洗澡,清水洗尘,放松心情。"海天池"三个字还是本地著名书法家王捷三写的,后来才改名为"盐运巷"。经过"盐运巷""运粮巷"和"詹家巷"就又可以转到"馆驿巷"。我们穿小巷,看人家门口多栽种了各色花草。姐姐说,春天的时候,由蔷薇花装点的小巷成了"网红打卡"点。果然,出了小巷,照壁、门楼和钟鼓楼,"地当广陵、涟水交衢,两京通津,郡国之输将,远人之朝贡,使节之巡行,咸取道焉"南北交汇要冲之地的"盂城驿"立刻呈现在眼前,此刻在蓝天的映衬下更显高大、威严、气度非凡。

盂城驿位于高邮南门大街馆驿巷13号。盂城驿修复后对外开放的第二年即1998年,那年春节,我们一家第一次到盂城驿游览,大家在前厅的门窗前拍照,夕阳从屋顶斜漏过来落在姐姐们的衣裙上,留在了旧时光里。以后每年春节,我们都来盂城驿,沿南门大街到琵琶闸过摆渡,爬过运河的西堤看高邮湖夕阳。1998年,我家小朋友刚满一岁,蹒跚中在盂城驿爬过门槛,在高邮湖边吹风。不知他现在是否知道,这个家乡名胜"盂城驿",被称为中国邮驿的"活化石",是目前大运河沿线规模最大、保存最完好的明代水马驿站。直到1985年,"盂城驿"在一次文物普查中被文物考古人员朱熙元、肖维琪等人发现,解密了其历史价值。这处珍贵的建筑遗迹在经历了历史尘埃的淹没,被发现、修复后,还原在了高邮城南,让大运

马饮塘桥风景区的"柳荫禅林"

河沿线这一著名的古代驿站,重现天日,邮驿文化绽放了新的生命。

## 驿馆和鼓楼

今年恰逢大学毕业30年,大家都年逾半百,人生积淀,有更多的兴趣寻古探今。8月初,大学同学聚会之后,几位"密友"都一致认为高邮这个文化底蕴深厚的地方,最值得赏览。一行几人,立刻来一个说走就走的旅行。驾车前行也方便得很。一路笑谈,高邮阳春面和盂城驿一并体会,物质和精神都丰富。

下京沪高速,车子停在盂城驿附近运河大堤的停车场。我将手机里保存的《高邮州志》中的"高邮盂城驿分布图"发给大家主动解释说,盂城驿的建筑群整体格局坐北朝南,东西延伸。自西向东分为三部分,西侧是正在复建的接官厅;东侧的马厂(养马、喂马的场所)和夫厂及驿舍的一部分已建成中国集邮家博物馆和马饮塘风景区;中间则为盂城驿主体建筑、鼓楼、礼宾轩、马神庙等。今天我们就直奔主题,一起游览古盂城驿最精华的中间部分。

邵同学拿出教授范儿,直截了当地说:"据说盂城驿作为邮驿'活化石'的历史遗存主要是明清建筑,除了保存完整的整座厅堂,还保存了石鼓、石础、马槽、上马石等文物。这一会儿,我们很可能就会寻觅到这些古董物件。"大家立刻开始对明清建筑的特征和文物讨论起来,讨论未果,那究竟怎样,还是走进去一起找找吧。

我们从正中门厅即仪门进入。刘同学发现盂城驿仪门建筑的屋顶正脊高于两侧屋脊,门厅与东面的鼓楼等建筑一字排开,这使得门厅正面看起

来更加错落有致,气度不凡。仪门槛框、横披和门扇结构完整,横披上为黑底绿色大字"古盂城驿",右侧的中槛上悬挂着绿底白字"邮驿博物馆",采用绿色系与现代"中国邮政"的绿色相互映照。此外,还有"世界文化遗产中国大运河遗产点""全国重点文物保护单位""AAAA国家级旅游景区"等标志,"盂城驿"的文化价值和旅游品质一目了然。

大家向大门里的整体建筑看去,居住在扬州的冯同学说:"这里不同于扬州大明寺、天宁寺、高旻寺等寺庙的高大深远,也不同于我去过的敞亮的文游台,盂城驿更像是藏在扬州巷子里的'会馆'建筑,迎客送往,布局紧凑,不失礼仪而又格局开放,而这些又恰恰符合驿站的特征和气质。"聊天当中,大家都感叹盂城驿不愧是驿站体系中的高等级的"驿",因为数量少,能保存下来的更少。现在看来并不宏大的盂城驿却规制严谨,可见一斑,因此高邮盂城驿的建筑能恢复牌楼、影壁、门厅、正厅、后厅、鼓楼、马神庙、驿丞宅等,也是不简单的。正说着,瞥见门槛前的石鼓,石鼓上凤凰、花鸟山水依稀可见,一阵惊喜,这真是盂城驿带给我们的低调而又美观的"见面礼"。

穿过门厅,一行人来到前厅——皇华厅。未进大门,就发现皇华厅为三明两暗五开间结构,屋顶为双坡尖山式硬山顶结构。屋面正脊一字齐平。仔细看,走廊檐口的檐板上雕花镂刻着"文光射斗"四个大字。这或许正反映了高邮人对文化传承有强烈的意识和行动,因此,才有了今天盂城驿这一颗"活化石"的"起死回生"。走入正厅,看见太师壁上方的匾额用隶书写的"皇华厅"三个红色大字。加上壁前重彩的漆画和黑底金字的对联,立刻感觉富丽堂皇起来。简介上写着"皇华"是当时对来往使节的一种尊称,我国古代官员往来时会在途中驿站停留,每次有高级官员到达时,高邮知州往往会在这里迎接上宾。两侧的暗间一为知州或驿丞批阅公文,为重要文件漆封盖印的"办公用房",另一间则为官员宾客休息的场所。

前厅用于接待"官员",后厅"驻节堂"是做什么用的呢?大家走进"驻节堂",很明显地感觉到其体量稍小于正厅,台基也较前厅稍低,看介绍是驿丞会见各路使节、过往贵宾、卸任官员、社会绅士的场所,跟前厅接待的人员相比,是降了等级的。居住在南方的唐同学发现大厅内前伸的屋顶像

上 | 皇华厅内景

下 | 驻节堂梁上雕刻

船篷一样，将原来门外的走廊收进厅堂之内，所以整个大厅"轩敞"并不逼仄。唐同学这一说，大家不约而同地仰起头看大厅内的横梁，一连串的精美雕刻赫然映入眼帘，不由惊叹其精致与华美：一支玉如意，寓意着万事如意；双鱼跃龙门，寓意着连年（年年）有鱼（余）；毛笔架在银锭上，象征着笔（必）锭（定）胜利，两块菱形(方糕)重叠，寓意着步步糕（高）升。此外还有八仙过海、和合二仙、状元及第等刻绘，精致、繁复。

我们感叹，中国古代建筑真是集古代艺术、技术和文化生活的完美融合体。驻节堂的建筑构件如梁、柱、檩、椽总体敦实粗壮，这与我们印象中的明代座椅风格完全不一样。厅内梁柱上的雕刻精细传神，而每一根廊柱下的石础，敦实厚重，图案简约、防潮、防蛀、挑梁承重。看来，古代人在建筑中是很能充分运用对比和协调的审美原则。

有同学疑惑，这间驻节堂为什么能得以保存？询问工作人员才得知，1985年被发现时，这里还到处堆放着运输部门的板车和草绳机，因为是用作仓库没有为居民居住，减少了对建筑物内部的损坏。在修复施工的过程中，专家、建筑工人都遵循文物修复的原则，从而保证了这些明代木构件的文物本性和状态。

"驻节"是过往时节停留的意思，我们细细品读驻节堂柱子上的楹联，"梅寄春风劳驿使，葭怀秋水托鸿邮"，"过客相逢应止宿，征途到此便为家"。大家从后厅向东，穿过后花园来到马神庙，只见马神庙庙门前有一匹用枣红色花岗岩雕塑的、高大健壮的马，马匹旁有一块黑色玄武岩质地的上马石。驻足马神庙，养马棚，马饮塘，养马喂草，看日月星辰，在呼唤中等待马儿归来，归来，再出发……

现在，我们正站在鼓楼底层，往上看三重飞檐在蓝天白云的映衬下如飞翔的翅膀。鼓楼顶层匾额由盂城驿复建时的鼓楼设计者潘谷西教授题写，二层匾额是由外交部原副部长姜恩柱题写的，三层匾额是中明史学会执行会长刘重日题写的"置邮传命"。正疑惑中，游客中的一位老者解释"置邮传命"是来自孔子的"德之流行，速于置邮而传命。"意思是传递上面的命令时的速度之快。事实上，隔一段路，设一个驿站，一个接替一个地传递下去，往往是换马不换人，直到目的地，最快能达到日行800里。想一想这速度放在今天，换成汽车，日行400千米也是不简单的事了。在鼓楼二楼内中央置有一面鼓，鼓上方有古建筑学家陈从周题写的"湖天一览楼"牌匾。我们从二楼往东看

石马及鼓楼

到馆驿巷、马饮塘一带的街巷和青瓦房顶，往西看到远处运河堤上的邮亭和运河，而近处的盂城驿门厅、黄华厅、驻节堂从前往后更是规整有序、坐北朝南。想起从前盂城驿的"更夫"更重要的是值守鼓楼，每天站在盂城驿里的制高点，站岗放哨、值更报时，遇到打胜仗还要击鼓报捷，所以又称为"防夫"。大家轮番敲打起鼓楼"鼓"来，也是祈愿国富家安吧。

　　大家说，马"骑"过了，"鼓"也击过了，在后花园休息一下。后花园并不大，鹅卵石铺设，用廊道分隔，北面和礼宾轩相连，可供鼓乐弹唱，宾客欣赏。南面隔荷花池对着鼓楼。庭院中立有白色大理石日晷，此时指针的影子正指向午时时辰。院子里栽种有荷花、桂花树、蜡梅树等四季植物。一棵高大的梨树掩映鼓楼，满树的梨子，正是硕果累累。环顾四周，年代、季节、昼夜等时间要素在这个小小的庭院都有体现，我们今天所见的古盂城驿在大运河历史层理里的痕迹，如"活化石"一般，清晰生动，值得回味。

## 邮亭和大运河

　　朋友中有爱好摄影的，喜欢拍古运河的日落和晚霞。这一次邀约了几位，请他们拍几张关于盂城驿的有代表性的照片。

　　朋友说需要先对摄影对象进行了解，希望理解盂城驿的"活"的含义。我说，"采访"一下我的父亲吧。我们到了高邮，先去我父母居住的魁楼新村见这位我家的"陈老先生"。当年父亲参与了邮驿博物馆里邮驿展览史的文字工作，对盂城驿有着自己的认识和见解。

　　陈老先生告诉我们，"盂城驿"的"活"主要在于它一直以来承担的大运河沿线水陆交通的职能和价值。中国大运河江苏段的淮安曾为漕运总督和河道总督的驻节地，产生过明、清两代全国重要的钞关。而扬州又是淮盐的集散中心，从元朝到中华民国时期，都在扬州城内设立两淮盐运使司衙署，统辖两淮地区食盐的生产和运销。明清时期，因盐业而兴的扬州一府置六驿，其中重要的两驿"盂城驿"和"界首驿"皆设在高邮，这也因此让高邮的邮传漕运事业达到了顶峰。

　　盂城驿的设立，助推了高邮城南街市的形成，推动了高邮商业、手工业与聚落的进一步发展，而大运河沿岸驿馆对大运河南北的贯通，进而形成南北政治、军事、经济、文化的交通"大动脉"意义重大。

　　听父亲这么一说，突然明白在盂城驿的建设过程中，原来那么多的邮史专家、建筑专家、文人乡贤都多次驻足和考察这里，还是因为这里的文化有史为证，有史可据。父亲在提到参与盂城驿发现、修复、开放的人，以及他们对"盂城驿的文化传承和文化扩散做出的努力，充满感谢和感慨。父亲说，在与盂城驿相邻的驿丞旧宅的中堂两旁有抱柱，柱子上有一副对联，上联为"淡泊养志安静养神忠厚养子孙定气"，下联为"道德润生诗书润物文章润宇宙太平"真是气势恢宏，颇有哲理。

　　我们来到盂城驿，朋友从不同角度拍摄了盂城驿的正门、皇华厅、驻节堂、马神庙、石马、钟楼，感慨这里的每一处都极具特色，辨识度极高。

朋友说，去盂城驿邮驿博物馆看看。我们一边听着导游解说邮驿故事和隋唐以来邮驿发展的历史，一边看橱窗里的图片，有古代"驿史"的画像砖、新疆吐鲁番出土的唐代文书、耿庙石柱上的道道绳痕，以及经过盂城驿的文人、名人留下的诗词文章。来到邮驿博物馆的外墙，一整面墙上记录了明代程春宇所著的《士商类要》里的《水驿捷要歌》，涂绘了《水驿驿站分布图》。朋友说大运河沿线因上水、下水形成诸多航运节点，共46个驿站，"安平驿至高邮州界首驿六十里，界首驿至本州盂城驿六十里，盂城驿至扬州府邵伯驿六十五里……"这些航运节点，保持着合理距离，方便船只或马匹停留时进行补给，从而组成大运河驿站管理体系。有机会，我们可以将所有的驿站或驿站遗址、遗迹都找寻一下，拍摄留存，一定是蛮有意思的一件事。

朋友说，到运河大堤上看看盂城驿的全景。出盂城驿大门向西，过南门大街，穿过镌刻有"皇华"二字的牌楼，拾阶而上，一座攒尖顶四边形重檐建筑立现眼前，这就是秦邮碑亭。亭内的碑石刻录了公元前223年，"筑高台，设邮亭"，开启高邮邮驿的相关历史。正如朋友预想，站在秦邮碑亭石阶上，漫步在运河大堤上，往西，可见运河、运河河心小岛，还有唐朝的镇国寺塔耸立其中；往东，可全观高邮南门大街、盂城驿整体面貌。西侧的运河水位及大堤的海拔明显高于高邮城的地面，呈现"地上河"或"悬河"特征，恰如宋代高邮人秦观的"吾乡如覆盂"的生动描述。

其实历史上，留下生动记录的不止秦观、蒲松龄。《马可·波罗游记》记载，1282～1284年

期间，商人旅行家马可·波罗来到当时的高邮。他对这里的记录是，"高邮城市很大，很繁华。民以经商和手艺为生，养生必需品俱极丰富，产鱼尤多，走兽飞禽各种野味皆甚多……"元代萨都剌写过一首《再过界首驿》："二月好风吹渡淮，满湖春水绿如苔。官船到岸人多识，楚馆题诗客又来。近水人家杨柳暗，禁烟时节杏花开。一官迢递三山远，海上星槎几日回"。而明代，担任过总督漕运的邵宝在《盂城即事》描述了盂城驿附近的运河风光："盂城驿前吟夕阳，高邮湖上好秋光。红分菡萏初经雨，绿满蒹葭未受霜。远浦有波皆浴鹭，近堤无路尚垂杨。南来时见吴江棹，却倚船窗问故乡。"多美的风景，古人用文字，如今用文字、图片、用影像、语言，都可以描摹记录。

《水驿捷要歌》和《水驿驿站分布图》

来自全国各地，甚至从海外归来的高邮游子都"少年归来，共话乡音"。第一站往往也是选择南门大街和盂城驿。有同学留诗纪念：

> 西江月·同学会
> 昨日寒窗共度，
> 今朝染鬓重逢。
> 皇华楼上忆峥嵘，
> 甘雨园中追梦。
> 当铺频出传笑语，
> 农庄尽是笑声。
> 穿行栈道饮湖风，
> 驿外离愁忽重。

当年商旅客官在盂城驿短暂的停留，是为了生计，今天我和我的家人、同学、朋友相聚在这里，还为了更好地了解从前。

如果你想了解邮驿历史，想了解大运河周边的风物人情，请选择来盂城驿吧。在探寻盂城驿的文化价值之后，一定选一个天气晴朗的日子，无论春夏秋冬，黄昏时分去运河的东堤、西堤走走。我们是这样邀约的："沿着运河看看盂城驿，找找明清运河故道和平津堰，将高邮这段运河现存的重要遗迹，拜访一下，想象一下，感慨一下……再看看曾经的三十六湖荡现在成了汪洋恣肆的一片湖。走走停停，等待落日的恣意，你会发现最后，红色、蓝色、灰色、黄色、粉色等融入深水里时，湖面成了长天一色的紫。"

上｜秦邮碑亭　　　　　下｜手绘高邮行走地图

# 四季瘦西湖

潘 娟

瘦西湖是扬州的代名词。扬州,虽然未曾是统一王朝的国都,但曾是中国几代王朝的"后花园"。当年隋炀帝开通大运河后曾三下扬州,到了清代,康熙帝六巡扬州,乾隆帝六下江南。而扬州也因运河而兴盛,早在唐代时就已经发展成为"夜桥灯火连星汉,水郭帆樯近斗牛"的繁华"网红"城市。扬州因水而生,因运河而兴,"一茶一偈过扬州"和"二十四桥明月夜"的传奇让扬州多了几分风花雪月的清雅和旖旎。游扬州,还是要从瘦西湖开始。

湖上园林瘦西湖

扬州瘦西湖离我工作的单位很近，或者说我工作的单位离瘦西湖很近，这真的是一种缘分。我经常到瘦西湖走走，说起瘦西湖，我如数家珍。但最近有位专家告诉了我一件让我出乎意料的事——瘦西湖是大运河遗产点。

回去翻阅资料，还真是的，瘦西湖确实是扬州段运河水工遗产的代表。《中国大运河·扬州》一书中也写道，瘦西湖是由隋唐大运河水系和隋、唐、宋、元、明、清等不同时代的城濠连缀而成的带状景观，始终与大运河保持着水源相通的互动关系。作为扬州城市水系的重要组成部分，瘦西湖通过多条河道与大运河相连。作为大运河的支流，同时也是大运河上独特的文化景观，瘦西湖反映了大运河沿线经济的繁荣和由此而生的文化发展情况，是与大运河带来的思想、文化、技艺的交流和汇集密不可分的运河文化景观。

瘦西湖居然还有这样的运河文化背景？这下子我更加喜欢瘦西湖了。作为运河上独特的文化景观，瘦西湖的独特性体现在哪里？下面我就带着大家跨越春夏秋冬四季去游瘦西湖，来感受瘦西湖不同的美。

## 瘦西湖游春日篇

春暖花开时节，来自新疆的两个同行朋友到江苏开会，慕瘦西湖的名专程来到了扬州，算得上是"烟花三月下扬州"。我和同事小蒋一起陪同他们去游览瘦西湖。我们从淮海路出发，沿着新北门桥而下，走进盆景园。盆景园是扬州市民散步锻炼的公园，草木郁郁葱葱，景色秀丽，算是瘦西湖游的"餐前开胃小菜"。穿过盆景园，我们很快来到一座三孔低坡青石桥前，"这是大虹桥"，我向朋友们介绍，"历史上曾经名噪一时。"桥建于明代，当时是木质红栏，所以称为红桥。清朝初年，桥上建桥亭，改"红"为"虹"，意思是桥如彩虹，改称"虹桥"。乾隆元年，改建为石桥，乾隆皇帝游扬州时也曾写诗赞赏虹桥的美丽景色。目前，既是瘦西湖的扬州二十四景之一，也是扬州人出行的交通要道。古人有《梦香词》云："扬州好，第一是虹桥。杨柳绿齐三尺雨，樱桃红破一声箫。处处系兰桡。"登桥远望，果如词中所云，湖水如带，桃红柳绿，画舫笙歌。过去，文人墨客喜欢在此凭栏吊古，吟诗赋文，谓之"红桥修禊"。清康乾年间，扬州瘦西湖畔举办过三次著名的"红桥修禊"，"红桥修禊"与王羲之的"兰亭修禊"并传于世。

跨过大虹桥，一组恢宏大气的建筑展现在我们面前，这是瘦西湖的南大门。南大门像一道屏风，让瘦西湖景致半藏半露。门厅檐口匾额上"瘦西湖"三字，是江苏已故书法家孙龙父的手笔，字迹清朗飘逸，有灵秀之气，与瘦西湖的气质非常贴合。门厅廊柱上一副楹联吸引了我们，四人驻足研究，小蒋读出声来："天地本无私，春花秋月尽我留连，得闲便是主人，且莫问平泉草木；湖山信多丽，杰阁幽亭凭谁点缀，到处别开生面，真不减清閟画图。"楹联由晚清扬州盐务官兼诗人李逸休撰题，他的女儿李圣和书写。父女同框同题，倒不多见。小蒋嘴里念念有词，主动解释起了下联："是什么使得杰阁幽亭增添了一份令人流连忘返的滋味，到处都是新的面貌呈现在眼前，清静幽邃与倪

大虹桥

攒笔下的山水画不分伯仲。"大门口的楹联，可以成为瘦西湖这幅"两岸花柳全依水，一路楼台直到山"画卷的最好的注解。

越过瘦西湖大门，我们四人漫步在一段长堤上，立刻置身于一片花红柳绿的美丽画卷中。长堤东西两侧，三步一棵桃，五步一株柳，相间成行。桃花品种繁多，艳丽缤纷；柳丝婀娜飘拂，随风起舞。"桃之夭夭，柳之依依"，太美了！这段景致为"长堤春柳"，是清扬州二十四景之一，是瘦西湖的春景。小蒋说，这段长堤在园林艺术手法上，合理地运用了空间艺术和时间艺术，在进入较大的景区前，以长堤作为过渡，渐渐拉开全园的"序幕"。

杭州西湖的"苏堤""白堤"我走过几次，"苏堤""白堤"两面临水，而瘦西湖的这段长堤东面临水，水曲折蜿蜒，盈盈如带；西面是岗阜，植物繁盛，花团锦簇，这样层次感分明，更能体现出"瘦西湖"的"瘦"。朋友望着身边碧波荡漾、画船如织的湖水不禁问道："瘦西湖跟西湖一样是天然形成的吗？是不是瘦西湖比西湖窄，所以叫瘦西湖啊？"我笑着介绍查到的资料："与西湖自然形成的湖泊不同，瘦西湖最早的两段水体是隋代形成的。宋元时期，与城壕连接成一个更大范围的水系，成为扬州城的西护城河。瘦西湖水道沿用历代扬州城护城河，并经过人工疏浚、凿通，大概在清乾隆年间，形成了一条连贯的、细长又富曲折变化的线形水体。袁枚在为《扬州画舫录》所作的序中说'长河如绳，阔不过二丈许'。瘦西湖，清朝以前叫保障河、炮山河，可不叫瘦西湖……"

"故事大王"小蒋抢过话头，开始讲故事："据说啊，清朝淮扬盐商最富者有三人，一次在湖上聚饮时讨论起了保障河这个名字，认为这个名字不足以体现河本身的优美景致，于是他们想了很多名字，像'长西湖''小西湖'，等等，都不尽如人意。邻座一个书生一直笑而不语，最后长揖道：'三位的议论我都听到了，我看扬州的这个湖可以与杭州的西湖相媲美，但清瘦过之，依我之见，称瘦西湖可也。''瘦西湖'三个字一出口，三个盐商就佩服得五体投地，那个书生说完却飘然而去。从此，'瘦西湖'的名声就传开了。"两位朋友听得入神，连连点头。

小蒋说的是传说，实际情况是乾隆帝六次南巡，每次都要临幸平山堂，瞻仰欧阳修、苏东坡遗迹。扬州的盐商大贾们便不惜重金浚渫、拓宽北门至平山堂的保障河水道，夹岸栽花植柳、构亭筑园，"两岸花柳全依水，一路楼台直到山"的壮观景象便形成了。而清初诗坛大家、杭州人汪沆，来到扬州看望老师厉鹗时，耳闻了红桥修禊的盛事，便与诗友泛舟湖上，诗文相和。他将扬州保障河与家乡西湖作了比较，写下《红桥秋禊词》："垂杨不断接残芜，雁齿红桥俨画图。也是销金一锅子，故应唤作瘦西湖"。瘦西湖，因此得名。

我想，如果依着环肥燕瘦的道理，把杭州西湖比作丰满妩媚的杨贵妃，那么扬州瘦西湖可比作清秀婀娜的赵飞燕。按照时下"白骨精"的审美，飞燕似乎要胜出玉环一筹了。早些年，邓拓先生游瘦西湖时，写过一首诗："板桥歌吹古扬州，我作扬州三日游；瘦了西湖情更好，人天美景不胜收。"确实，"瘦了西湖情更好"，"瘦"字太有韵味了。

几人一边说一边往前走，长堤的尽头是徐园。园门满月状，门额上草书"徐园"二字，是晚清著名书法家吉亮工题写的。园门口站满了游客，拿着小旗子的导游正在介绍徐园，我们也蹭听了一会儿。徐园是1915年在清朝桃花坞旧址上改建的，为了祠祀原驻扬州的第二军军长徐宝山。他曾追随孙中山，与清军作战，由于他轻视袁世凯，并赶走袁世凯派来监视他的参谋长，袁世凯派人将他炸死。徐宝山祠堂改建完成时，曾与徐宝山共事过的书法家吉亮工不待请求，主动写了"徐园"两字。刚挥毫时，他心情沉重，所以"徐"字为行楷，而后越写越激动，以至写"园"时，已按捺不住内心的激愤写成了行草。但利用"园"字的外框巧妙地把人们称徐宝山为"徐老虎"的"虎"字镶嵌在里面，这也成为扬州题额的一段佳话。

园中听鹂馆过去是徐宝山的享堂，现在是游人休息的场所。听鹂馆门口的两口大铁镬，吸引了两位朋友的注意力，大家围着大铁镬研究了半天。

徐园

这两口大铁镬是扬州的出土文物，据《铁镬碑》记载是萧梁朝的镇水之物，每只铁镬重约3吨。朋友说："古代人们往往把降服水患的希望寄托于一些镇水神物身上。""是的，江都邵伯古镇斗野亭里的铁牛就是清朝康熙年间的运河镇水神兽。当时铸了多只镇水神兽，放置在运河险工患段，俗称'九牛二虎一只鸡'。"我补充。我们在园内漫步了一圈，徐园虽名为祠堂，实质是一座非常精巧的湖上园林，其中"春草池塘吟榭"为客座，客人小憩用；"疏峰馆"为宴请宾客用；"冶春后社"为诗社，吟咏诗句用。春天的暖阳下，园内一汪池水边各种花竞相绽放，桃花、迎春花、樱花，红的、白的、黄的、粉的……每一朵花都开到了极致，听鹂馆西墙边的紫玉兰花高高绽放在枝头，更是开得热烈，我们要醉在这个花园内了。两个朋友来的时机太好了，处处楼阁烟波，泉池澄碧，杨柳依依，唧啾莺飞，呢喃燕舞，繁花似锦，春天是瘦西湖最美的季节。

徐园之景，如故事的序幕拉开，往下开始进入高潮。绕过徐园，我们四人穿过郁金香花海，站到了小虹桥上，顿时有种豁然开朗的感觉。往东看，前面有一景称为"四桥烟雨"，也是清二十四景之一。意思是每当"山色空蒙雨亦奇"之际，领略的景致是"四桥飞跨烟雾里"。四桥烟雨楼在湖对面的趣园内，据说站在这座楼上可以看到南面的春波桥、大虹桥，北面的长春桥，西面的五亭桥。四座桥的形状和色彩各不相同。看过资料介绍，说这座楼通过对景手法把咫尺之内的不同桥景展现在游客面前，同时又将湖上风光衔接起来，时放时收，有分有合，使每一个景区都呈现出不同的风韵。乾隆皇帝特别赏识，咏诗作赋多篇，其御笔亲赠"四桥烟雨"所在的园子为"趣园"。趣园的美食很有特色，尤其是早茶，旅游旺季一座难求。我和小蒋邀请两位朋友第二天去趣园吃早茶，正好到"四桥烟雨"楼上欣赏瘦西湖风光，我们也还没从这个视角看过瘦西湖呢。可惜两位朋友当天下午就要回南京了。

过了小虹桥，我们就到了小金山。看到门楣上的"小金山"三个大字，朋友好奇地说："杭州有西湖，扬州有瘦西湖，镇江有金山，扬州有小金山。一个是'瘦'，一个是'小'，怎么总是比别人'矮了一截'呢？"我笑了，借用扬州国画院的老院长李亚如撰写的一副对子来回答："借取西湖一角堪夸其瘦，移来金山半点何惜乎小。"这里，"瘦"是苗条，"小"是精巧。我们扬州人的特点就是在摹仿他人的东西时能不落因袭，有自己的独到之处。其实，我们的拿来主义可谓事半功倍，瘦西湖借西湖之名，小金山借金山之名，声名远扬。小金山是湖心最大的岛屿，原来是扬州豪绅为了打通瘦西湖至大明寺的水上通道，方便龙舟巡游，开挖莲花埂新河时，挖河土石堆成的湖中小岛。山上栽植有各种花草树木，尤以梅花为多。朱梅、紫花梅、胭脂梅等应有尽有，它们或开或谢，色彩丰富，香气四溢，梅花盛开处得名"梅岭春深"。小金山也是瘦西湖上建筑分布最紧密的地方，最早见于史书记载的建筑"风亭、吹台、琴室、月观"，现在全部集中在这个岛上，十多座亭台馆榭，有的单独成景，有的聚成院落，有的临水傍路，有的依山居巅，前呼后应，错落有致。我们沿着花香四溢的山石路拾级而上，轻轻松松、气定神闲地站到风亭之下。小金山顶上的风亭可算是瘦西湖的最高点，这里是我们引以为豪的朱自清先生所说的"瘦西湖看水最好，看月也颇得宜"的地方。朋友手指着风亭上面的楹联，一边读一边自言自语："风月无边，到此胸怀何似；亭台依旧，羡他烟水全收。原来，风亭这个名字就是取自于这副对联啊。取上下联第一个字而得名。真是太巧妙了！"我们自豪地点头，瘦西湖以匾额、楹联、题咏，拓宽了人们的欣赏境界。站在风亭下驻足远眺，青山绿水，白云熏风，让人心旷神怡。往西一瞥，便能看到横跨在瘦西湖上的五亭桥，还有紧邻的白塔，"完全像北平中南海的气象"（《扬州旧梦寄语堂》）。

站在赏景绝佳处，看着眼前的美丽春景，我的语言此刻是贫乏的，只能借用刘禹锡的诗句来抒发自己的感慨：山不在高，贵在层次。水不在宽，曲折则妙。这就是瘦西湖和小金山的妙处吧。其实，小金山之胜，以月观为佳，背山面水，是湖上赏月的绝佳地点。可惜，两位朋友时间紧，"无福消受"月观赏月的诗情画意了。

我们下了小金山，山脚下有一道长堤伸向湖心，尽头"有亭翼然"，这就是园林界所赞誉的框景艺术所在地吹台，也就是钓鱼台。钓鱼台三面临水，只有一道长堤与小金山连接。站在亭子内斜角60度的地方，我们可以从西边的圆形门洞望见五亭桥的横卧波光，从南面门洞可看到巍巍典雅的白塔，钓鱼台"框"出了瘦西湖的精髓，加上自成一景，正好对应"三星拱照"的名称，真是妙不可言。湖水荡漾，柳树婆娑，熏风拂面，我们在钓鱼台拍下了三星拱照的美景。

两位朋友一边赏景，一边四下寻找琼花，他们说，春天来扬州，不看琼花等于没来。有道理！我和小蒋一边带他们去景区的"高潮"部分——五亭桥、白塔、二十四桥景区游览，一边沿路欣赏湖边盛开的琼花。扬州琼花素有"维扬一枝花，四海无同类"的美誉，可谓闻名天下。让

上｜小金山　　　　　　　　　　　　　　下｜三星拱照

琼花出名的是隋炀帝杨广，民间传说隋炀帝开凿运河，三幸江都，就是来扬州赏琼花的。据说当时官员王世充因为画出了《琼花图》而被隋炀帝赏识，从此飞黄腾达。晚唐有首《隋堤》写道："曾笑陈家歌玉树，却随后主看琼花。"三四月份是扬州赏琼花的最好季节，其实市内随处可见琼花的倩影，但专门赏琼花的地点最好在蕃厘观，现在称为琼花观，扬州人说"不到琼花观，到了扬州也不算"。现在瘦西湖万花园专门有琼花坞，倒不必专门到琼花观了。万花园琼花坞内琼花开得正好，枝繁叶茂，朵朵玉花缀满枝头，掩映成趣，着实"饱"了两位朋友的眼福，换来了他们的声声赞叹。

带两位朋友"走马观了花"，赏了景，了解了瘦西湖背后的运河文化。两位朋友总结：一瞥难忘春天的瘦西湖，会再来慢慢欣赏的。

## 瘦西湖游夏日篇

今年夏天，儿子从国外回来了，三年没有回家的他说，小时候春游秋游的地点一直是瘦西湖，梦里都会出现瘦西湖的影子，想再游游瘦西湖。我和先生当然要满足儿子的愿望了。炎炎夏日，白天37摄氏度的高温，太热了，那就改成夜游瘦西湖吧！扬州市政府打造了夜游系列，夜游瘦西湖、夜游个园，带动了夜晚经济，让大家的幸福指数又上升了。

我们从西门进园，进门后隔着重重树林便听到游人的笑声、哗哗的喷泉水声，拐过一个竹林小径，走过一个小石桥，荷香四溢的熙春台便出现在我们眼前。熙春台上朦胧的灯光下缸栽的荷花"有袅娜地开着的，有羞涩地打着朵儿的"，游客熙熙攘攘，大家忙着观赏拍照。台前的瘦西湖水上水幕电影正在播放，带来了丝丝水汽与凉爽，透过水幕能看见正对面远处影影绰绰的五亭桥，左边灯光勾勒出的马鞍形单孔石拱桥形状的景点是二十四桥。我们欣赏了反映扬州发展历史的水幕电影，便去登二十四桥。游客很多，称得上摩肩接踵，我们随着人流，走走停停，儿子一边走一边数，1、2、3……24，台阶24层，栏柱24根，桥两侧白玉栏杆上有24幅玉女吹箫的浮雕，处处都与"二十四"对应。"是不是桥长也是24米，桥宽2.4米啊？"先生点头称是，然后做了一番解读："清代扬州人李斗在《扬州画舫录》中写道，二十四桥俗称'念泗桥'，也叫'吴家砖桥'在熙春台北。传说隋炀帝月夜带24个宫女在这里吹箫而得名。也有人根据沈括的《梦溪笔谈·补笔谈》，认为二十四桥是唐代扬州城内的二十四座桥。"儿子问："那究竟二十四桥是二十四座桥，还是一座桥？还是指扬州城所有的桥？"先生笑了："这个问题，文人学者都打了一千多年的笔墨'官司'了。20世纪80年代，政府在原桥东侧、春台祝寿旧址上，也就是我们所在的这个区域建起了二十四桥景区，算是对这一历史公案的了结。景区是按《扬州画舫录》《乾隆南巡盛典图》的记载设计建造的，有好多景观呢，除这座二十四桥外，还有我们刚才走过的熙春台，右前方的玲珑花界、小李将军画本、十字厅等，台阁相间，各面转折对景都是一幅山水画卷。走，我们过去看看。"

儿子兴奋地说："二十四桥是不是取自杜牧的那首诗啊？小时候背的，我还记得呢。'青山隐隐水迢迢，秋尽江南草未凋。二十四桥明月夜，玉人何处教吹箫。'"确实，二十四桥为古今人们所青睐，主要归功于唐代诗人杜牧的《寄扬州韩绰判官》。这首诗是杜牧由扬州归长安后发出的一封私信，诗中既是明问扬州判官韩绰月明之夜在何处取乐，又暗示作者对三年扬州宴游风流生活的深深怀念。不过，抛开诗作本意，这首千古绝唱所勾勒的月夜二十四桥吹箫图，确实妩媚动人。扬州自古有"月亮城"之称，唐朝徐凝有诗云："天下三分明月夜，二分无赖是扬州。"而在一些诗人眼里，扬州的月亮又以二十四桥最美。因为扬州的二分明月，有一半为二十四桥所占，刘涛《扬州竹枝词》有"二分明月一声箫，半属扬州廿四桥"的赞词。沿阶逐级而下，桥旁就是吹箫亭，吹箫亭临水边桥畔，小巧别致，如果在月明之夜，清辉笼罩，波涵月影，再加上婉转悠扬的箫声、笛声，古诗的意境就全出来了。可惜，今天的月亮羞羞答答躲在云层后面，而夜游的各处景点灯光璀璨，有点喧宾夺主，我们没能消受古诗里二十四桥的明月之美。

夜幕下的二十四桥

沿着指示路牌我们走向五亭桥，漫步在瘦西湖的北岸小道，一路灯光装点着建筑，也装点着湖边的树木，五色流光闪烁，宛若人间仙境。透过树缝，隐约看到苍茫的天宇下，远方灯光勾勒的五亭桥横跨在瘦西湖上，蓝顶红柱的五座亭子，黑色的厚实桥墩，十五个桥洞，洞洞套连，每洞都映出蓝光。据说，月满时各洞都"衔"得一个月亮，可惜今晚无法得见。配着湖边闪烁着五彩光的树木，夜晚的五亭桥不同于白天，凭空多出了一份贵气。我平常看到的多是白天的五亭桥，造型典雅，黄瓦朱柱，白色栏杆，亭内彩绘藻井，富丽堂皇，有南方建筑的特色。而桥下则是有北方建筑特色的厚实桥墩，这样，南北方的建筑艺术、园林设计和桥梁工程完美地结合起来了。

先生说他看过一份资料：五亭桥是清代扬州两淮巡盐御使高恒和盐商们为了迎接南巡的乾隆，特地请能工巧匠设计建造的。乾隆南巡到这里感叹它像"琼岛春阴"之景，这就点出了五亭桥借鉴了北京北海之景。确实，五亭桥受北海五龙亭的影响很大，五龙亭五亭临水而建，均为绿琉璃瓦顶，亭与亭之间有石梁相连。扬州五亭桥没有北海开阔的水面，当然无法照搬五龙亭。但聪明的工匠另辟蹊径，将亭与桥结合形成亭桥，分为五亭，群聚于一桥，亭与亭之间用短廊连接，形成完整的屋面。桥亭秀，桥基雄，两者如何配置和谐呢？造桥者把桥身建成拱券形，由三种不同的券洞连接，桥孔共有十五个，中心桥孔最大，跨度为7.13米，呈大的半圆形，直贯东西；旁边十二桥孔布置在桥础三面，可通南北，呈小的半圆形；桥阶洞则为扇形，可通东西。正面望去，连同倒影，形成五孔，大小不一，形状各殊，这样就在厚重的桥基上，安排了空灵的拱券，在直线的拼缝转角中安置了曲线的桥洞，与桥亭自然就配置和谐了。我很佩服古代工匠的智慧，能把阴柔阳刚完美结合，将南秀北雄有机融和，让五亭桥成为瘦西湖的标志，真的是"扬州好，高跨五亭桥。面面清波涵月镜，头头空洞过云桡。夜听玉人箫。"（《望江南百调》）。脑海中不由浮现出朱光潜先生《谈美》中的一段话："许多轰轰烈烈的英雄和美人都过去了，许多轰轰烈烈的成功和失败也都过去了，只有艺术作品真正是不朽的。"五亭桥是园林艺术的不朽作品！

一边感慨着，一边下桥，紧邻五亭桥南端的是法海寺，又称莲性寺。寺中最值得称道的是白塔。灯光指引着我们走向白塔，扬州的历史故事正通过灯光秀在白塔上演。提到白塔，扬州人喜欢说一段"一夜造白塔"的故事。说有一天，乾隆在瘦西湖中游览，船到五亭桥畔，忽然对扬州陪同官员说："这里多像京城北海的琼岛春阴啊，只可惜差一座白塔。"第二天清晨，皇帝开轩一看，只见五亭桥旁一座白塔巍然耸立，以为是从天而降，身旁的太监连忙跪奏道："是盐商大贾，为弥补圣上游瘦西湖之憾，连夜赶制而成的。"据说，是八大盐商之一的江春用万金贿赂乾隆左右，请画成图，然后一夜间用盐包为基础，以纸扎为表面堆成的。尽管只可远观，不可近玩，但乾隆不无感慨地说："人道扬州盐商富甲天下，果然名不虚传啊。"这个故事出于《清朝野史大观》，

既然是野史，真实性有待考证，但老百姓可不管，扬州人集体认为白塔就是这样一夜造成的。

眼前的白塔，如一只巨大的白玉花瓶，从塔基至塔顶约9层楼高。塔基为一座方形高台，高约7米。台上四周围以石栏，栏柱顶刻有石狮，形态各异。高台南面伸出一个小台，东西两侧筑有台阶，各为53级，出自佛典"五十三参"故事。小台正中嵌有一石碑，上面写着"白塔晴云"四字。白塔分塔座、塔肚、塔顶三部分。塔座为砖雕的束腰须弥座，正方形，八角四面。每面置有两个佛龛。各自雕有一个生肖像，象征十二时辰。塔肚为花瓶状，中间辟有一个神龛，供有白衣大士像。由粗渐细的塔脖立于塔肚之上，由十三级圆圈组成，为佛家典故中"十三天"之说。著名的古建筑家陈从周先生对此塔的评价是："比例秀匀，玉立亭亭，晴云临水，有别于北海白塔的厚重工稳"。灯光秀开始了，白塔化身为舞台，扬州的昨日、今日在舞台上上演，科技赋予了白塔新的活力。

离开了白塔，先生说："柳占三春色，荷香四座风。夏天游瘦西湖一定要看一道美丽的风景，那就是荷浦薰风。"我们三人离开莲性寺，经过寺南的"藕香桥"，穿过一片灯光闪烁如萤火虫飞舞的树林，来到位于瘦西湖的南门长堤上，驻足看向东大门的净香园。迎宾馆西侧有一建筑，我平时散步时总看到，面东有"净香园"匾额，面西悬挂着"荷浦薰风"四字，此处"薰"与"熏"通用。

五亭桥夜景

"荷浦熏风"有一副楹联"春柳三分色,秋荷万里云。"作为清朝二十四景之一,它的园主人是一夜造白塔的盐商江春,皇帝曾多次临幸他的园宅,见他喜种荷花,赐名"净香园"。我们站在岸边,只见灯光下的湖面莲叶田田,零星地点缀着些荷花,看不分明,只是微风过处送来缕缕清香,给桨声灯影里的瘦西湖增添了不少雅趣。

我们一边享受夏夜的凉风习习,荷香四溢,一边领略瘦西湖所折射出的运河文化,身心愉悦。

上 | 瘦西湖夜景　　　　下 | 瘦西湖喷泉

# 瘦西湖游秋日篇

春天的瘦西湖很美，秋天的瘦西湖也不亚于春天。十月份，几个新加坡客人来到扬州，我和几个朋友作陪游瘦西湖。

新加坡客人住在瘦西湖温泉度假村，这里地处瘦西湖畔，与万花园隔空相望。上午，我们来到度假村接客人，等待的时候，我看了介绍：度假区分为公众区域和私密区域，公众区域又分为湖泊溪流、假山瀑布、小桥流水、亭台楼阁、竹林小径等多个各有特色的主题空间。度假村，风景真不错，感觉这里是瘦西湖的延伸。

客人中有年长者，行动不是很方便，我们决定水上游瘦西湖。瘦西湖水上游有画舫船、电瓶船、自驾船、船娘摇橹船等各种游船可供选择。我们昨天特意到现场考察了一番，电瓶船游适合不想被别人打扰的游客，游客自己驾驶着小船，在河道中穿梭荡漾，可以增加游览的乐趣，大船到不了的地方小船可以去，别具曲径通幽的意味，算是比较自由的自驾游方式，2~6人乘坐都可以，却不适合我们这个10人的团队。画舫游不错，画舫船古色古香，船上配备古筝演奏和导游讲解，游览过程中可以一边品茗，一边欣赏扬州小调，气派非凡，适合商务接待和聚会游览。其实我最心动的是船娘摇橹的游船，能充分体现瘦西湖的风情神韵，很有特色。但大家讨论了一番，少数服从多数，最后决定请客人乘坐画舫船。

我们没有选择游客们常走的从乾隆御码头开始向北至蜀岗平山堂、观音山止的路线，而是敲定了一条由瘦西湖南门码头开始，沿途经过瘦西湖的长堤春柳，至徐园、小金山、钓鱼台、莲性寺、白塔、凫庄、五亭桥等景点，到熙春台止的线路，这条线更轻松、景色更写意。

天气真好，秋高气爽，微风过处送来缕缕桂花清香，真是秋游的最佳境界。我们从瘦西湖东门码头登上画舫，画舫是古典式龙舟造型，黄瓦朱栏，当初乾隆水上游会不会乘坐这样的交通工具呢？在丝竹伴奏声中，年轻的女导游小李作了开篇词："天下西湖，三十有六，只有我们扬州的西湖，因为清秀婉丽的风姿独异诸湖，占得一个恰如其分的'瘦'字。瘦西湖风景区是我国湖上园林的代表，古典园林群融南秀北雄于一体，组合巧妙，互为因借，构成了一个以瘦西湖为共同空间，景外有景，园中有园的艺术境界，历史上以二十四景著称于世。窈窕曲折的一湖碧水，串以卷石洞天、西园曲水、虹桥览胜、长堤春柳、荷浦熏风、四桥烟雨、梅岭春深、水云胜概、白塔晴云、春台明月、三过留踪、蜀冈晚照、万松叠翠、花屿双泉诸胜，颗颗明珠镶嵌交织在玉带上，形成了一幅秀色天然

瘦西湖游船

的立体山水画卷。桨声光影的瘦西湖，美在画中，美在每一座桥，美在每一棵树，更美在那一道道荡漾的涟漪里。在粼粼的波光里，让我们欣赏中国湖上园林的独特风光，探寻清朝康乾两帝南巡的遗迹盛景吧。"一席话一下子调动了大家的兴趣，客人们兴奋起来，纷纷开始拍照打卡。

"扬州好，第一是虹桥，现在我们看到的就是名闻天下的瘦西湖第一景——大虹桥……"我转头看向大虹桥，蓝天碧水的背景，有画舫从桥下经过，让我想起了乾隆年间出任扬州推官的诗人王渔洋，他在红桥修禊中作的诗"红桥飞跨水当中，一字栏杆九曲红。日午画船桥下过，衣香人影太匆匆"最能概括此情此景。

画舫经过长堤春柳，导游娓娓道来，长堤春柳景点春天如何美不胜收，如何百花齐放。其实，尽管是秋天，这里依然垂柳如丝，柳影婆娑，别有一番滋味在心头。满堤尽是各色菊花，瘦西湖每年秋天都要举办菊花展，堤上菊花品种众多，争奇斗艳。从画舫上看过去，如织的游人在赏花，穿着汉服唐装的姑娘们在花前摆着pose，好像在与花媲美。

到了徐园，大家上岸，跟着导游赏景，听她介绍徐园"……一馆、一榭、一亭，外有曲水，内有池塘，花木竹石，恰到好处。"客人们不停地挪动双腿，不停地左顾右盼，不停地取景调焦，不停地按动快门，年长的那位客人感慨道："真是江南园林啊，小桥流水，清秀雅致。"

又上船，从春波桥下经过，到达小金

瘦西湖画舫

山,大家又上岸,跟着导游游览小金山诸景。小金山的东面,由"桂花厅""棋室""月观"三组建筑组成一组庭院,庭院的名字叫"静观","静观"二字是清代金石名家邓石如所题。游览扬州的园林很有讲究,大园动观,如大家可以边走边看,也可以坐船游览;而小园静观,最好坐下来静静观赏。这里的"静观"园,顾名思义,适合坐下来静静观赏,我们一行人真的坐下来静观了。小院造得最成功的地方当属花墙,随势弯转,很自然地被处理成一座折叠的屏风形状,像一把扇子一样缓慢展开,使人产生无限深远的感觉。花墙上设置了有不同几何图案的花窗,透过花窗可借到窗外不同的景致,给人的感觉是园外有园,景外有景。小院内最亮眼的是桂花树,小李说树龄约140年了。抬头看,桂花缀满枝头,香气四溢;低头看,桂花飘落地面,铺了一层花毯。"木樨书屋、百年桂花,是秋天的小金山绕不开的元素。桂花与精致的漏窗、铺地花纹图案相映,构成了一处处清雅宜人之景。"小李介绍说。"桂花厅"因周围遍植桂花而得名,能理解,怎么红木匾额上写的是"木樨书屋"呢?客人中一个年轻人提问。小李解答说,匾额是著名园林与古建专家陈从周先生题写的,桂花属木樨科木樨属,题名"木樨书屋"比"桂花厅"多了一份诗意,多了一份文化感。原来如此!

转过来我们就到了月观。扬州号称"中国的月亮城",扬州的月色美,观月的地方也多,"月观"是其中之一。"月观"坐西朝东,前面临着开阔的湖面。小李导游说这里每当皓月东升,打开门凭栏而看,天上水中各有一月,双月交辉。这不禁叫人感叹"今月古月,皓魄一轮,把酒问青天,好悟沧桑小劫;长桥短桥,画栏六曲,移舟泊烟渚,可堪风柳多情!"月观内挂了一幅郑板桥撰写的对联"月来满地水,云起一天山"。我们都说月色如水,这里假水和真的湖水连成一片,于是瘦西湖也就不再瘦了,而"云起一天山"就是说小金山虽然微不足道,但天上的云倒映在水中就像一座座的山峰,很自然地和前面的湖水连成一片,就满天是山了。通过把实景虚化,小景变大,把有限的园林空间化为无限的意境。听了小李一番解读,不用说客人,就连我都开始心动,向往皓月当空之时来月观赏月了。

从小金山上船,画舫悠悠驶入瘦西湖湖心、吹台、水云胜概、五亭桥、白塔晴云……沿岸美景纷至沓来,秋风吹过,香气满怀。水面波光粼粼,真的是船在水中走,人在画中游。旁边一群瘦西湖船娘迎面划船而来,一色蓝白相间的印花布衣裤,一样靓丽芬芳的青春气息,一阵飘荡在湖面上的欢声笑语,一支悠扬曼妙的清曲小调。"摇啊摇,摇到五亭桥,白塔浮绿水,船娘更窈窕。"看到这样的美丽场

月观

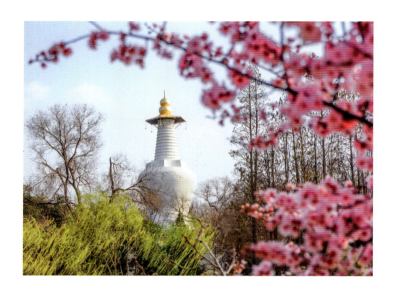

坐在画舫中，远远看到挺拔秀丽的五亭桥，看到五亭桥上翘首看景的游人，突然脑海中浮现出卞之琳那首著名的《断章》："你站在桥上看风景，看风景人在桥上看你。明月装饰了你的窗子，你装饰了别人的梦。"眼前的情景真有梦一般的感觉。小李导游在绘声绘色地介绍五亭桥，讲述着凫庄与白塔的故事。我没有跟着小李的节奏，而是翻开手机里保存的文档《浮生六记·浪游快记》，跟着沈复一起游览，"南北跨一莲花桥，桥门通八面，桥面设五亭，扬人呼为'四盘一暖锅'，此思穷力竭之为，不甚可取。桥南有莲心寺，寺中突起喇嘛白塔，金顶缨络，高矗云霄，殿角红墙，松柏掩映，钟磬时闻，此天下园亭所未有者。过桥见三层高阁，画栋飞檐，五采绚烂，叠以太湖石，围以白石栏，名曰'五云多处'，如作文中间之大结构也。""四盘一暖锅"，扬州人

景，我不由想起郁达夫《扬州旧梦寄语堂》中关于船娘的一段文字："船娘的姿势也很优美。用以撑船的，是一根竹竿，使劲一撑，竹竿一弯，同时身体靠上去着力，臀部腰部的曲线和竹竿的线条配合得异常匀称。若当暮雨潇潇的春日，雇一容颜姣好的船娘，携酒与菜，来瘦西湖上游半日，倒也是一种赏心的乐事。"瘦西湖船娘目前已成为一道装点扬州的风景线。我看过新闻报道，她们曾走进中央电视台《小崔说事》，原空政歌舞团还专门创作了歌曲《船娘》呢。

对五亭桥的描绘太幽默了！我读出声来，客人们都笑了，对照眼前的五亭桥觉得形象生动。我又补充了几句："扬州曾获评'世界美食之都'，扬州人把五亭桥设想成'四盘一暖锅'，显出了'吃货'本质，真是相得益彰。试想一下，如果有'四盘一暖锅'，那么清波荡漾的瘦西湖面不就是一个大的'台面'？'台面'上摆放着诱人的'佳肴'，谁能来此推杯换盏？无疑是你们大家啦。"客人中的一位年轻人说："等会告别瘦西湖，我们要去尽情享用扬州的美食哩。"大家纷纷点头

上｜白塔　　　下｜五亭桥

称是，垂涎欲滴。

画舫在湖中悠悠飘荡，大家尽情欣赏瘦西湖的湖光及岸边的景色。终于，画舫在熙春台前停下，最后一站到了。我们上岸，登上了熙春台，据传这是扬州盐商为乾隆祝寿的地方，所以门楣上有四字大书"春台祝寿"。登临远眺，水面画舫穿梭，两岸游人如织，如诗画般的景象尽收眼底，让人不由得想起老子的"众人熙熙，如享太牢，如登春台"，而这也正是熙春台之名的由来。烟波浩渺中，亭台水榭，一切点缀恰到好处，再引用沈复的形容："即阆苑瑶池、琼楼玉宇，谅不过此。"

陪着客人们游览了二十四桥景区，逛了万花园后，我们带客人走进万花园中的餐英别墅，开始享用正宗扬州美食。美景秀色可餐，美食让人垂涎，秋天的扬州让客人们流连忘返。

## 瘦西湖游冬日篇

12月30日，窗帘缝隙处有强光闪映大异往日，起来推窗一看——啊！白茫茫一片银世界。扬城迎来了第一场冬雪，城市在白雪的晕染下成了一幅水墨画卷。雪后的瘦西湖一定别有一番韵味吧？既然雪花向我们发出冬天的邀约，怎么能不接受？我和喜欢摄影的一个同学相约一起去游瘦西湖，一起观景拍照。

扬州很少下雪，像今天的雪也是稍纵即逝，估计一天的阳光照射后，雪就迅速融化了，所以赶

熙春台

紧去"打卡"。顶着瑟瑟寒风，踩着咯吱咯吱作响的雪地，我们从南门进入了瘦西湖。满目皆是纯洁而恬然的雪景，亭台楼阁、湖上桥榭、雕栏轩窗、花草树木，被积雪覆盖、点缀，更显秀美。瘦西湖异于往日，成了一个粉妆玉砌的童话世界。

来不及细看银装素裹的长堤春柳，我们直奔徐园，园内的那一汪池水未上冻，不如平时光滑的镜面映照出覆盖着白雪的飞檐翘角和顶着雪花摇曳的树木，池边的假山奇石头顶着朵朵绒绒的云彩，大自然赋予了徐园别样的雪后风情。拍，拍，拍，美景定格。

离开徐园，徐园与小金山之间的小虹桥凸显在我们眼前。小虹桥是相比于瘦西湖的大虹桥而言的，与色彩特别鲜艳的红色有关。这座桥始建于1951年，为木质红色桥；1977年，拆除后，改建为仿古混凝土拱桥，木板桥面，红漆护栏。小虹桥桥身通红，在一片银色世界中特别醒目，红色的桥点亮了瘦西湖的雪景，真乃"万白丛中一点红"，是拍照取景的绝佳地点。取景调焦，一番操作，我们拍了很多视频及美照。

欣赏雪景的"打卡点"少不了钓鱼台，我们踩着雪，沿着与小金山连接的一道长堤，咯吱咯吱走向湖心小亭——钓鱼台。之所以叫钓鱼台，民间传说，乾隆皇帝在此钓过鱼。其实，钓鱼台让人称奇的地方，不是钓鱼，而是借景。我选择了一个合适的角度，透过两个大圆洞窗看过去：灰蒙蒙的天宇下，一框白塔，白雪覆盖，似乎更白，要融化到天际去；一框五亭桥，隔水相对，桥亭顶上琉璃瓦的金黄色消失了，铺上了一层洁白的雪，如果鸟瞰，今天挺拔秀丽的风亭一定像五朵冉冉出水的白莲花，不负"莲花桥"的小名。从框中观赏的白塔、五亭桥雪景特别富有诗情画意，我们佩服建筑者的独具匠心。

过小金山，登上高高的玉版桥。每一次走过玉版桥，都不由会想起"人迹板桥霜"的诗句，却从没在这座桥上看到过霜。今天，园林工人在桥的一侧铺上了防滑的草袋，另一侧是游人清晰的脚印。雪，在这座桥上厚厚地留过。一个穿着一袭汉服，梳着高髻的小姑娘站在桥上拍照，她的薄披风随风飘动，衬着桥边的梅花，恍若《红楼梦》第五十回中披着凫靥裘"雪中艳立"的薛宝琴，有瘦西湖美景作底色，可以轻松拍出古风大片。冻得人瑟瑟发抖的天气里，瘦西湖内居然还有很多游客，估计都是受了雪的邀约。

站在湖的北岸看着静静的瘦西湖，蓝天之下一片纯色，白雪覆盖下的五亭桥、白塔、钓鱼台，还有这大片的湖水和树林忽然之间一切都变得清幽、

左页图｜雪掩瘦西湖

雪中钓鱼台

雅静起来。湖面上少了熙熙攘攘的游船，湖水异常平静。湖对面的凫庄安卧在云水之间，雪后周身焕发着沉静之美，让人移不开眼。凫庄建于中华民国十年，原来是乡绅陈臣朔的别墅。庄上亭、榭、廊、阁小巧别致，山池木石布置得当。天地之间一片静默，我发现居然有绿头鸭在湖中自由自在地游弋，凫庄这处汀州，正是以野鸭悠游而得名。这种动物与凫庄真的有缘，不请自来，在瘦西湖里生儿育女，小日子过得太惬意了。

下雪的时候赏一波瘦西湖梅花，是冬天里的一件乐事。瘦西湖内有几处赏梅点：湖上梅林是扬州最大的观梅胜地，一条水道从湖上梅林中间穿林而过，在这里，可感受"疏影横斜水清浅"的相映之趣；静香书屋的数株蜡梅，因古韵十足的白墙青瓦加持，是瘦西湖最具特色的蜡梅观赏区；小金山也是著名的赏梅胜地，特别是"梅岭春深"自古就是瘦西湖二十四景之一，当年乾隆六次南巡，每每来此，都会留下赏梅的佳话。我们选择了往万花园景区走，去静香书屋打卡拍照。静香书屋大门右侧的高大蜡梅与左边少壮的红梅，相映成趣地守卫书屋。蜡梅红梅枝头缀雪，红色、黄色与白色相映成趣，更显风姿。

来不及多看瘦西湖其他景点，我们赶紧回家整理今天的视频与照片，趁着热度发朋友圈。留在相机里的和我的记忆里的是云天山水、亭台楼阁、长桥雅园，满目皆是纯洁而恬然的雪景。今天银装素裹的瘦西湖真成了书中所描绘的琉璃世界，而我们置身于冰雪奇缘的童话之中。

瘦西湖的春夏秋冬四季，都有一份独特的魅力吸引着我们。再次翻开《中国大运河·扬州》一书，仔细阅读书中对瘦西湖价值的描述："扬州瘦西湖及盐商园林文化景观是在清代扬州盐业经济鼎盛、社会文化繁荣的背景下，为迎接帝王巡游，由盐商和盐务官员在清乾隆年间集中建成的园林集群景观。其独特的'卷轴画'

雪中徐园　　　　　　　　　　　　　　　　　　　　　　　　　　雪中瘦西湖三景

式景观形态、沿湖密布的园林集群等文化景观要素、高超的景观设计技艺及深厚的文化内涵,既是中国大运河带来的商业文明的独特见证,又与这一高度发达的商业文明所引发的社会文化发展高峰具有最直接的关联,是中国古典园林景观设计作品的杰出范例。"游览瘦西湖,还可以领悟到大运河沿线经济的繁荣和文化发展对城市经济和社会发展的影响,能不来瘦西湖吗?

## 扬州运河文化旅游小Tips:

扬州,古称广陵、江都、维扬,是中国唯一与大运河同生共长的城市,建城史可上溯至公元前486年。扬州是中国首批历史文化名城,有着"淮左名都,竹西佳处"之称,又有着"运河长子"的美誉。扬州城市的繁荣总是和整个国家的盛世重合,与运河的命运密切相关。隋唐、明清时期的扬州财富、资本的高度集中,是整个中国乃至东亚地区资本最为集中的地区之一,也是规模最大的金融中心。留下了李白、杜牧、白居易、欧阳修、苏

雪中游瘦西湖

轼、郑板桥、朱自清等历代大批名人雅士的足迹。扬州学派、扬州八怪、扬州戏曲、扬州工艺、扬派盆景、雕版印刷、淮扬美食等在中国文化领域独树一帜。古琴、剪纸、雕版印刷、富春茶点制作技艺4个项目被联合国教科文组织列入"人类非物质文化遗产代表作名录"。扬剧、扬州评话、扬州清曲、扬州弹词、漆器、玉雕等20个项目被列入"国家级非物质文化遗产代表性项目名录"。扬州主要的旅游景点有瘦西湖、大明寺、个园、何园、天宁寺、汉广陵王墓博物馆、扬州中国雕版印刷博物馆、中国大运河博物馆、邵伯古镇、瓜洲古镇、中国大运河原点公园等。

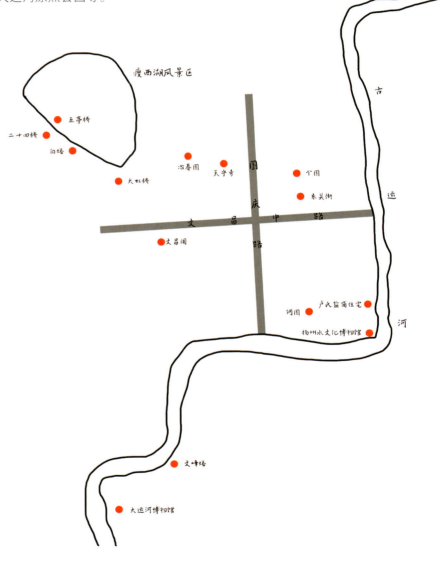

手绘扬州行走地图

# 扬州天宁寺名人寻踪

姜师立

扬州天宁寺行宫是大运河遗产中仅存的两处皇帝行宫之一,是清代帝王南巡时在扬州的行宫。帝王们沿运河南下,抵达扬州后登岸之处,就是天宁寺行宫外的"御马头"。而且,天宁寺也是扬州最早的佛教庙宇之一,始建于东晋,是一座由山门殿、天王殿、大雄宝殿、华严阁、东西廊房及配殿组成的建筑群,现存建筑格局为清同治年间修复后的遗存。这座扬州名刹、帝王行宫,与历史上多位名人相关,和大运河有着深远的关系,见证了扬州历史发展的兴衰与沉浮。

扬州天宁寺行宫

初秋时节，我们探访大运河遗产点，来到位于扬州丰乐上街3号的扬州天宁寺。这里是大运河遗产中仅存的两处皇帝行宫之一，而且与历史上多位名人相关。

## 扬州名刹，帝王行宫

我们的汽车从盐阜路右拐，穿过天宁门桥，来到位于明清古城北护城河边的天宁寺大门前。眼前突然一亮，一段朱红色的院墙、两扇镶满红色鼓钉的大红门映入我们的眼帘。这个色彩太跳脱，太罕见了，扬州寺庙中一般不会有。负责接待的双宁景区负责人徐扬向我们介绍，天宁寺之所以用朱红色的院墙，是因为这里曾作为康熙和乾隆两位皇帝的行宫，所以用了象征皇权的红色。正门上端嵌的"敕赐天宁禅寺"石额，据说是清朝乾隆皇帝御笔亲题的。

徐扬娓娓道来，天宁寺的历史悠久，据传说，这里曾是东晋太傅谢安的别墅，自他"舍宅为寺"，距今已有1600多年。东晋义熙十四年(418年)尼泊尔高僧佛驮跋陀罗在此译《华严经》六十卷，寺名因而叫"兴严寺"。唐代武则天证圣元年(695年)，改名"证圣寺"。唐僖宗广明二年（881年），又改"正胜寺"。宋大中祥符五年(1012年)，改为"兴教院"。"天宁禅寺"之名，是宋政和二年（1112年）宋徽宗应昭庆军节度使蔡卞的请求所赐。南宋绍兴十三年（1143年）天宁寺又改名为"报恩光孝寺"，以奉徽宗皇帝香火。到元末，寺毁。明洪武十五年（1382年）重建，仍称"天宁禅寺"，一直沿袭至今。扬州天宁寺1982年被列为江苏省文物保护单位，2014年作为中国大运河遗产要素入选世界文化遗产。

历史上的天宁寺是什么模样？徐扬说清代扬州作家李斗所著的《扬州画舫录》中记载了天宁寺的宏大规模："天宁门城河两岸甃石，上横巨木，架红栏为钓桥。桥外华表屹然，下为天宁寺大山门。"徐扬接着说道："天宁寺共有四层，第一层为天王殿，供布袋罗汉像；第二层是大殿，供三座大佛和十八应真；第三层供阿弥陀佛；第四层为后楼三层，楼下为方丈楼，中为僧房，上为万佛楼，有佛像一万一千一百尊。"这里的"层"就是房屋"进"的意思，

天宁寺行宫大门

与今天的天宁寺包括山门殿在内共五进房屋是相符的。可惜，这些辉煌景象已泯灭在历史的长河里，如今已经见不到了。

　　天宁寺的大门前，蹲坐着一对石狮子，这对石狮子头往两边转，显得比较调皮，与皇帝行宫这种比较庄严的场所怎么看也不协调。徐扬给我们解惑，这不是天宁寺的原物，是从其他地方移过来的。天宁寺的原物已被移到两淮巡盐御使司衙署，后来随着利用两淮巡盐御使司衙署作教室的扬州新华中学又搬到新华中学的新校址了。讲解员到了，跟随着讲解员，我们进入到天宁寺的山门。

　　讲解员边走边给我们介绍，作为扬州最早的佛教庙宇之一，也是皇帝南巡时在扬州的驻跸之所，天宁寺规模之大在历史上也极为罕见。建筑群由山门殿、天王殿、大雄宝殿、华严阁、东西廊房及配殿组成，以中间一条南北向的中轴线为主，主要建筑都位于南北向的中轴线上，次要建筑安排在轴线东西两侧，构成"一庙五门天下少，两廊十殿世间稀"的格局。整个建筑群对称分布，布局严谨，井然有序，为中国传统的四合院式的寺庙建筑群。建筑群内各元素之间有着微妙、虚实的自然衔接关系，体现出中国古代建筑群内不同建筑之间"含蓄"的关系，被人们誉为"江南小故宫"。

　　现在的天宁寺是1984年大修过后的，现占地面积约19000平方米，建筑面积约11000平方米。我们跟着讲解员走进第一进建筑，这里就是山门殿，单檐歇山顶，面阔三间。因为天宁寺不再作为宗教活动场所，而是作为中国扬州佛教文化博物馆在使用，这里被改成了文创产品销售中心。

　　第二进为天王殿，亦为单檐歇山顶，面阔三间，进深七檩。这里作为天宁寺的佛教文化博物

天宁寺全景

馆的第一展厅，展出的是扬州八怪的简介和书画作品。讲解员对扬州八怪介绍得很详细，扬州八怪是清朝中期生活在运河城市扬州的一批书画风格相近的书画家的总称，又称为扬州画派。"八"是个泛指，实际是以金农、郑燮为代表的十五位书画家。"怪"是指他们的书画风格异于常人，不被当时的正统画派所认同，而且他们追求的就是自然、真实、现实，往往揭露了社会的阴暗面，损害了当时统治者的利益，所以主流社会说他们是画坛上的怪物。今天，我们在这个展厅看到的是金农和郑燮的书画作品。

从天王殿往后有一个广场，广场过道两边有一些塑像，讲解员说这是扬州八怪中最具有代表性的八位人物的铜像，分别是：金农、郑燮、黄慎、汪士慎、李鳝、李方膺、罗聘、高翔。

广场北侧，镌刻着《南巡记》的乾隆南巡御碑巍然伫立。《南巡记》碑是清乾隆四十九年（1784年）仲春由乾隆皇帝写就后，再由工匠镌刻的，内容主要论述宜速宜迟这一哲学命题。乾隆自己撰写的《南巡记》，点明了帝王南巡的主要目的是"南巡之事莫大于河工"。他认为，大凡是对国家的统一、政权的稳定构成威胁或造成危害的，动用武装力量去镇压，对此要宜速，要果断。而对河决发生的水灾，需动用"河工"治理水利工程之事，则要宜迟不宜快等。南巡碑记叙述了乾隆对修河的指示，对多年大兴河工的情形作

上｜扬州八怪塑像　　中｜《南巡记》碑　　下｜大雄宝殿

了总结，主要是四大工程。第一项工程是定清口水志，加固高堰大堤，基本上保护了淮安、扬州、泰州、盐城、南通等富庶地区免受水淹。第二项工程是陶庄引河工程，在陶庄开挖一条引河，以防止黄河河水倒灌清口。引河开成以后，解决了"倒灌之患"。第三项工程是在浙江老盐仓一带修建鱼鳞石塘，历时三年，修建好鱼鳞石塘4000余丈。第四项工程是将原有范公塘一带的土塘，添筑石塘。《南巡记》里还提到将高家堰的三堡、六堡等原来用砖砌的堤一律改为石堤，徐州城外添筑石堤直至山脚。在《南巡记》中乾隆着重强调："六巡江浙，计民生之最要，莫如河工海防。""临幸江浙，原因廑念河工海塘，亲临阅视。"这些话并非空谈，而是乾隆倾尽全力大兴河工的实际做法。在位期间河工兴修规模之大，投入财力物力人力之巨，兴修时间之长，乾隆可以称之为古今唯一的帝王。以经费而言，每年河工固定的"岁修费"多达380余万两，约占每年朝廷"岁出"额数十分之一强。临时兴修的大工程，又动辄用银几百万两。我们在《南巡记》碑处拍了照片，为扬州有关部门对古碑的保护点赞。

观看过南巡碑，我们来到第三进房屋，这里是大雄宝殿，殿前围以石栏，重檐歇山顶，四面有廊，面阔五间，进深十五檩。这里展出的是除了金农和郑燮以外其余的十三位扬州画派画家的书画作品，我们在展厅看到，有李鱓、黄慎的，还有罗聘、李方膺、高凤翰的。

参观过大雄宝殿，来到后面的花园。殿后东壁嵌有清同治十一年立的《重修天宁寺碑记》。道路两边的草丛中有两座佛塔，这是存放天宁寺高僧骨殖的地方，还有几座石刻的佛像散落在草丛中。在北侧，有一块石碑是光绪八年重建藏经楼的碑文。

再往后走，就是第四进华严阁，华严阁其实就是藏经楼，即翻译《华严经》处，最初里面珍藏的是东晋时期尼泊尔高僧来此翻译的六十卷《华严经》。这座建筑为清宣统三年（1911年）重建，为硬山重檐，上下两层，前后有廊，面阔七间，前廊东壁嵌有《重修华严阁碑记》。这里展出的是有关扬州佛教文化的。我们参观时正好遇见广场举办文化活动，有身着古装的演员正在表演宋代点茶，有古琴师在弹奏古琴，我们正好欣赏了一番。

走进展厅，沿顺时针方向的展线，展板上首先介绍的是广陵地区最早的佛塔，即东汉末年任广陵（扬州）、彭城（徐州）、下邳（宿迁和泰安之间）三地赋税运输官的笮融斥巨资兴建的浮屠寺和九镜塔。接下来是介绍南朝时宋孝武帝在扬州建的大明寺，还有隋炀帝杨广与天台宗的智顗大师交往的故事。唐代内容较多，有介绍唐代扬州城几十座寺庙的内容，也有鉴真大师六次东渡日本，成功传播佛教文化的故事。除此之外，还有日本圆仁来扬州求法的介绍，据讲解员说，圆仁的《入唐求法巡礼记》与玄奘的《大唐西域记》和马可·波罗的《马可·波罗游记》并称为"东方三大旅行记"。我们在展览中还看到了法海寺、文峰寺等扬州的寺庙照片，还有江北刻经处、扬州藏经院和众香庵法雨经房三大刻经处的介绍。再往前走，脚下的沙盘则是乾隆皇帝第二次南巡前建的天宁寺行宫的模

《重修天宁寺碑记》

型。展馆最后一部分，是康熙和乾隆题写的有关天宁寺的诗。康熙在《幸天宁寺》中写道："空蒙为洗竹，风过惜残梅。鸟语当阶树，云行早动雷。晨钟接豹尾，僧舍踏芳埃。更觉清心赏，尘襟笑口开。"乾隆第四次南巡时写了《天宁寺行馆杂咏》诗："三月烟花古所云，扬州自昔管弦纷。还淳拟欲申明禁，虑碍翻殃谋食群。"

天宁寺的辉煌在清代，清代扬州有八大名刹，天宁寺名列其首。天宁寺在康熙、乾隆年间达到极盛，被乾隆皇帝誉为"江南诸寺之冠"。康熙赐天宁寺匾额四块、楹联两副。乾隆也曾赐七块匾额和八副楹联，祖孙两代皇帝都曾作诗若干赞美天宁寺。可见，天宁寺的鼎盛源于皇帝的青睐。在与皇帝的关系上，天宁寺在扬州的寺庙中首屈一指。康熙六次南巡，五次驻跸扬州，其中有两次驻跸天宁寺内。到了乾隆时期，扬州盐商干脆在天宁寺的西侧建了一座天宁寺行宫，专门给皇帝南巡时居住。行宫分东西两列，门前设牌楼。入东门由南向北有朝房、宫门、戏台和前殿，其后垂花门内有寝殿等。西门外有茶膳房，经朝房入内，由南向北为大宫门、二宫门、前殿与寝殿等。行宫西部为御花园，园中碧水绿树环绕，建有大观堂、文汇阁和御碑亭。园后又有内殿和西殿，最后建有戏台。整个建筑东西两侧各有护卫房十进。

看过扬州佛教文化展继续往后走，穿过上方书有"萧闲"二字的石拱门（导游介绍说这是康熙皇帝的墨宝，另一侧还有"净苑"二字），就是天宁寺的万佛楼。七楹三层的万佛楼规模宏大，据说因为当时上层供奉佛像一万一千一百尊，故称"万佛楼"。

## 文化高地，名人荟萃

因万佛楼已没有展陈，讲解员带我们来到了其后侧的郑板桥纪念馆。她介绍说，天宁寺作为文化高地，与多位名人有关，扬州八怪中李鱓、金农、郑板桥都在这里居住过。郑板桥纪念馆于2017年建成，主要展示郑板桥的一生。郑板桥是清代扬州府下面的兴化人，他的主要经历都在扬州。展览分为读书、教书、扬州卖画、十年仕途等版块来展示郑板桥的一生。从展览中我们了解到，郑板桥在穷困潦倒之时，受盐商马秋玉邀请来到天宁寺西"枝上村"小住。也就是在这一年，郑板桥开始在扬州卖画，天宁寺也就成了他的常住之所。在这里他遇到了同乡好友李鱓，两人在书画创作上互相切磋，从此成为莫逆之交。李鱓鼓励板桥走自己的路，形成自己的风格。另外，郑板桥在天宁寺还与黄慎相识，并为其画作《米山小帧图》作题跋。这也为他后期能够成为扬州八怪的中坚打下了基础。

与扬州天宁寺相关的文化名人和文化事件还有很多。据记载，康熙组织纂辑《康熙字典》《全唐诗》《佩文韵府》等，成为中国文化史上里程碑式的典籍。而其中《全唐诗》《佩文韵府》的刊刻，就是在扬州天宁寺进行的。康熙四十四年（1705年），时任江宁织造兼两淮巡盐御史的曹寅，奉皇帝之命在扬州刊刻《全唐诗》。他为此专门在天宁寺创办以编校开

郑板桥纪念馆

刻内府书籍为主的出版机构,称为"扬州诗局"。所刊刻的图书,世称"诗局本",以其缮写之精、雕刻之美,一直被后代版本学家奉为圭臬,在中国版本学史上享有极高地位。经过一年零五个月,共收入二千二百多位诗人四万八千余首诗作的《全唐诗》成书后,康熙帝见到样书,禁不住亲笔朱批道:"刻得书甚好"。至今扬州中国雕版印刷博物馆内还藏有当时康熙帝的朱批"刻得书甚好"字样。后来曹寅又主持刻印《佩文韵府》,不料中途患上疟疾。康熙帝得知病情,特派驿马来扬州专送"圣药",可惜药还在路上,曹寅已病重离世了。此外,同治年间的扬州刻经僧释妙空刻经近3000卷,以般若类为主,所刻佛经校勘认真,刻写工整,在国内外享有盛誉。

天宁寺成为文化高地,还与乾隆年间的一件事有关,乾隆帝继承了乃祖重文的遗风,亲自组织编写了中国最大的一部丛书《四库全书》,耗时十余年,动用四千余人,共计79300多卷36300多册,总字数近十亿字。《四库全书》共编写了七部,分藏于北京紫禁城之"文渊阁"、圆明园之"文源阁"、热河行宫之"文津阁",奉天行宫之"文溯阁"、扬州大观堂之"文汇阁"、镇江金山寺之"文宗阁"、杭州孤山圣因寺之"文澜阁"。扬州天宁寺内的文汇阁是皇帝行宫的一部分,珍藏着《四库全书》七部中的一部,还有全本《古今图书集成》。不幸的是,在太平天国运动中天宁寺行宫与寺庙均被毁,藏书荡然无存。2013年,扬州有关部门与商务印书馆合作,制作了原样原大的文津阁版《四库全书》,市政府将一套《四库全书》陈列在万佛楼,对外展出。2023年春天,扬州在天宁寺的西侧复建了文汇阁,用于安放这套《四库全书》,因此这套四库全书已被存入新建的文汇阁,供游人参观。讲解员对我们说,参观完天宁寺,一定要去文汇阁看看《四库全书》。

从郑板桥纪念馆出来,我们沿着东侧廊道往北走。在天宁寺中轴线东、西两侧各有一条甬道,长约百米,有数十间庑廊及十间配殿。在东廊尽头有一扇圆门,入内为前后三进的禅房,均为明三暗五格式,中间有天井相连。第二进向东有过火巷,向东一组二层小楼,为方丈楼,面阔三间,进深七檩,中间有楼梯可上二楼。今天,这里已作为办公场所。东侧楼前分别有耳房,天井东南角有一口井,名曰"青龙泉"。天宁寺的建筑现状保存完好,现有一部分作为扬州古玩市场对外开

天宁寺的廊道

放，周末顾客很多，空地上都会摆起地摊经营。天宁寺内植物配置起到了烘托建筑肃穆气氛的作用，强调平面布局轴线的效果。两棵古老的银杏树对称式置于建筑前方，秋天银杏的金黄绚烂与色彩庄严凝重的殿宇形成鲜明对比，颇有禅意。

## 万寿重宁，普现庄严

跟着讲解员，我们来到天宁寺的后门，透过铁栏杆，发现在天宁寺的北侧还有一座寺庙建筑，那就是重宁寺，最早是扬州盐商为乾隆的母亲建的行宫。因乾隆前四次南巡都是奉母南巡，可惜建成不久乾隆母亲就去世了，没有能够参加乾隆的第五次和第六次南巡，因此，这个行宫就没能派上用场，后来被改为了寺庙。乾隆给这座寺庙赐名为"万寿重宁寺"，"合万姓之寿为寿，所以为万寿也；以下民之宁为宁，所以为重宁也"。寺中主体建筑与天宁寺位于同一轴线，建于清乾隆四十八年（1783年），现存天王殿、大雄宝殿、藏经楼三进。作为清代皇帝南巡的重要史迹，寺中佛像按照内工作法，表现了皇家因素对寺庙艺术的影响。

我们从李斗《扬州画舫录》中了解到："重宁寺在天宁寺后，本平冈秋望故址，为郡城八景之一……乾隆四十八年于此建寺，御赐'普现庄严''妙香花雨'二匾。门外植古榆树数十株，构大戏台。山门第一层为天王殿，第二层三世佛殿，佛高九尺五寸……巍然端像，旁肖十六应真像。殿后三门，中曰普照大千，左曰香林，右曰宝华。门内屋立四柱，空中如楼……迤东有门，门内由廊入文昌阁，凡三层，登者可望江南诸山。过此则为东园矣。"书中还说东园内有曲尺池、石桥、俯鉴室、熙春堂、琅玕丛等诸多胜景佳构。

据介绍，重宁寺原来规模较大，有园数亩，咸丰年间毁于兵火。咸丰三年（1853年），太平军攻克扬州，建寺才70年的重宁寺与城内绝大部分寺庙一同遭遇了毁灭的命运。光绪十七年（1891年）僧人瑞堂募资重建，先后修建了山门、大殿、藏经楼，宣统元年（1909年）竣工。其时，重宁寺共有庙房九十间、僧人一百多人。中华民国时期，重宁寺规模虽大不如前，但其在全国佛教界的地位依旧很高。20世纪80年代末，国家文物局和扬州市政府拨款维修。现

重宁寺

## 双宁并游,水陆并行

今天的天宁寺、重宁寺双双成为大运河遗产点,下一步,重宁寺将与天宁寺一起被打造成扬州重要的运河景区。

离开重宁寺,我们来到天宁寺南侧北护城河边乾隆御码头碑亭,亭里立有一块石碑,上书"御马头"三个字,据说是乾隆所题,这个"马"字是通假字。当年,乾隆皇帝下扬州,进入天宁寺行宫。行宫前建御码头,乾隆于此登船游瘦西湖和平山堂,观赏"两堤花柳全依水,一路楼台直到山"的美丽风光。御码头为青石所砌,历经两百多年风雨,至今完好。这里如今已成为扬州水上游的品牌线路——"乾隆水上游览线"的起点。我们从御码头登上游船,体验了乾隆当年的游线。只见北护城河沿岸高大浓密的树木林立,树影、叶色、花香、果味交叠营造出"秋色层林尽染"的美好意境。徐扬说,秋有秋的美,其他三季也各有特色,"春花明媚翠丽、夏阴浓郁欲滴、冬霜绿意犹存",无论哪个季节来这里,都能欣赏到扬州美景。沿途经过的两岸景点众多,有西园曲水、个园、天宁

中轴线上的天王殿、大雄宝殿和藏经楼基本修缮完好。

我们看到,重宁寺建筑气势宏大,在中轴线上层层升高,建筑用料考究。山门内中轴线第一进为天王殿,硬山屋顶形式,面阔五间,拱门上有"波罗密门"石额,后檐有外廊。第二进为大雄宝殿,重檐歇山顶,檐下有斗拱,面阔五间,四面有廊,殿内以八根铁栗木作柱,铁栗木均在15米以上,在全国寺庙中亦极为罕见。天花上满施彩绘,中央有斗八藻井,保存较好。殿内悬挂乾隆四十八年(1783年)御赐"普现庄严"和"妙雨花香"匾,均为原物,另存乾隆撰写的《万寿重宁寺碑文》。第三进为藏经楼,重檐硬山顶,高三层,面阔五间,前有走廊,楼西有小四合院等建筑。

我们在大殿上方的藻井中发现天花彩绘十分精致,房舍内有大量壁画,据说是扬州盐商出重金请"扬州八怪"之一的罗聘绘制的。这些壁画由于损坏严重,2013年,扬州遗产保护部门上报国家文物局,作为大运河遗产修缮的项目之一,对其进行了修缮。至今仍色彩鲜艳,具有较高的艺术、宗教和文物研究价值,为珍贵的艺术品。

重宁寺大雄宝殿

寺、"御马头"、史可法纪念馆、冶春茶社等。沿河建筑古色古香，亭台、山石、坐凳、园路等点缀穿插其间，这大概是最能代表扬州运河特色的美丽风景线了。

游完北护城河，从"御马头"舍舟上岸后，我们穿过冶春茶社，信步来到西侧刚刚复建成的文汇阁参观。远远望去，蓝天白云下，一座两层的高大建筑呈现在眼前，文汇阁是明二暗四的结构，显得格外壮观。走近文汇阁，发现大门前有一个水池，在历史上藏书楼前的水池是用于防火的，今天成了一处景观，四周栽有各种植物，中间还点缀有假山石。从门外看，二楼前额上挂着竖放的"文汇阁"牌匾，一楼大门上挂着横排的"东壁流辉"牌匾，大门两侧有一副楹联："前千古而后万年存斯巨帙，水四瀛而山五岳侔此壮观"。这副楹联是《四库全书》总裁、乾隆帝第六子永瑢为编纂《四库全书》告成上进表中的原句，扬州文史专家根据楹联平仄要求进行了修改。楹联是请中国书法家协会主席孙晓云所书。再往里走，一张书桌和一张太师椅摆放在正门迎面，上面悬着匾额，"大观天下"四个字显得格外显眼。这也是孙晓云所书，不仅与楹联相对应，而且寓意读书可以开阔眼界、提

高格局，胸怀古今，放眼天下。跟着讲解员，我们参观了一楼的陈列，这里主要是介绍《四库全书》的基本情况以及历史变迁的内容。

接着，我们乘坐电梯来到三楼，这里放着一排排书架，书架上密密麻麻地摆满了用楠木盒子盛放的《四库全书》，是分成经、史、子、集来排列的。经陪同的负责人允许，我们抽出一盒书翻看，仔细看了一下，不是人工抄写的，而是扫描后激光照排印刷的，不过是用的线装书样式

上左 | "御码头" 碑　　上右 | 如今扬州御码头成为"乾隆水上游览线"的起点　　下 | 文汇阁

装订,尽管不是原件,还是有一点古味的。随后,讲解员带我们乘坐电梯来到负一层,这里是文创中心,游客可以在这里购买单册的《四库全书》复制品,而且可以参与雕版印刷的制作。这倒是一个不错的参与式旅游项目,将运河的物质遗产与非物质遗产融合在一起,而且与旅游体验也结合在一起,值得推广。这也呼应了天宁寺曾作为扬州诗局,刊刻《全唐诗》的历史。

离开天宁寺时,正好遇见双宁运河世界遗产园举行开工仪式。讲解员介绍,随着双宁景区的进一步深化建设,目前包括文汇阁在内的天宁寺与冶春园旅游区已成为扬州旅游的又一处亮点。

上 | 文汇阁藏的《四库全书》　　　　下 | 双宁运河世界遗产园开工仪式

# 扬州盐业遗迹诉说运河商业繁荣

姜师立

在中国大运河遗产中,有一类特殊的遗产,它既不是水工设施,也不是漕运管理机构,而是因为运河盐运的兴起而带来的扬州盐业历史遗迹。扬州是一座受运河加持、生命之盐养育的城市,因着独有的地理位置,是淮盐的集散中心,汉朝吴王刘濞就开运盐河,将两淮盐场的盐运往全国。从唐朝到中华民国时期,都在扬州城内设立两淮盐运使司衙署机构,统辖两淮地区食盐生产、运销。此外,当时盐商留下的生活轨迹,即他们生活的场所——住宅园林也是记录这些历史的实物例证。个园、汪鲁门宅、卢绍绪宅就是这些盐商住宅建筑中的代表,而盐宗庙则是盐商们祭祀盐业祖先的场所,它们一起见证了大运河沿线发达的盐业经济带来的商业文明,以及盐商资本财富对扬州城市建设产生的影响。

卢氏盐商住宅建筑群

　　大运河文化是商业文化的代表，运河的沟通交流，促进了商业的发展，改变了古代中国人"轻商"的观念，带来了实用主义的商业文化。无论是隋唐大运河，还是京杭大运河、浙东运河都造就了一批批运河商业城市，产生了一个个运河商帮，也留下了众多的运河商业遗存。在大运河世界遗产要素中，有一类因为运河盐运的兴起而带来的商业遗产，那就是扬州盐业历史遗迹。

　　借大运河的交通便利，扬州发展成为两淮地区的交通枢纽，同时也成为元、明、清三代两淮盐运使司衙署所在地，由于两淮盐产量占了中国古代盐产量的半壁江山，扬州因而成为古代中国最重要的盐业运输和交易的中心城市。兴旺的盐业带动了扬州城市的发展，留下了众多与盐业有关的历史建筑遗迹，卢绍绪盐商住宅和汪鲁门盐商住宅便是其中保存最为完整的两处遗迹。

　　出行功课做好了。在一个暖风熏得游人醉的春日上午，我们出发了，去造访慕名已久的这两处盐商住宅和祭祀盐业祖先的盐宗庙。

## 卢氏盐商住宅

　　我们的汽车沿着扬州古运河行驶，一闪而过的运河风光，让人心旷神怡。正一路欣赏美景，汽车

卢氏盐商住宅诉说运河商业繁荣

在古运河北侧的南通路停下，目的地到了。我们迫不及待地下了车，首先跳入眼帘的是一座牌坊，上书几个大字"中国淮扬菜博物馆"。咦，我们是来看盐商住宅的，怎么来到了淮扬菜博物馆了？在路边迎接我们的淮扬菜博物馆负责人刘军为我们解开了疑惑：如今卢绍绪盐商住宅就是中国淮扬菜博物馆的展厅。原来如此！跟着他穿过牌坊往里走，果真一座青砖黛瓦的古建筑群呈现在我们眼前。刘军指着面前的建筑说，这就是坐落在扬州老城区康山街22号的卢氏盐商住宅。

### 花八千两银圆建起的扬州最大盐商住宅之一

刘军侃侃而谈，如数家珍。卢氏盐商住宅所在地是一条古街，西头连接南河下街，当年是古运河畔盐商聚居的街坊。叫"康山街"，是因为街东头运河边有座"康山"而得名。这里位于扬州明清古城东南部的南河下历史文化街区，东南都临古运河，左右为扬州明清城区传统的老建筑民居群。这组住宅之所以被称作"卢氏盐商住宅"，是因为它有一任主人叫卢绍绪，卢家住宅时称"卢庆云堂"或"卢公馆"。卢氏住宅原占地面积8600平方米，拥有各类老宅两百余间，建筑面积五千余平方米，其中康山街22号对面的康山街41号还有占地2500平方米的各类老屋16间，后被拆除改建。

我事先查过很多资料，了解到很多卢绍绪的个人生平事迹。卢绍绪，字星垣，江西上饶人。他先在扬州两淮盐运司下的富安盐场担任巡盐大使。之后弃官经商，经营盐业，陆续发展到四个盐店，每店约有五十个制盐的盐灶。后来又由制盐发展到运盐，到1903年达到经营的顶峰，拥有家产约四十多万两银圆。光绪二十年(1894年)，卢绍绪花了八千两银圆购得康山街南北两块空地，并在此择地造屋和建园。

刘军拿了一份资料给我们看，卢绍绪建房历时三年，到光绪二十三年(1897年)落成，建房所用木材一千余立方米，大多数精选湖广杉木，不加髹饰，朴素淡雅。共有楼、厢、廊、亭计200余间，主要建筑有百宴厅、藏书楼、意园等，是一座规模恢宏，集园林与住宅为一体的传统民居建筑群，是晚清盐商豪华住宅的代表。历史上，卢宅坐北朝南，可分为南、北、中三部分，南部房屋是卢绍绪及其家人生活起居的场所，中部为花园，北部为藏书楼和子女读书的地方。前后走廊十三道，大小天井十七方。《扬州盐商建筑》一书说它有六个最：一是风水意识最强，选址位置最佳；二是建房时间最长，花费银两最多；三是门楼最有脸面，福祠造型最大；四是广庭最有气势，厅堂最有气派；五是用砖最为考究，墙体最宽最高；六是百年紫藤最为奇古，藏书楼保存最为完好。卢宅范围覆盖了康山街22号至羊胡巷63号、65号，及街对面的今南通路12号、14号。它以绵延的建筑群落、精美的建筑风格成为诸多扬州盐商住宅珍珠中最耀眼的一颗。

跟着刘军，我们来到卢宅大门前。只见大门两侧各悬挂一串红灯笼，大门的左边竖着一块古色古香的招牌，"中国淮扬菜博物馆"几个大字显眼夺目；门的右侧则立着一块石碑，是国家级重点文物保护单位的标志碑。标志碑的一旁正对大门是一组一人高的砖墙,上面刻着"福、禄、寿、喜"四个字,应该是代替照壁的。刘军说,过去大门的对面有八字照壁,可惜已毁,只剩磨砖门楼。我们顺着他所指的方向看去,只见大门楼为水磨砖雕门楼,上面一层,两边雕的是四季花卉,有桃花、荷花、菊花、梅花,正中是"刘海戏金蟾"场景。旧时扬州民间流传着"刘海戏金蟾,步步钓金钱"的说法,因此人们把刘海当作是福神、财神。下面一层,两边雕的是耕、读画面,其中一幅较大的,雕的是文人相聚,开展琴、棋、书、画活动的场景。

走进大门,首先见到的是一排北向的两层楼房,这称为"倒座"(因与朝南的正房相对),是卢宅的"厅堂"与"门房"。刘军介绍,倒座上下皆为七间,这里是看门人与佣人、仆人居住活动的地方。最西边的两间,可通对厅以西的书房,是卢家聘请的为子弟教书的先生的"宿舍"。现在这里是博物馆的导游休息室。

往大厅走去,迎面是一座"福祠",也就是"土地祠",这上面有许多喻义吉祥的砖雕,中间奉祀着土地神。刘军说,扬州旧时风俗,以"土地"为民众祭祀之神。卢家的福祠与别人家的不同之处在于其下方又祀奉着城隍(古代神话中守护城池的神),以保年丰岁熟,岁岁平安。院子的东侧有一道"竹丝门",门里边是一条南北向的长"火巷",作为通往各厅堂、住宅的便道。刘军介绍说这也是一条安全通道,可以通往外面的街道。

再往里走,来到卢宅的"二门",也称"仪门",当年是卢家用作迎宾和看戏的场所。抬眼看去,卢宅的仪门高大,十分考究,面南三间墙面皆施磨砖,磨砖对缝门垛砖雕雀替,上置磨砖匾墙,墙面有砖缀浮雕,匾墙上为三叠砖飞檐。仪门的砖雕门楼保存十分完整,雄浑气派。门楼上砖雕斗拱,磨砖檐椽,飞檐重叠有致,墙壁檐口堆砌的五层磨砖飞檐深远。砖雕除常见的吉祥寓意外,还大胆采用了具有"叛逆"精神的题材,如"汾阳王带子上朝""李白醉酒写番书""狸猫换太子""方卿羞姑"等戏文故事。我们研究了半天砖雕,拍了好多故事图片,慨叹故事背后的中国文化的博大精深。仪门四周壁墙镶贴满了磨砖斜角锦,更显门庭空间浑然一体。

一旁的刘军看我们这么投入,补充介绍说,卢宅之所以能够这么完整地保存下

卢宅福祠

来，还归功于新中国成立后这里是被集体单位使用。卢宅20世纪50年代初属军管营房，苏北军区服装厂就设在这里。1958年大办工业时，曾先后被扬州火柴厂、制药厂、五一食品厂使用。可惜，天有不测风云，1981年遭遇一场大火，照厅、楠木大厅、二厅、女厅、四进房屋被烧毁，仅存门厅、住宅楼、内宅、意园、藏书楼、凉亭等建筑。火灾前建筑面积4284平方米，火毁面积1270平方米，拆除面积528平方米，残存的原有房屋只有2486平方米。2005年10月18日扬州市政府启动了卢宅修缮工程，2006年4月18日竣工，修缮重点是门厅、前后住宅楼、藏书楼，复建了对厅、大厅、二厅、女厅。竣工后作为中国淮扬菜博物馆正式对外开放。经过修复，不但古建筑获得了新生，往日盐商的富庶也得以重现。

修复后的卢氏盐商住宅占地面积6100多平方米，建筑前后共九进，南北进深达百余米。进仪门过对厅有大厅、二厅，皆为面阔七间，以当中三间为主厅，两旁为会客、读书之用。其后为女厅，再后为内宅楼两进，皆为面阔七间、进深七檩房屋，是卢氏的内宅。宅后有"意园"，东北有池。池东临水原筑有船厅，可惜现已不存在。池北建有书斋和藏经楼两进。园南有一座六角盝顶亭。西北角遗存百余年老干紫藤，枝繁叶茂，遮天数十平方米。漫步宅内，从第一进到第四进，天井两侧均分布着小型花园，假山、花草、布局风

格各异，构思精巧。深入后院，意园里六角盝顶亭、石船舫、水池等相映成趣。

**成功转型为中国淮扬菜博物馆**

刘军介绍，卢宅作为大运河沿线现存规模最大的盐商住宅建筑之一，见证了大运河沿线的盐业经济所带来的高度发达的商业文明，以及盐商资本集团的财富集聚对社会文化振兴和城市建设发展产生的影响。2014年，卢氏盐商住宅作为扬州盐业历史遗迹的代表被列入大运河世界遗产，也是《中国大运河申遗文本》中唯一用作商业经营的遗产点。近几年，为了更好地保护盐商文化遗存，扬州市有关部门将其打造成了盐商生活展示馆和中国淮扬菜博物馆对外开放。

我们随刘军进入了对厅，这里是博物馆的第一个展厅，展示的是中国传统的"四大菜系"：鲁菜、川菜、淮扬菜、粤菜。在一面墙上，用中国雕版印刷的技艺展示了四大菜系中各自独特的菜品。淮扬菜部分是这样介绍的："淮扬菜是指淮河、扬子江流域的菜系，通常以扬州为发源地，以扬州、淮安、镇江、泰州、南通、盐城、宿迁、连云港为核心区域，覆盖长江三角洲的主流风味，并非是淮

庆云堂

安与扬州菜的统称。"

沿着参观的线路，我们来到第二个厅，也就是卢宅的大厅庆云堂，这里是卢家接待、宴请尊贵宾客和举行喜庆、祝节等活动的主要场所，因高敞宽阔，号称"百宴厅"。中间三间为主厅，东边两间当年隔为"花厅"，南面是栽植花木的小庭院，形成幽静的空间，是主宾在此赏花、吟咏，进行吹弹歌唱等娱乐活动的休闲场所，还隔有两小间客房。大厅的抱柱上有两副楹联，第一副楹联的上联是"素壁云辉，绮户重开陈百席"；下联是"华堂雨集，高朋满座进千觞"。说的是卢宅酒席盛大，宾客如云。第二副楹联的上联是"秋月照人，春风坐我"；下联是"青山当户，白云过庭"。说的是卢氏家庭的精神境界，物质生活满足后，精神世界也丰盈。盐商们发财后，总是不忘督促子女读书，以改变商人的身份。我还记得之前看过一份资料，扬州盐商的第三代做官的比例很高，清朝中期考取进士的扬州籍学子，有很大一部分是盐商的二三代子女。

在展厅里，刘军首先带我们观赏了全方位沉浸式投影，身临其境地感受到淮扬菜的历史沿革及各个历史时期的特点。投影介绍还让我们了解了什么是"满汉席"，满汉全席我只是听说过，具体是什么，并不知晓，今天终于大开眼界。关于"满汉席"，现今所能见到最早、最完整的"满汉席"菜谱记载于清代扬州人李斗所著的《扬州画舫录》中。宴席分五个等级，一百零八道菜点，六百余款备用遴选菜。不久前，扬州烹饪界专家、学者对清代扬州的"满汉席"进行了整体设计，精选了三十六道菜，形成了"精呈席"，席间"满"与"汉"的菜点交替出现，而博物馆所展示的这桌菜便是"精呈席"的三十六道菜点，既有满席的烤全羊，又有汉席的烤乳猪。扬州的"满汉席"既保持了原有风貌，又无人工雕琢的痕迹。

垂涎了"满汉席"，转头"开国第一宴"又让我们口舌生津。庆云堂的另一侧展示的是"开国第一宴"的宴席。这是当年以北京玉华台饭庄6名扬州厨师为主，制作的开国宴席。据说当晚的宴会也主要以淮扬风味招待宾客，得到了中外宾客的一致认同和高度评价。我们看到"开国第一宴"的菜品中，很多都是大运河边的家常菜，如扬州狮子头、干焖大虾等。

抬头看向大厅墙上的展板，我们得以纵览淮扬菜的历史沿革及整个发展历程。有新石器时期的"龙虬庄文化"，出土了完整的稻粒及陶罐等；有汉代射阳画像石

"开国第一宴"

"烹饪图",表现了当时淮扬一带烹饪的盛景;还有西汉吴王刘濞的文学侍从枚乘所著的《七发》,大量记载了淮扬风味;还有汉墓出土的"竹简菜单"……这些都见证了扬州餐饮的历史和发展。从展板上,我们触摸到淮扬菜发展的历史轨迹:隋代,隋炀帝开凿大运河使扬州成为南粮北运的咽喉之地,沿着大运河三下江都,将北方烹饪技艺带到扬州;唐代,扬州被人们誉为"扬一益二",成为全国最发达的商业城市;宋代,众多文人在扬州为官,推进了淮扬菜的发展;清代,扬州进入鼎盛时期,盐商聚集了很多财富,同时也推动了扬州淮扬菜的发展,康熙、乾隆南巡,扬州为迎接圣驾,大摆宴席,官员、盐商、文人频繁的饮宴活动,促进了淮扬菜技艺的提高;中华民国时期,扬州一带茶楼餐饮得到了新的发展,淮扬菜的风格特色定型,"狮子头""扬州炒饭"等一大批经典菜式已具有全国影响力。

好不容易从美食中回过神来,听刘军继续讲解,楠木大厅"庆云堂"极为考究,南北进深达12.5米,檐高4.6米,呈九架梁式。厅前厅后置双走廊,廊宽达1.6米,厅上端前后皆施卷棚三道。正厅明次间雕饰槅扇,梢间边间、仙厅花厅雕饰和合窗扇,主次分明。高敞轩昂的正厅上悬匾额,书有堂号"庆云堂",取自《汉书·礼乐志》:"甘露降,庆云集。"意思是为此宅甘露云集,喜气洋洋。大厅十分宽广,可放置餐桌十张,宴请百位宾客,号称百席厅,民间戏称"百宴厅"。刘军说,在2006年扬州市民日时,市文明办曾邀请了100位百岁老人在百宴厅举办百寿宴,意义不一般。

向前踱步,我们来到庆云堂后面的庭院,这里的一组雕塑很有特色,不用看介绍,我立刻脱口而出"这是四相簪花!",刘军点头称是。这组雕塑表现了宋代韩琦、王珪、王安石、陈升之"四相簪花"的故事,也是扬州人引以为豪的故事。穿过庭院,我们进入淮海厅。此处为"二厅",是卢家用于接待往来宾客与亲友的地方。淮海厅的展览以"雅俗共赏、名闻遐迩"为主题,在这个展厅里,可以了解淮扬菜的风味特点、原料选用特点,以及关于食器、名宴和名师等方面的介绍。穿过淮海厅,又是一个庭院,也有一组雕塑,主题是"江春接驾"。江春是清乾隆时期"两淮八大盐商"之首,安徽省古徽州府歙县江村人,因其"一夜堆盐造白塔,徽菜接驾乾隆帝"的奇迹,而被誉作"以布衣结交天子"的"天下最牛的徽商"。

再往后进入兰馨厅,顾名思义,我们来到的是卢宅的"女厅",这是专门用作卢家女眷接待女性宾客与亲朋的厅堂。厅前院落的南面,有墙体

四相簪花雕塑

与前面的厅堂隔开,门头上有"福"字砖雕,这种做法极为少见。主厅装修也有特色,槅扇上刻满了各式花卉。前院两廊下边有水磨砖砌花窗。主厅正中上方横匾上的四个字是"兰馨桂馥"。厅中也有楹联两副,其一上联为"鸿鹄每从天外至",下联为"凤凰常绕日边飞";其二上联为"茶烟清与鹤同梦",下联为"诗榻静听琴所言"。文人韵味十足。

女厅展板展示的是"玉盘珍馐、惠风和畅"主题,主要介绍了帝王、盐商、文人墨客、百姓与淮扬菜的一些渊源。如清代扬州知府伊秉绶与扬州炒饭的故事,展板上介绍,最早记载扬州炒饭的就是伊秉绶的《留春草堂集》。还展示了老百姓与淮扬菜的关系,扬州人"一日五餐"的习俗,还有歌咏扬州菜、扬州人的菜名、习俗;"扬州早茶"体现了扬州百姓早上"皮包水"、晚上"水包皮"的惬意生活;百姓在饭店"吃讲茶"表现了百姓之间以茶和美食沟通洽谈、调解矛盾的市井风俗。展览还介绍了扬州一大批诗人和他们创作的诗作,其中不乏与饮食风俗、烹调技艺相联系的诗联,如郑板桥诗联"从来名士能评水,自古高僧爱斗茶",汪士慎诗联"竹宜著雨松宜雪,花可参禅酒可仙"。展览还介绍了李白与淮扬菜、"扬州八怪"与淮扬菜等相关文坛佳话。

穿过女厅,后面庭院里又是一组雕塑,展现的是欧阳修"传荷飞觞"的故事。欧阳修修筑平山堂时,常与文人雅士

登临欢宴,并派人骑快马到邵伯湖摘取初绽的荷花,布置于平山堂内。有时,与友人酒兴正浓时,欧阳修会令歌姬取荷花传与宾客,宾客们依次摘瓣,摘到最后一瓣者,则饮酒一盏、赋诗一首。这有点像我们现在的猜拳、行酒令,只是更多了些文人的雅趣罢了。

再往后走,是涵碧厅。展览的主题为"香飘四海、传承弘扬"。这里展示了淮扬菜的传承与弘扬。如何制定标准?如何口耳相传?如何香飘四海?这个展厅令人瞩目的是扬州的老字号冶春,不但介绍了冶春的辉煌历史,而且介绍了今天冶春的运营模式:旗舰店、小馆和包子铺等。现在的饮食企业可以借鉴他们的成功经验。

**卢宅藏书楼变身城市书房**

穿过最后一进展厅,来到了一个喜气洋洋的院子,院子里挂满了一串串红灯笼,朝东的墙上,挂了十串红灯笼,整个墙上一片红色,二楼也挂了好多红灯笼,院子上下一片喜庆祥和氛围,极具中式传统韵味。可以说,这个庭院完全可以反映扬州盐商昔日生活的奢华。这个红灯笼的院子现在成了"网红打卡点"。温暖的阳光下,慕名而来的游客摆着各种姿势拍照,还有穿着汉服、唐装的小姑娘

欧阳修"传荷飞觞"雕塑

在此拍古风片,此情此景,恍若时空穿越。

这个院子的两侧,就是卢宅住宅部分的最后两进,称为内宅楼。上下两层,前后两进,似一个"口"字形,是卢氏一家人居住的地方。内宅楼的前楼是涵碧厅,而后楼就是怡情楼,前后楼的楼下均有三间堂屋,是家人日常起居活动的场所。前楼有楹联两副,其一,上联"十里云山春富贵",下联"半床书史睡功夫";其二,上联"古剑不磨留养气",下联"异书多读当加餐"。一看对联就是读书人家的,书卷气扑面而来。后楼也有楹联两副,其一,上联"帘栊香霭和风细",下联"庭院春深化日长";其二,上联"一庭春雨瓢儿菜",下联"满架秋风扁豆花"。满满的家常,满满的生活气息。

今天的后楼已改造成了商品部,扬州的特色食品和旅游纪念品排满了货架。工作人员介绍说,在卢宅作为接待饭店使用时,这里是零点餐厅,供散客和工作人员点餐吃饭的地方。现在作为文物保护单位,卢宅不能用于饭店经营了,这里就改成了商品部。这也从侧面印证了卢宅管理部门对文化遗产的保护意识。

穿过商品部,内宅楼后面是有马头墙(风火墙)的平房,一座五开间的四合院,是当年卢家专门用于接待至亲好友暂住的地方。如今这里已改造成研学基地,用于中小学生研学淮扬菜,让国内外的青少年不但可以通过展馆了解淮扬菜,而且可以学做淮扬菜。

宅后(北面)有一个院落,有门通往后花园"意园"。意园不大,但胜在片山多致、寸石生情,淡雅不俗。园内花木扶疏,三面有游廊,南面有凉亭,北面有水池,池上有别致的船厅。六角盝顶亭、石船舫、水池等相映成趣。池上建有一般住宅园林中少有的"船厅"(又称船舫、旱船),使园池增色不少。坐在船厅上犹如荡舟在开阔的湖面上,这也是通过运河运盐的盐商家特有的建筑吧。

意园中间的部分已被布置成一个大大的茶室,除了周边的廊道和北侧的假山,空地部分全都放置了竹椅和茶桌,供客人饮茶休息。在意园中饮茶,看着园中曲径

上 | 卢宅的灯笼墙

下 | 卢宅意园

卢宅前后进深达百余米，从外表看古宅青砖黛瓦，与一般住宅无异，但置身其中，一种"藏富不露"的恢宏之气扑面而来。整个建筑高敞宏大，从南往北，淮海厅、兰馨厅、涵碧厅、怡情楼，厅厅相连，厅堂阔大。从第一进到第四进，后厅、女厅层轩广庭，槅扇精雕，方砖铺地；天井两侧的小型花园，假山花草、布局风格各异，构思精巧。这座古建筑让往日盐商的富庶得以真实重现。

刘军说："卢宅不止于此，后面还有惊喜呢。"我们忙问："在哪里？"专家说："我们从火巷往回走。"出了意园，一进火巷，我们简直惊呆了，从第九进贯穿到第二进，一条上百米长的廊道一直往南延伸，窄窄的巷道，两旁是高大的青砖墙，显得格外古朴而幽深。长长的火巷中还有一个个小门通往各进住宅，使卢宅看起来更像是一座迷宫。这里又是一个"网红打卡点"，是年轻人喜欢的拍摄佳地，我们看到一个又一个穿着各式古装的男孩、女孩，争奇斗艳，照相机、手机、摄像机大显身手。我们也赶紧拿起照相机，拍下了一张张珍贵的照片。

通幽的长廊，廊前的鱼池，池中的假山湖石，有暗道通向馆内院落的一泓碧水，雅致清净，虽身处闹市，在此却让人神定气闲，恍若隔世。在一旁游玩的一位老大爷对我们说，他每天都要来意园坐一坐，享受这里清新的空气。

池北是书斋和藏书楼，自成一院。"书斋"入口的石洞门上有方石额，写有四个篆字"水面风来"。可以在此倚栏观赏园景，坐在廊下，时时有清风徐来的感觉。书斋保存得相当完好，扬州罕见的百余年古紫藤，茂密的藤萝蓊蓊郁郁，爬满了书斋的墙面。书斋外有一副楹联，上联"花气芝英凝玉圃"，下联"云光霞彩映蓬壶"。进入书斋内，有一副楹联，上联"藜火光联书案月"，下联"笔花香蘸砚池云"。迎面扑来浓浓的书卷气。

扬州古代一直有藏书的传统，来扬州经商的盐商们也争相附庸风雅，卢宅也建有五开间的"藏书楼"。这座建筑的特色是在楼西头有一座螺旋形的楼梯，可惜楼内藏书已遗失。好在，扬州市政府将这里改造成了二十四小时城市书房向市民开放。我们走进藏书楼，看到门口装有门禁系统，要刷借阅卡才能入内看书，旁边的自助办卡机上凭身份证即可办卡，很是方便。在盐商藏书楼里读书，扬州市民太有福气了。

卢宅藏书楼改成的城市书房

卢氏盐商住宅的火巷

## 盐商祭祀盐业祖先的盐宗庙

出了卢宅，我们发现紧挨着大门东侧的康山街20号有一座建筑，门额上写着"盐宗庙"三个字。刘军说，那就是盐商们祭祀盐业祖先的场所，于是，我们信步走进盐宗庙参观。

古代每个行业都有自己的崇拜神，扬州盐商靠盐发财当然忘不了盐业的祖先。从盐宗庙墙上的简介我们了解到，这座庙是同治年间由两淮众盐商捐建的，是扬州盐商举行祭祖仪礼的场所。作为祠堂建筑，盐宗庙在布局上非常大气，前后三进房屋共280多平方米，一进比一进高，从山墙尖能辨出前低后高，这也寓意着"步步高升"之意。整个建筑的屋面、墙体、构架古朴气势尚存。

走进前厅，墙上一个牌子上有一段介绍"扬州盐宗庙与曾公祠"的文字。读后，我们了解到，这里也曾作为清朝曾国藩的祠堂。清朝晚期重臣曾国藩先后担任过两江总督兼盐政、钦差大臣、直隶总督等职，曾国藩去世后，朝廷下达旨意，可在他任职过的地方为他建专祠。当时扬州的地方官员就将原盐宗庙改祀曾国藩，因此，盐宗庙也被后人称为曾公祠。在两侧的耳房里，我们看到了曾国藩的生平简介，以及曾国藩来扬州的相关情况。曾国藩曾与扬州盐商们多有交集，因为在清朝晚期湖南、江西的盐商对曾国藩十分尊重，曾公祠也因此受到盐商们的格外关注。

出了前厅往后是一个天井，天井的左侧墙壁上是关于曾国藩的砖雕画，反映曾国藩的事迹。在二门的背后石额上刻有"曾公祠"三个字。第二进并没有布展，左边是放映厅，放映盐宗庙的专题片，右侧一间是休息室。

再往后又是一个庭院，庭院正中放着一座香炉，香炉正前方就是供奉盐宗的正殿。我们走进第三进正殿内，三尊高大威仪的盐宗塑像映入眼帘。塑像下的文字介绍了这三位盐业始祖，中间一位是上古时代的夙沙氏，相传他善于煮海为盐，是我国人工盐的创始者；右边一位是商代的胶鬲，据传是最早的盐商；左边是春秋时期齐国的政治家管仲，他用官府力量发展盐铁业，使国力大振，是最早的盐官。塑像均采用汉白玉打造，神态栩栩如生。背景画面为波涛汹涌的海浪，气势恢宏，金碧辉煌，上面写着"功开食货"。两侧的楹联为："国家岁课千秋富，淮海春煎万灶烟。"正殿两侧还布置了

《两淮煮海为盐图说》的贴金漆画，全面反映煮盐的过程及清代扬州盐务兴旺的历史盛况。专家介绍，大殿里面最值得一看的是房梁上保存了一百多年的彩绘，这种彩绘在南方地区已经不多见，尽管有些剥落，但其中部分彩绘至今仍绚丽多彩。在庭院西侧的廊道墙上，还有刻着《祭盐宗文》的砖雕，长达数米的砖雕几乎占了半面墙。

2014年扬州盐宗庙随大运河成为世界遗产的一部分，如今建起了扬州盐业历史遗迹展示馆，成为对外展示运河盐文化的场所。刘军说，当时为了让盐宗庙能够顺利列入世界遗产，大运河联合申遗办还协调有关部门将盐宗庙与大运河之间的扬州水文化展示馆进行了改造，将内容改造为大运河文化展示。同时，将展示馆开了一个后门，从运河边进入展示馆，参观完展示馆从后门可以直接进入盐宗庙，实现了盐宗庙与大运河的物理性联系。这样使盐宗庙顺利成为大运河世界遗产点，作为大运河遗产中唯一祭祀行业祖先的古建筑。

## 汪氏盐商住宅

告别盐宗庙，我们的汽车顺着南通路往西，大概五分钟车程，穿过渡江路，来到运河边的一处停车场，这就是汪鲁门盐商住宅门前的停车场。穿过停车场，一座看起来新建的牌坊映入眼帘，牌坊后面就是南河下街170号的汪鲁门盐商住宅。远远望去，汪氏住宅外围墙全用整砖，青灰清水，严丝合缝，扁砌到顶，原砖本色，不加粉饰。我们仔细观察发现，这处青砖建筑靠街很近，高大挺拔，墙间以排列有序的铁钯铜缀以加固，两侧山墙顶端增砌屏风墙(俗称"风火墙")，更显高墙大屋，森严壁立，宛如城堡。大门右侧立着一块石碑，上写"全国重点文物保护单位汪氏盐商住宅"，石碑后面的墙体上镶嵌了汉白玉石刻的"扬州大运河盐商文化展示馆"字样。

接待我们参观的专家说，这就是晚清时期扬州盐商代表之一汪鲁门的住宅。我翻看手机里事先准备好的相关资料，汪宅主人汪泳沂，字鲁门，安徽歙县人，随其长辈宦游江苏，迁居扬州，后捐职南河同知。汪鲁门曾先后任山阳(今淮安)县令、海州(今连云港)知州，官至二品候补道，曾在清江浦(今淮阴)以道衔补缺协办漕河工程。由于处理漕河政务得力，深得历任漕运总督器重。清光绪三十三年(1907年)，与扬州

盐宗庙正殿

大生钱庄老板叶翰甫共同于淮北苇荡左营开盐圩二十一条,创建同德昌制盐公司,后改名为大德制盐公司,又主营扬州七大盐业公司。贩盐发了财后,汪鲁门就在扬州置办了房产。

有相关老房契作佐证,卢宅是汪鲁门在中华民国八年(1919年)花费宝银六千五百两从原业主刘赓唐手中购得,而刘氏原先购自邹氏,而邹氏又购自包氏,包氏则购自汪氏。据说最早的房屋主人是清朝乾隆年间两淮八大盐商之一的汪石公。可见此宅数易其主,多次修缮,也说明扬州盐商是"你方唱罢我登场",各领风骚数十年。另外,汪宅东部的花园部分在清光绪年间曾属于广西巡抚张联桂家。

在专家的陪同下,我们走进汪鲁门宅,越过门厅,迎面墙上是一座福祠,据说原有砖雕福祠在"文革"中破"四旧"时被砸毁,现为2009年重建之物。福祠右侧,设磨砖罩面偏门,连接着从前管家奴仆进出专用的火巷。福祠左侧为磨砖对缝精工砌筑的匾墙型仪门门楼,通高达六米。门楼上端,是匾墙型门樘,中间满镶六角锦式水磨砖,顶端檐边有磨砖三叠向外延伸,仪门上端装饰着"琴棋书画"纹饰的砖砌雀替。仪门沉厚的门扇用斑驳的铁皮包镶着,门扇上的铁钉勾勒出"五福盘寿""平升三级"的吉祥如意纹饰,保护状况基本完好。门侧一对白矾石雕饰门枕石,现仅存基座,但从基座就可以看出,这对门枕石比寻常民居的门枕石要大得多,基座上鲤鱼跳龙门的纹样仍然述说着当年的历史沧桑。整座仪门威严而不失清丽,可以作为扬州民居匾墙型门楼造型的范例。

踏入仪门,是由照厅与两旁走廊三面拱卫朝南正厅围合而成的庭院,照厅与两旁走廊的三面梁架均为月梁式,均施以拱形卷棚,缀以木雕。专家

上 | 汪鲁门盐商住宅外观　　下 | 九进相连的汪鲁门盐商住宅

说，这种照厅与走廊构架造型，在扬州遗存的古民居中当属孤例。从仪门厅往后看去，宅院有九进房屋，九进门在中轴线上一字排开，依次递高，绵延百米，寓意着步步高升。一眼望去，一个门套一个门，显得十分悠长。大门楼简单、朴素，仪门用材考究，做工精细，造型庄严。走进汪宅，发现宅内建筑除第二进倒座、第三进大厅为一层，其余建筑均为两层楼，一层第二进与第九进房底层由明间贯通，二层第四进二厅与第九进后住宅楼由厢（廊）房贯通。

专家为我们做专业介绍，我们听得入迷。这组地处古运河边的盐商大宅建筑西至湖北会馆东山墙、东至花园，北至木香巷南侧、南至南河下街。整体由住宅与花园组成，呈东园西宅布局，中夹南北朝向火巷一道。住宅部分由南向北排列，由门厅、倒座、大厅、二厅、前住宅楼、中前住宅楼、中后住宅楼共九进房屋组成。西路住宅除门厅一顺四间外，其余均面阔三间，主房前后九进相接，前厅后楼，中轴贯穿，两厢对称。每进正间后设置屏门，其后檐墙间设置腰门，若将前后屏门、腰门全部打开，

放眼凝视，可见百米长的穿堂空间，深邃幽远，且厅堂地面后一进都比前一进略高，给人视觉上有层层递进升高的感受。各进楼下前后腰门可隔可通，各进东厢俱有耳门通向火巷，可开可闭。楼上前后左右回廊相串，整个楼屋形成前后左右四通八达，能分能合、分合自如的立体交通环境。

汪宅建筑整体为晚清徽派风格，占地面积5260平方米，现在房屋建筑面积1510平方米，住宅建筑均为砖木结构，硬山式传统民居形式。除第四进木构架为方作造，其余皆圆作造。第三进大厅木构架用料粗硕，柱梁为楠木。大门设置在门厅东起第二间，符合扬州民居"抢上"做法。东部花园面积较大，与住宅之间用火巷分隔，原筑有花厅、廊房等建筑和水池、假山等构筑物。现一部分房屋并未复建，而是标上了遗址的标志，更加体现了这座古宅的历史沧桑。

转了一圈，我认为，汪宅更为考究与精美的要数面南正厅，专家说这是扬州现存盐商住宅中体量最大、最为完整的楠木厅。厅内四柱、构架、大梁、山界梁、金童柱、楞枋、步川、椽子、雕饰构件等都是楠木，这是名副其实的楠木大厅。用材太考究啦！从做工工艺上来说，陀梁是

楠木大厅

月梁式,直径达0.6米,山界梁与松梁之间的金童柱是方木形,其下端垫为斗口式(栌斗)。其上脊梁端不用金童柱,而用大料口承托。木椽用料较多,并为方形制作,不是常见的半圆椽子。专家分析说,这说明是清中期前或更早些时候遗存的构件。因为到了清中期以后,扬州大多数椽子都改作半圆式。楠木厅里面的横梁和柱子都是楠木构架的,保存了原有的建筑模式。梁柱之间都是通过榫卯结构连接,没用一根钉子。漂亮恢宏的楠木大厅,彰显了扬州晚清时的建筑美学思想。

四处转转,我们发现,厅前船篷轩跨度较大,宽达两米有余。木作组以雕饰工艺,洗练、圆熟、直率,这又与徽派雕饰细腻繁复的风格略有不同。如正脊梁端两边不是采用常见的山雾云式,而是采用深厚象鼻如意云式,斗口面上浮雕双狮粗实、豪放,垫木雀替浅浮雕如意舒卷自如。整体大厅的木作,从上到下,不施油漆,以显示楠木木质之美。

正厅前后的楼厅,取材杉木,柱、梁、枋、磉石全为方作,与前正厅的圆作互相对应。再向后,有数进楼屋相连,构架中尚存明式作法构件。专家笑着说,这也进一步说明这处盐商住宅是由明朝的建筑改建而成,保留了早期的建筑痕迹。

陪同的专家又讲起汪鲁门宅第后期的故事,20世纪50年代曾作为医药公司仓库,在使用汪氏住宅时,逐步将花园建成多幢药品仓库。2000年因第一进门厅的南檐墙倾斜变形,公司对墙体进行了拆砌抢修。由于未遵循文物保护要求,改变了原来的清水墙面、门楼和檐口的传统做法。同时,医药公司用作仓库时,为增加室内使用面积,在天井上方增设了简易天棚,将屋面自然排水变为有组织排水,使室内通风和采光受到较大的影响,增设的排水

修缮前的汪宅

管沟老化损坏后，雨水四溢，使受害部位的木构件发生霉变、腐烂，导致第五进东次间和明间的木结构腐烂破坏，屋面和楼面坍塌。室内装修、楼梯大多遭受破坏或被改变。如第六进西厢房内木楼梯拆除后被改为混凝土上货斜坡，房屋已多处出现险情。扬州市有关部门针对汪宅的险情制订了抢修方案，于2007年5月至2008年进行了整治大修。

2012年，在大运河申遗过程中，大运河联合申遗办向国家文物局申报了修缮方案，获得近一千万元国家重点文物补助资金，对汪氏盐商住宅进行了全面整修，对本体部分进行了原状修复，对一些损伤的木构件进行了修补，损坏的地面重新铺设，并对过去修复时不规范的门窗形制进行了纠偏。拆除了花园中不符合原貌的附加建筑，重新建起了火巷，并对花园部分进行了全面考古和部分复原。同时拆除了汪宅与大运河之间的原汪氏用于经营盐务的楼房，改建为生态停车场，打通了汪宅与大运河的物理性联系，终于使汪氏盐商住宅符合了遗产点的申报标准。2014年随大运河遗产列入世界遗产。

我们继续往后走，越往后越感觉到汪氏盐商住宅的豪华，宅第大部分建筑的结构为上楼下厅式样，每进房屋之间连接着一条"回"字形的通道，使楼上每个房间相通，形成"串楼"，这样的格局在扬州盐商老宅院中并不多见。

大运河申遗成功后，汪鲁门宅被用作扬州大运河盐商文化展示馆，展示馆以汪鲁门盐商住宅为载体，以扬州盐商文化为核心，通过文字、图片、影像、实物等多种表现手法展示扬州大运河盐商文化历史遗存。我们在展示馆里看了一圈，整个展览共分七章，从第二进建筑开始，每一进房屋为一个篇章，分别为江春接驾、两淮盐业、行盐、风雅、传奇、盐引案、落日余晖七个篇章。

看完扬州大运河盐商文化展览，我们感慨万千。汪鲁门宅作为扬州现存面积最大的盐商住宅，见证了扬州运河时代的商业繁荣，记载了两淮盐业的经济兴衰、世俗民风、时事春秋，其沧桑旧事刻录着一段历史，是研究大运河盐商文化的重要实物依据。在盐商老宅里展示大运河盐商文化也是物尽所用，相得益彰呀！

还没来得及多发表感慨，专家又带着我们穿过火巷来到汪鲁门东侧的花园。这个花园设计得很有创意，其并未进行过大规模的建设，而是对一些建筑遗存进行了考古发掘，并标示出相关遗存的情况，成为一处有关考古教育的现场教学基地。这个创意真不错，让游客在游盐商古宅的同时，能够接受到考古教育，而且富有参与性，能够吸引年轻一代。

## 扬州盐业历史遗迹参观小Tips：

在中国大运河遗产中，有一类特殊的遗产，它既不是水工设施，也不是漕运管理机构，而是因为运河盐运的兴起而带来的扬州盐业历史遗迹。隋唐以后，大运河航道逐渐贯通，扬州作为我国海盐生产运输的中心，两淮地区的交通枢纽，借大运河的交通便利，发展成为古代中国最重要的盐业运输和交易的中心城市之一。特别是明清两代，兴旺的盐业带动了扬州城市的发展，留下了众多与盐业有关的历史建筑遗迹，其中包括个园、汪鲁门宅、盐宗庙、卢绍绪宅等。这些以盐商园林和盐商住宅为代表的扬州盐业历史遗迹，见证了清代大运河沿线的盐业经济所带来的高度发达的商业文明，以及盐商资本集团的财富集聚对社会文化振兴和城市建设发展产生的影响。扬州盐业历史遗迹见证了18～19世纪，扬州作为大运河沿线城市商业和城市生活的繁荣兴盛。扬州盐商住宅、园林等在短时间内聚集人力、财力而形成，对清代扬州城的社会生态、建设格局和居民生活产生了直接影响。

上 | 扬州大运河盐商文化展示馆内部陈展　　　　下 | 汪鲁门住宅花园部分

# 三访个园

姜师立

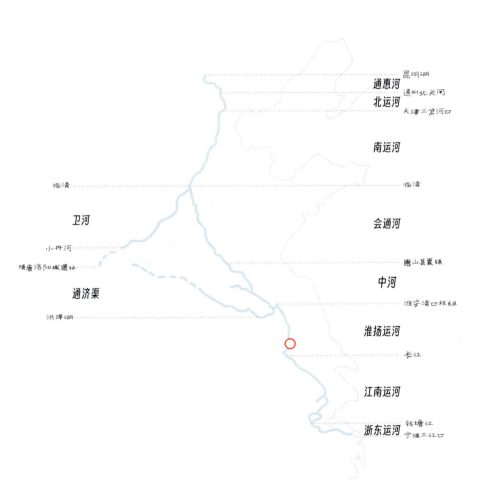

个园是我国四大名园之一，原主人黄至筠是个大盐商，也是文人，因为喜欢竹，不仅将自家的园子以如竹叶形状的"个"字取名为"个园"，还在园子里栽满了竹子，很是风雅。个园是一处典型的前宅后园式江南私家园林，整座建筑规模宏大，布局严谨，尤以春、夏、秋、冬四季假山叠石艺术而著名，被我国著名园林专家陈从周先生誉为"国内唯一孤例"，可见其名气之盛。个园是中国园林艺术与盐商文化相结合的杰出代表，也是一处非常有特色的大运河遗产点。

个园春山月洞门

如果来到扬州旅游，扬州人都会自豪地介绍，扬州主要的景点有"瘦、大、个、何"，这里的"个"就是指个园。个园是运河古城扬州的一处盐商私家园林，整体布局采用古典园林前宅后园的传统形式，在造园上以竹石为主，是一处比较有特色的大运河遗产点。我一共去过三次个园，一次白天从北门进园，一次白天从南门入园，第三次则是夜游个园。不同的进园方式，不同的参观顺序，不同的游园时间，我体验了个园不同的美。

## 以竹为名的园林

一游个园还是在2019年，车子沿着扬州北护城河一路往东，稳稳停在个园的北门停车场，一座中式建筑门庭呈现在大家眼前。我却先被个园北门东侧立着的一块碑吸引，上面写着"世界遗产中国大运河个园"。我走近仔细阅读标志碑上的文字，原来个园是大运河遗产的一部分，在大运河遗产点中，个园是以扬州盐业历史遗迹被列入的。它见证了清代大运河沿线的盐业经济所带来的高度发达的商业文明，以及盐商资本集团的财富集聚对社会文化振兴和城市建设发展产生的影响。原来个园有这么高的价值！

视线转向北门中式建筑，"个园"牌匾下一副楹联又让我驻足："春夏秋冬山光异趣，风晴雨露竹影多姿"。这副楹联

上 | 世界遗产中国大运河个园标志碑

平仄协调，形象概括出个园的园林艺术特色，既介绍了四季假山的叠石异趣，又写到了个园的翠竹多姿。一旁的导游小张介绍说，个园植竹以品种丰富为宗旨，万竿千姿，蔚为大观。而叠石则以分峰用石为特色，叠出独一无二的四季假山，南北称奇，名闻遐迩。带着一探究竟的心理，我们紧跟着导游小张走进了个园，迎面而来的就是个园的"万竹园"。小张侃侃而谈："竹是个园的精魄，个园的灵魂，游个园，第一要观竹。原个园主人黄至筠爱竹，并在园内种竹万竿，就连个园的名称也是由竹而来。"原来园主人盐商黄至筠字"个园"，竹叶形似"个"字，故得名。"竹"历来为中国文人所爱，不仅是因为竹子姿态清雅，色如碧玉，更主要的是因为它"正直，虚心，有气节"的品

格。宋代大诗人苏东坡说过"宁可食无肉，不可居无竹，无肉使人瘦，无竹使人俗"。园主人看来是苏东坡的"粉丝"。

认真听着小张的讲解，关于个园的种种浮现在我的脑海中。1997年，个园在四季假山北侧建了"品种竹观赏区"，逐渐恢复当初有竹"百种万竿"的历史原貌。目前这里是扬州城内最佳赏竹处，总占地面积12000平方米，现有竹60余种，近20000竿。设"土山竹林""映碧水榭""竹西佳处"等区域。这个以竹名园的空间虽不大，但由于改变了一般园林的布局手法，开门见竹，竹布全园，使个园成为名副其实的"竹类乐园"。

跟着小张一路逛园子，我们学到了不少竹子的知识。原来竹子既有观叶类的，也有观杆类的，观杆类还有形与色之分。龟甲竹、方竹、螺节竹、佛肚竹、辣韭矢竹、高节竹是用于欣赏其秆形的不同寻常；而紫竹、黄皮刚竹、黄槽刚竹、小琴丝竹、黄金间碧竹、金镶玉竹、花毛竹、金明竹、黄皮乌哺鸡竹、花哺鸡竹、斑竹、茶秆竹、紫哺头石竹等则是用于欣赏秆色的丰富多彩。随着小张的指点，我们看到了各种名贵的竹子。"这是黄金间碧竹，

下 | 个园北大门

上 | 个园的竹

此竹色彩美丽，竹杆呈金黄色，节间带有绿色条纹，故称黄金间碧竹；竹杆呈碧绿色，节间是黄色条纹者即碧玉间黄金竹，为优良的观赏竹种。""这是孝顺竹，也叫慈孝竹，丛生竹种，笋期在夏季，新笋围着老竹生长，像是遵从古训'父母在，不远游'。"我们大开眼界，个园真是竹子荟萃，背后居然蕴含着这么丰富的文化内涵。

小张笑了，说竹子大全还在后头呢，个园植竹最成功的布景在春山前。这里的竹为刚竹，特点是高矮粗细适中，每个竹节两根分枝，挺拔秀逸。置数枝石笋，寓雨后春笋之意。整片竹林的中间，圆门洞开，象征一轮满月，无论从哪个角度看，恰成"月映竹成千个字"的赏景效果，是四季假山部分的开篇点题。竹林中，还掺有斑竹，摇曳多姿。夏山的西南面，有黄皮刚竹、金镶玉竹。另一处竹景在抱山楼右侧的假山脚下，这里长着一种罕见的"方竹"，竹节呈方形。在秋山前厅右侧有一种灌木型竹丛，聚合而生，枝繁叶茂，俗称"孝顺竹"。小张带着我们来到个园竹类的引种区。这里有杆节密短、基部膨大呈葫芦状的佛肚竹，还有竹杆挺直坚硬的茶竿竹、节间特长的苦竹、叶片阔大的箬竹、白哺鸡竹以及京竹等，宛若一个竹类的大观园，大自然太奇妙了。

我们行走在蜿蜒的竹园小道中，很有曲径通幽的氛围。而悠长纤瘦的竹林小径，在体现园林意境美方面更胜一筹。往竹林更深处行进，直至尽头，看到一个月亮门，抬头望去，匾额上写有"竹西佳处"四个字。"竹西"取自晚唐诗人杜牧吟咏扬州的诗句"谁知竹西路，歌吹是扬州"，宋代词人姜夔在《扬州慢》中又写道"淮左名都，竹西佳处"，后来人们就以"竹西佳处"来指称扬州了。这里把"竹西佳处"回归字面意思就是"此处竹景最佳"。

走进园门，我们来到一条由桂花树枝叶交错形成的林荫小径。这里两边种满了银桂，"银桂"谐音"迎接贵宾"，因此又称"迎宾道"。每到深秋花开的时候，这条小径都浮动着清清悠悠的芬芳，令人沉醉。

离开了竹园，沿着迎宾道往前，拐一个弯，我们来到了一座小楼前，匾额上"丛书楼"三个字显得格外醒目。小张说，园主人喜读书，"积

迎宾道

丛书楼

"善""读书",可以说是立家的根本。这是中华传统,更是教化子孙后代的需要。丛书楼分上下两层,上面是给园主人儿子读书、藏书的地方。丛书楼匾额原本属于清代乾隆年间扬州大盐商马氏兄弟的街南书屋,"二马"时期的丛书楼曾以藏书十余万卷名噪一时,乾隆年间朝廷编纂《四库全书》时,马家进献书籍776种。他们的藏书楼就在个园对面的街南书屋,马氏败落后,个园主人购得马宅,其后又将街南书屋中一些厅堂匾额、楹联移入个园之中。因此,我们在住宅部分也会看到一些来自于街南书屋的楹联。清代盐商有较高的审美追求,生活品位不俗啊!我感慨。

丛书楼前,小张给我们出了一道题:游客在楼前和楼内都找不到上楼的楼梯,那么楼梯到底在哪呢?小张笑着说先卖个关子,让大家找找看,看完假山再公布谜底。

## 四季假山融汇南北叠石技艺

随着人流,我们来到个园假山部分。我前一天做过攻略,查阅过相关资料,此时抢了小张的台词,向同行的朋友介绍:个园是清代嘉庆二十三年(1818年),两淮盐总黄至筠在明代"寿芝园"旧址上建成的宅园,占地24000平方米,建筑面积近7000平方米,为前宅后园式江南私家园林。黄至筠是清代中期的大盐商,祖籍浙江杭州,因为他的父亲在赵州做官,他于乾隆三十五年(1770年)出生在赵州,后被委任到扬州去做两淮商总,加入了扬州府甘泉县籍。个园的园林部分,以四季假山为主,分别采用笋石、湖石、黄石、宣石等不同石种,以分峰叠石体现一年四季不同的景色。主人在设计它的时候别有用心,采用了"春山宜游,夏山宜看,秋山宜登,冬山宜居"的画理。同时,结合园林建筑、植物配置及理水,立意精巧,别具一格,是个园景色的精华。正因为有四季假山,个园作为扬州古典园林艺术的杰出代表,与北京颐和园、承德避暑山庄和苏州拙政园并称为"中国四大名园"。

进入园子,我发现了一段有花窗的粉墙,正中开一个月洞门,门上白额,阴刻"个园"二字。门两侧各有一个方形花坛,花坛内修竹劲挺,高出墙垣,作冲霄凌云之姿。竹丛中,插植着石绿斑驳的石笋,很像雨后春笋,这就是个园最出名的四季假山之一的春山。小张指着春山介绍，春景是由白果峰石、乌峰石等笋石，太湖石、修竹和桂花共同组成的，布局处理精巧独特，门外的竹石图"惜墨如金"以极其洗练的手法表现了人们对春的向往和珍惜，点破"竹石"主题。我们看过去，正如小张介绍的，还真是开篇点题：远远看去，亭亭翠竹间叠放了参差的松布石笋，就像刚破土的春笋，恍惚把人领入了春天的胜景。缕缕阳光把稀疏竹影映射在园门墙上，形成一个个"个"字形的花纹图案，烘托着园门正中的"个园"匾额。微风乍起，枝叶摇曳，只见墙上"个"字形的花纹不断移动变换，我们不自觉地叫道"哎，活了！"小张说，这里就是体现袁枚那句"月映竹成千个字"韵味的个园点题之作，这个也奠定了全园的基调。我不禁感叹：造园者匠心独运的审美和个性，独树造园一帜。

进入园门，刚才在门外感觉还是早春光景，到了门内，却似进入渐深渐浓的大好春光之中了。令人惊奇的是，这种变幻，是在你不知不觉间自然而然地完成的。过月洞门，卵石弯道两侧有百年桂花树，立于湖石围点的花坛内。东南又以透风漏月轩的西墙为依托，用湖石贴成龙形小山，余势与花坛绵延相连，花坛内也有数米高的湖石耸立。造园者为了进一步渲染春的气息，这里所用的太湖石形态别致，酷似各种姿态的动物，以贴山、围山、点石等手法构成了一幅"百兽闹春图"，也称为"十二生肖闹春图"。随着小张的指点，我们一一看过去：最早感受到大地回春而微微昂首的蛇，负重向前的春耕牛，还有那气定神闲的骏马和活泼可爱的小狗无不惟妙惟肖；就连长啸山林的猛虎、见首不见尾的神龙、聪明调皮的猴子也都被安排得妥妥当当，当然离人最近的还是温顺的玉兔了。大地回春，万物复苏的热闹在这里被表现得淋漓尽致。

再往前走，我们看到一座四面厅，走进厅内，正中牌匾写着大大的"宜雨轩"三个字。面阔三间，进深七檩，东、南、西三面各有外廊轩。正厅中堂有对联"朝宜调琴暮宜鼓瑟，旧雨适至今雨初来"。宜雨轩是四面厅，南面设落地长窗，其他三面半窗，四面有环廊，廊前雕栏，东西两边设美人靠坐凳。四季景物都绕厅而置，此时此地真是"人在厅中坐，景从四面来"，春景、夏景、秋景、冬景一起隔着窗户来到了眼前。我们不由感慨：相较现代人，个园的主人真会享受。

轩西南有角楼、曲廊各一处，匾额上

"百兽闹春图"

写着"觅句廊"。两旁的对联为"月映竹成千个字,霜高梅孕一身花",上句意思是一片片竹叶被月光照亮,宛如成千上万的"个"字,下句大意是梅花喜欢严寒,越是霜重雪浓,越是能够孕育出一树繁花来。真是一副绝对啊!小张说这里可是主人寻觅诗句,陶冶情操之所在。宜雨轩的西北,修竹依依,绿树成荫,数株高大的广玉兰和枫杨掩映着一座苍翠欲滴的太湖石假山,那应该是夏山了。

随着参观人流,我们从觅句廊向北,绕过宜雨轩,眼前豁然开朗,在浓荫环抱的荷花池畔,一座六七米高的太湖石假山就这样猝不及防地出现在我们面前:湖石色泽青灰,飘逸俊秀,形姿多变,好像天上带雨的云朵,这就是"夏山"吧。夏山由玲珑剔透的太湖石叠制而成,山石清秀,下有清潭。山巅古拙,涧水出深,有水乡之夏的韵味。山门秀木繁荫,有松如盖。山前有水池,上有曲桥,曲桥一侧,立一座形似鱼骨化石的"鱼骨石",高丈余,石身有三大漏孔,最能体现太湖石"漏、透、皱、瘦"的造型艺术特色,据说这是个园镇园之宝。一群游客在叽叽咕咕议论,都说这个造型很像汉字的"丑"字,有个拿着团队旗帜的导游公布谜底,说这是一个"月"字,引得游客更大声的讨论。其实,从上往下看,像月亮的"月"字,把下面的洞遮起来,又像是一个"丑"字,游客可以自行想象。夏山虽然也是用的太湖石,但秀石剔透,夭矫玲珑。步入曲桥,两旁奇石有的如玉鹤独立,形态自若;有的似犀牛望月,憨态可掬。抬头看,谷口

宜雨轩

上飞石外挑,恰如喜鹊登梅,笑迎远客;远处眺望,山顶上似群猴嬉闹,乐不可支。佳景俏石,使人目不暇接。过石桥,进石洞,只觉得藕荷香飘,苍翠生凉。洞屋内可见由石隙透入的缕缕阳光,夏季阵阵清风,令人遍体凉爽。池中水清如碧,睡莲争奇斗艳,各色金鱼嬉戏其间。天雨则润水潺潺,假山四周水气交织,如烟如雾。

沿着山间小径往上行,山顶有一亭,名"鹤亭",含"鹤舞云霄"之意。亭旁有一株160年树龄的圆柏,老干虬枝,斜伸水面,势欲凌空,使夏山葱郁之气愈浓。山顶用太湖石叠成几片云块,种植了一枝古紫藤。我听专家说过,夏山的特点是运用"夏云多奇峰"的形象来叠石,通过灰调的石色,绿树披洒的浓荫,山洞的幽深,给人以苍翠欲滴的清凉感觉。

上 | 夏山　　　下 | "月"字

夏山向东是一栋七楹长楼，巍然峙立于夏秋两山之间，并连接两山，楼前长廊如臂，拥抱两山于胸前，故名"抱山楼"。楼前的匾额上白底黑字四个大字"壶天自春"，意思是个园空间虽不及名山大川，但其景为世外桃源。门前抱柱楹联为原中国书协副主席朱关田先生所书："修竹抱山，春亭映水；幽兰得地，虚室当风。"楼下走廊南墙上嵌着刘凤诰撰写的《个园记》的刻石，小张刚才介绍"壶天自春"就是得名于《个园记》中"以其目营心构之所得，不出户而壶天自春，尘马皆息"。我们停下脚步细读《个园记》，开篇即写到"广陵甲第园林之盛，名冠东南""园内池馆清幽，水木明瑟，种竹万竿""叠石为小山，通泉为平池"，充分介绍了个园高妙的叠石手法，打破常规的水道处理、房屋建筑、花木栽培，盛赞个园用巧妙的手法将北方之雄和南方之秀和谐地融会在一起。

长廊尽头有一座黄石叠成的假山，山石峥嵘，气势雄伟，夕阳斜照，一片金黄，这就是秋山。走过长廊，我们一下子从夏天来到了秋天，难怪导游说这条长廊是通过时间最长的廊。秋山峰峦起伏，气势雄伟，有北方山岭之风格，身临山上，感觉像金风送爽。秋山的特色是全山立体交通组织极妙，磴道多置洞中，山路崎岖，时洞时天，时壁时崖，引人入胜。小张说，秋山分三峰处理，每峰又有各尽其妙的山洞，如中峰就分两洞，下洞如入深山石林，众峰环抱，复置石室，点缀山石几案；中洞称"仙人洞"，四面凌空，上有飞阁凉亭。登临秋山，有奇峰曲径，有石室悬崖，山腰壁间筑有花池，种植百年古柏，攀以凌霄，凌空垂吊；山下种植红枫数株，秋天时枫叶似片片晚霞。在晴天黄昏时分来看此山，秋山迎着夕照，山势巍峨，有红枫、石桥，"秋高气爽"的诗情画意就在眼前。

我们看到，秋山最富画意，由悬岩峭壁的安徽黄石堆就的山体，其石颜色有的为赭黄，有的赤红如染，其势如刀劈斧削，险峻摩空，山隙间丹枫斜伸，曲干虬枝与嶙峋山势浑然天成；山顶翼然飞亭，登峰远眺，群峰低昂脚下，烟岚飘隐其中，虽是咫尺之图却有百千里之景的磅礴气势。小张总结性陈辞说，如果夏景是用有着清新柔美曲线的太湖石表现秀雅恬静的意境，那么秋景则是用黄山石粗犷豪放的直线表现雄伟阔大的壮观。一个具备北方山岭

抱山楼

之雄，另一个兼有南方山水之秀，俊美、秀美风格迥异，却又在咫尺之内巧妙地以楼前立体长廊相连，浑然一体而不突兀，和谐统一，极富画意诗情。我们一致点头赞同小张的总结。

秋山南峰有一山间小筑，面西而建，上面悬着写有"住秋阁"的匾额。我们信步登上南峰，到近处细看，门前郑板桥所撰的楹联"秋从夏雨声中入，春在寒梅蕊上寻"，巧妙地道出了春夏秋冬四季景色的变幻和时光的流转。在这里，小张终于为我们揭开了丛书楼上楼楼梯的谜底：原来，要上二楼，需要从秋山拾台阶而上。丛书楼在秋山的最南侧，山与楼结合巧妙，楼也成了秋山最优雅的收尾。从山间石阶可直至楼上，它避开园林中主要游览路线，真所谓"书山有路勤为径"。

走下秋山，过透风漏月轩，逶迤向南，我们看到了用宣石（即石英石或雪石）以掇山、贴山、围山三种手法垒叠而成的冬景。小张介绍说，冬山是园中占地面积最小的一组假山，但却是构思最为精巧、独特，最富创意的一景。它分别从色、形、声三个角度来勾画冬的意境，又以植物、建筑来烘托冬的气息。尽管现在是夏天，你们有没有觉得寒气逼人呢？听小张一说，我们顿时觉得身上凉意四起。小张让我们看南面墙上的圆形孔洞，又故弄玄虚地让我们猜猜是做什么的。我们看过去，孔洞共分为四排，每排六个，总计二十四个，每个孔洞直径约一尺，分布均

住秋阁

像覆盖一层未消的残雪，散发着逼人的寒气。山畔池旁，株株梅树，疏影横斜，可以想见，冬天景色会暗合袁枚的诗句"霜高梅孕一身花"。

看冬景虽给人以积雪未消的凛冽之感，但冬景的西墙却开了两个圆形漏窗，只见枝枝翠竹过墙来，又给人们"严冬过尽绽春蕾"的意境。冬、春二景既截然分隔又巧妙连续，表达"冬去春来"之意。我们几个叹为观止，认为这漏窗的设置堪称点睛之笔，是园主人借造园艺术表达他对人生与世界的深刻认识，使人随着游园的不断深入而顿悟到"春夏秋冬，如人一生，四季轮回，周而复始"的哲学理境。我们觉得，个园假山部分整个游览路线呈环形，有春夏秋冬周而复始之妙，真是"春夏秋冬山光异趣，风晴雨露竹影多姿"。

小张还向我们解说，个园四季假山，融南北两派叠石技艺于一园，也是国内仅有的造园孤例。分峰用石的四季假山虽各具特色，但又有一气贯注之势，颇能表达出"春山淡冶而如笑，夏山苍翠而如滴，秋山明净而如妆，冬山惨淡而如睡"的诗情画意。

匀，排列整齐。为了美观？为了透气？小张笑了，得意地揭示谜底：这是风音洞。因为冬山处于花园的最南边，风音洞所在的高墙和个园三路住宅的后墙形成了一条狭长的通道，风从高墙窄巷之间擦墙而过时，会形成负压，加快流速。这时墙上四排孔洞，就好像四支等待已久的横笛，呼呼作响，发出北风呼啸般的声音，奏响了冬的乐章，给人以寒风料峭的感觉。太神奇了！这一长年不断的人工造景，增添了冬季的意境，真是全国罕见的造园手法啊。

小张又让我们往墙下看，只见用宣石堆成的若干只"雪狮"，或坐或卧，或奔跑，生动别致。花坛上种植蜡梅数株，地上铺白色冰裂纹版石，一派浓浓冬景。小张说，宣石中含有石英，迎光闪闪发亮，背光皑皑露白，无论近看远观，假山上都

上｜风音洞　　　　　　　　　　　下｜冬去春来景

游园告一段落，我们看着眼前的一切，深切感受到：个园四季假山园景犹如一幅构制巨大的画卷，路随景转，景随路换，叠山之外，园中又因势散散落落布置一些厅馆楼台、石桥小院，配上联对匾额，更有鸟啭莺啼、蜂舞蝶恋，恰到好处，点到人心，构成和谐的美。像个园这样分峰造石，构成四季假山，游园一周，似游一年，已见构园者的不同凡俗；更可贵者，这春夏秋冬都不是孤立的个体截然分开，而是浑然天成。

谈到中国园林的叠石艺术必定会提到个园的四季假山。在著名园林专家陈从周先生的文章中读到过："个园以假山堆叠的精巧而出名，在建造时，就有超出扬州其他园林之上的意图，故以石斗奇，采取分峰用石的手法，号称四季假山，为国内唯一孤例。"

作为扬州私家园林的杰出代表，个园的造园手法也尤为独特。园内山峰挺拔，气势磅礴，给人以假山真味之感。园中的宜雨轩、抱山楼、拂云亭、住秋阁、透风漏月轩等建筑，与假山水池交相辉映，配以古树名木，更显古朴典雅。园内巧妙地运用石笋、太湖石、黄石、宣石营造春夏秋冬四季景色，相宜地配以厅馆楼台，使风格迥异的假山，有机地、和谐地统一于一个整体。

## 三纵三横的南部住宅

春天，我第二次来到个园，这次是陪北京的朋友，由于客人住在东关街长乐客栈，我们选择了从南门进园，由南往北先参观住宅部分，再参观园林部分。

从长乐客栈出来，穿过东关街，便看到一座青砖门楼，这就是个园的南门了。个园住宅坐北朝南，正门开在东关街上。南大门南向磨砖门楼，高近6米，砖雕精美，旁立一对浮雕石鼓。门楼的街对面有屏风状八字形大照壁，高5米，宽9米，面层为磨砖笋底方砖斜角形拼镶，中嵌阳刻楷书一个斗大的"福"字，以蝙蝠展翅的浮雕图案围于四周。

在大门口，个园管理处负责人李晋热情地接待了我们。

个园的住宅部分位于个园南侧，坐北朝南，占地3500余平方米，建筑面积3000平方米。住宅由西、中、东三路建筑组成，前后各三进，各路建筑间以火巷相隔。整体建筑群规模宏大，布局严谨。单体建筑体量宏敞，用料考究，是扬州盛极一时的盐商文化和民居文化的珍贵遗存。

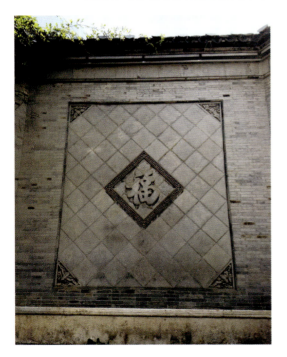

个园照壁

21世纪初,扬州市政府投入近千万元,对个园南部住宅收回、修复,并对外开放,个园终于恢复了前宅后园式的古典盐商园林面貌。从2006年开始,游客游个园从过去参观园林和四季假山,变为园林、假山、住宅都可以参观了。李晋说,个园原有住宅五纵,目前收回开放的是东侧的三纵,住宅分别以"禄、福、寿"为主题,由东、中、西三条轴线组成,每条轴线分为前、中、后三进,由两条火巷分隔,恰好构成中国传统的建筑样式"九宫格布局"。

李晋带我们来到东轴线上的房屋。东轴线上建筑前后三进,最先进入第一进厅堂,这座面阔三间,进深七檩,前置廊轩的厅堂叫"清美堂",李晋介绍,这里是黄家用来接待普通宾客和管家处理日常事务的地方。堂前抱柱上的楹联吸引了我们的目光:"传家无别法非耕即读,裕后有良图惟俭与勤。"这副楹联的意思是:传家没有别的方法不是耕种就是读书;造福后辈,最好的途径就是俭朴和勤劳。表达了主人对治家、传家的深切体会。"耕读传家"一向是中华民族的传统,是一种以劝人勤于耕种和善于学习的家庭美德,是中国古代道德传统中的一份宝贵财富。中堂楹联为"竹宜著雨松宜雪,花可参禅酒可仙",是由扬州八怪之一的汪士慎所撰。

李晋引导我们从天井往房屋看,只见这门上的图案是一只只梅花鹿,檐口瓦头滴水上也是梅花鹿图案,以鹿寓禄,指高官厚禄的意思,此路住宅点出了"禄"字主题。天井是住宅中的采光通风口,黄家房屋高大,四面的房屋连成一体,形成一个狭窄而高深的空间。天井四周的屋檐向内披下来,天落之水会全部流淌到天井里来,这叫"四水归堂",喻义为"肥水不流外人田"。

随后我们来到第二进黄家餐厅,餐厅的横梁采用的是金丝楠木,所以又称楠木厅。楠木千年不朽,万年不腐。采用如此粗大的楠木作为大梁完全是盐商丰厚家资的真实写照。正前方条案上摆放的物件,东边是一只花瓶,西边是座插镜,东瓶西镜,这里取其谐音"平平静静"的意思。中堂对联出自扬州八怪之一金农之手:"饮量岂止于醉,雅怀乃游乎仙。"意思是说:饮酒哪是为了沉迷于醉乡?高雅的情怀才是仙人般的境界。中间一张圆桌是由两个半圆的桌子拼起来的。李晋解释说,这是古代的习俗,当男主人不在家时,桌子两边分开靠墙摆放,男主人在家

东纵建筑的清美堂

中路前进为正厅，中进和后进为住宅，称之为前厅后寝。朝南有一座柏木正厅，名为"汉学堂"，作为大宅门的主厅，是黄家用正式礼仪接待的场所，此厅面阔三间，抬梁式，柏木架构、柏木轩梁，是扬州最大的一座柏木厅。其大陀梁宽60厘米，厚40厘米，扁作，古朴雄浑。地面的柱础（磉石）上圆下方，屋顶的矮脑（金童柱）古朴简单，整个构架造型简练，全无清代的繁复多变，专家分析这应当是明代建筑遗留下的构造。汉学堂的中堂悬挂郑板桥的旧联，"咬定几句有用书可忘饮食，养成数竿新生竹直似儿孙"。意思是，读到一本好书可以让人废寝忘食，栽种几竿新竹看上去就像儿孙一样喜爱。此联以生动风趣的笔触，传神地刻画了一介书生甘苦自尝的简单生活和不同流俗的精神追求。被用来挂在汉学堂内便有了更多的含

拼成圆形，寓意"团团圆圆"。往里走是黄家的厨房，内设大锅灶、置食盒、酒坛、条凳等，我们走近观察，黄家大灶为五眼灶，从大到小一字排开，各有各的用途。灶台边沿悬挂隔板，起到了隔离油污的作用。

东轴线走完，我们来到中轴线。中轴线进大门迎面为砖雕福祠，长方形青石板天井，福祠左侧为中路磨砖仪门，一对白矾石浮雕石鼓分立两旁，仪门上首匾墙边框围有回纹砖雕，中樘内是六角形磨砖贴面。入仪门即是天井，天井用正方形白矾石铺地，天井里有两个大缸，李晋说这不是为了养金鱼，它们是消防用具，称为"门海"。门海即门前的"大海"，门前有了"大海"，砖木结构的房屋就不怕火灾了。当然，还有另一层意思就是关于风水学的。古建筑非常讲究风水，水在风水学中占有很重要的地位，古风水学认为"山管人丁，水管财"，临水而居就有财运。

上 | 个园的半桌

下 | 汉学堂

义，为黄氏耕读传家、好学重教的精神内涵注入了鲜活成分。太师壁两侧是木刻落地罩阁，走近罩阁可见两个扇面拓片，据专家说，这是主人黄至筠的作品。厅堂是一个家庭的"形象"，堂名以汉学标榜，高古的建筑格调和渊雅的文风相映成趣，彰显出古朴雄浑的台阁气象。发财后的扬州盐商不以富贵骄人，反觉书香袭人。

汉学堂往后是一座三间两厢的院落，为中路中进。这里是黄至筠次子黄奭夫妇的居所。李晋介绍说，黄至筠共有十四个儿女，为五男九女，五个儿子分别叫黄锡庆、黄锡麟（黄奭）、黄锡麒、黄锡康、黄锡禧。次子黄锡麟，又名奭，就是这进房屋的主人。堂屋中堂是《四时读书歌》，配以篆书对联："漫研竹露裁唐句，细嚼梅花读晋书"。竹露、梅花，让寒窗苦读多了份静逸与从容。用"漫研竹露"和"细嚼梅花"来形容读书，有滋有味。黄奭是清代的辑佚大家，他十分推崇汉学，治学严谨，著名学者阮元称其"勤博"，梁启超评其为"辑佚两大家"之一。他的主要著作有《清颂堂丛书》《汉学堂丛书》等，共计数百卷。至此我们也就清楚了黄家主厅汉学堂的陈设布置为何尽显儒雅之风了。

穿堂而过可至中路后进，同样是三间两厢的格局，但陈设却大为不同，非常简朴，毫无富商大贾的豪华气派。李晋说，这是黄至筠五子黄锡禧的居住场所。黄锡禧是清代词人，曾师从清代篆刻大家吴熙载，著有《栖云山馆词存》。

中路建筑往西是一条火巷，这是为防止火灾蔓延而预留的狭长通道，一般前后一样宽。但我们发现，这条火巷南宽北窄，俗称"船巷"。李晋解释说，由于园主人是盐商，主要的生意都通过水路

上｜火巷　　下｜火巷中的水井

运输,这样的布局是主人希望自己的人生和事业都能够一帆风顺。火巷由南至北渐行渐窄,强化了透视感,延伸了空间。我看到有很多游客穿着汉服,撑着油纸伞,在此拍照,取的是这里"庭院深深深几许"的视觉效果。火巷的南面有一口水井,寓意船行水上。李晋还让我们看了一处布置:水井旁边墙的下半部分不是横竖的结构,而是砌成了拱形。原来这是运用力的分散原理,为防止因长期取水导致地下水降低,造成墙体下沉而建造的。由此可见古代能工巧匠的智慧。

跟着李晋,我们来到西路住宅,西路住宅实际上是个园原五路住宅中的中路,因此比东、中两路更加宏伟考究,均为明三暗五构筑。第一进大厅高敞轩豁,三面回廊,厅两侧各设套房一间,西套房有楼梯通阁楼,阁楼是安置祖宗牌位的地方。正厅名为"清颂堂",因黄至筠晚年"清誉有佳"而得名。清颂堂抱柱上的对联颇有教化子孙后代的作用:"几百年人家无非积善,第一等好事只是读书"。"积善""读书",可以说是立家的根本,是中华民族的优良传统。此厅堂不但是黄氏三路住宅中最高敞的厅堂,也是扬州古民居遗存中最高的厅堂。此厅从建筑形式上称方厅,俗称"花厅",为杉木构架,极为考究。这是园主人举行黄氏宗族聚会、议事、祭祀等盛大活动的场所;也是当年排戏唱"堂会"的地方,主人家里的家庭戏班就经常在此演戏。

西路住宅遗存主房前后三进,是黄家内眷集中生活的场所。中进三面置回廊,两侧设耳门,"明三暗五"格局,即看上去是三间,实为五间横排,将梢间作套房,楼上楼下共10间。楼下东边为主人书房,西边是茶室;东西两侧里间有楼梯可直达二楼。楼上是内眷活动的场所,有绣房等。廊墙不设花窗,套间与小天井自成格局,夏日可避暑气,冬日可晒太阳,居住很舒适。李晋让我们抬头看檐口瓦头滴水图案,是寿桃图案,门窗槅扇,采用的是仙鹤图案,不言而喻寓意为"寿"。再往后,就是绣楼了。楼下是正房卧室,是老爷和夫人住的;楼上则是闺房,住着黄家的女儿,过去大户人家的女子,高墙深院与世隔绝,"养在深闺人未识"。但堂屋屏门后原有腰门直抵后花园,是太太、小姐们进入后花园的赏景之门。

清颂堂

整体上来看，个园的南部住宅组群规整，三轴并列，布局严谨，层层递进，体量宏敞，古拙雄浑，用料考究，有很强的实用价值，也反映了扬州清代商业文化和民居文化。三路房屋之间有两条火巷相隔。每进房屋均有耳门通达火巷，耳门外上方有两坡水瓦卷。中路与西路之间火巷依墙有一株百年老紫藤，藤荫茂密如盖，北首有门通向后面的园林。

第二次游个园，看住宅部分时，李晋作了导游。游园林部分时，有前一次的经历，我自觉做了导游，带着北京朋友，再次感受了个园的精致与美好。

## 夜游个园拉动夜经济

2023年的夏天，个园推出了沉浸式夜游项目。过去我曾经建议过个园向苏州沧浪亭学习，搞沉浸式的旅游项目或实景版的昆曲、扬剧演出。于是我与个园负责人联系，和朋友来了一场说来就来的个园夜游。

全新开启的个园夜游分为两个部分：第一部分为花局里特色古风夜市，包括现场的氛围布置和各个部分的互动体验；第二部分是个园盐商夜生活体验夜游和南部住宅区沉浸式剧本体验项目。我与朋友商量后决定还是先看园子。这次来个园夜游，也是从北门入园，一进入园子，就见灯光将园子照得像白昼一样，ID灯从竹子根部向上照着竹林，使竹子颜色变得更加翠绿，由于灯光太亮，整个竹园部分变得像街市一般。灯光下个园的夜晚一改往日的宁静，树上、屋檐上、假山旁，各样的灯带、灯笼隐蔽其中，点亮了整个园林。说实话，我并不喜欢在园子里设置这么亮的灯光，感觉没有了夜晚该有的静谧，而且多种风格各异的竹子看上去也都一样，没有了特点。

我们循着琴声往竹园深处走，前面水榭旁有穿着汉服的女子在表演古筝，有20多个游客坐在凳子上观看。往前行，一位女子在廊下起舞，风姿绰约，如仙女下凡，我们驻足看了一会儿。继续往前走，穿过一片茂盛的竹林，就来到"竹西佳处"的园门，往里看，迎宾道的灯光设置得不错，彩色的灯光打在桂花树上，为迎宾道增添了节日的色彩。

再往前，就来到了假山部分。夜色中

夜晚灯光下的个园

的个园，悠扬的古琴声从某个亭子里传出，"管家"提灯带着一群年轻人在花园里玩游戏寻宝，抱山楼、清漪亭、宜雨轩在夜晚的灯光下又是不同的景观，特别是灯笼挂在走廊和屋檐下，很有年代感，置身于这样的个园仿佛穿越到古代一般！

我们看到，宜雨轩里正在表演扬州清曲，一位男演员边弹边唱。我们忍不住走近宜雨轩，里面的管理人员邀请我们走进宜雨轩室内，坐在太师椅上欣赏。听了一会儿，觉得男演员唱得还真不错，一打听，原来是扬州市曲艺研究所的专业演员。他们每天从晚上8点表演到9点，让游客欣赏扬州的地方曲艺。告别曲艺表演，我们继续往前走，参观夜幕下的四季假山，先从靠近宜雨轩的夏山看起。夜晚的夏山格外热闹，穿着古装的女子和少年，在湖边的清漪亭里跳舞和吟唱，女孩舞姿翩翩，少年歌声绕梁，夏山焕发的青春活力完全颠覆了我们的印象。

离开夏山，我们直接往东漫步，抱山楼的夜景吸引了我们。于是，我们来到抱山楼正对面的水边，对着挂满灯笼的抱山楼拍照，古色古香的抱山楼二层上有游客在凭栏远眺，也许在他们的眼里，我们也成了风景。秋山部分因为灯光与黄石颜色差不多，感觉景观不突出，我们没有多停留。顺路来到冬山，冬山由于采用了洁白的宣石，在夜晚透出冷冷的雪光，让人感觉一丝凉意。特别是墙上开的四行圆孔，风吹过，便有风雪呼啸的感觉，让人在夏日的夜晚倍感凉爽。再往前走，来到了春山，夜色中的春山灯光并不多，让人感觉有点灰暗。但经过特别的布置，灯光将十二生肖中的一只只动物映衬得格外突出，也更加生动。一个个小动物周围，没有了白天其他东西的视线干扰，更加惟妙惟肖。

如梦般的个园夜

特别是那只猛虎，与白天相比，显得格外刚猛。

我们事先从媒体上了解到，个园南部住宅区有沉浸式的剧本体验项目，这是扬州首个在旅游景区内进行的实景沉浸式剧本体验项目。在个园不同的场景区域内，设定不同的剧情内容。游客经过装扮后，变换身形，可在剧情、线索的引导下，探索不同场景的故事，沉浸式体验"时空穿越"。个园负责人介绍说，这一项目的宗旨是将玲珑精致的园林、历经沧桑的宅院，以当代手法展现出来，打造别具一格的实景纯沉浸式剧本体验游，旨在让游客们通过个性化的体验式游览，更好地品味运河文化、园林文化、盐商文化的魅力所在。于是，我们离开四季假山，来到南部住宅，晚上只开放了东纵住宅。穿过园门，走过挂着大红灯笼的火巷，来到东纵住房，见到三三两两的游客从房子里走出来，并没有发现化妆的游客，一问才知，当晚没有剧本体验项目，只能留下遗憾了。

在往出口走的路上，我们看到不少年轻人穿着汉服在拍照。据导游介绍，个园花局里沉浸式主题夜游嘉年华还发出邀请函，邀请汉服爱好者，欣赏个园夜色佳景，体验花局里夜游。

出了个园，我们来到繁华的花局里夜市，这里一派古风特色，主打一个时尚潮流的中国风，仿古的街道灯火通明，街角隐藏着以汉字为主角的"网红打卡点"，以及科技光影营造的氛围，还有许多扬州特色的工艺品和小纪念品，外地游客特别喜欢。这里与白天大不相同，夜间的花局里灯影与月光交织，短短数百米的花局里内各类商铺云集，吆喝阵阵，现场市民和游客络绎不绝。我们看到文创集市上，各类特色工艺品纷纷亮相，充分展示了扬州盐商文化。以"个中夜趣 问花局里"为主题的2023年"个园·花局里"沉浸式主题夜游嘉年华活动，以国风为底，个园、花局里特色文化为媒，突出"局"与"花"，结合扬州非遗传统技艺，打造特色古风市集，为夏季来扬州旅游

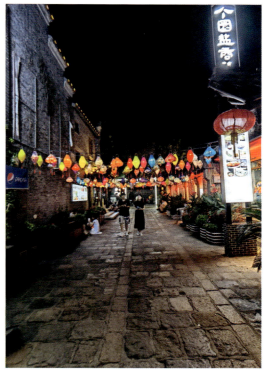

上 | 夜游个园的住宅部分　　下 | 花局里夜市

的游客增添了一个好去处。

在个园东门的广陵艺术馆门前的广场上，戏台上正放着露天电影，不少居民坐在这里，边喝啤酒，边看电影。问了其中一个居民，他说，周末还有文艺演出，格外热闹呢。这是个园与社区合作开展的以特色文化周和特色古风市集相结合的活动。夏夜的个园花局里与东关街一道，成为繁荣夜间经济，激发夜间消费活力的主力军，盐商园林又让今天的扬州升腾起更多的"烟火气"。

个园这座古代盐商的私家园林，今天，又为城市的商业繁荣做出了新的贡献。无论是白天的个园还是夜间的个园都是这么美，令人百看不厌。

扬州因地处大运河与长江的交汇处，自古以来就是交通枢纽，商业繁荣。特别是明清两代实施盐引制度，两淮盐运使司衙门设在扬州，使扬州成为全国最大的食盐集散地。各地盐商聚集扬州，造就了扬州曾经的极度繁华。《清朝野史大观》则说："乾嘉间，扬州盐商豪侈甲天下，百万以下者，谓之小商。"

像黄至筠这样的盐商的消费带动了扬州文化事业的繁荣，盐商喜欢优美的居住环境，于是形成了成熟的园林建筑市场，养活了大批的花匠、瓦工、木工。清代康熙、乾隆皇帝的数次南巡均以扬州为主要驻跸之地。两淮盐商为接待帝王南巡，大建宫室、园池、台榭，于是，城内园林名胜，甲于天下。个园只是盐商造就的园林之一。而就在个园的左右两侧和街对面就有盐商马曰琯、马曰璐兄弟的小玲珑山馆，盐商华友梅住宅华氏园，李鹤生的住宅逸圃，胡仲涵住宅等一批私家园林。清朝李斗《扬州画舫录》中引用刘大观的话来评价扬州园林："杭州以湖山胜，苏州以市肆胜，扬州以园亭胜，三者鼎峙，不可轩轾"。扬州园林的特点在个园中均有充分的体现。

在个园的北门出口处，我发现个园管理方将个园的部分楹联提取出来制作成漆器牌子挂在墙上，有"几百年人家无非积善，第一等好事只是读书"；有"咬定几句有用书可忘饮食，养成数竿新生竹直似儿孙"；还有"传家无别法非耕即读，裕后有良图惟俭与勤"，我们感慨个园管理者的用心。黄至筠尽管是靠盐业发财，但他还是追求耕读传家，让后代多读书。黄氏五个儿子虽生在富商之家，却没有一个是无所作为的，个个文质彬彬、学有所成，更有毕生精研汉学著述等身、名垂青史者。这与园主人力行耕读、崇尚文化的门风家教密切相关。

这也充分反映了扬州盐商的审美与追求。盐商也很重视教育，个园的丛书楼就是例证。扬州盐商还将赚来的钱用于兴建公学、资助文人、刊刻书籍等，可以说，正是盐商带来的财富、盐商的好学为文，对扬州文化产生了深远的影响，包括园林文化、饮食文化、工艺文化、戏曲文化。我对同行的朋友说，因大运河带来的盐运，成为中国封建社会的重要支撑之一。而盐业产销和盐商生活对清代扬州的经济社会发展、城市建设也产生了重要的影响。因此，个园作为扬州盐业历史遗迹的重要代表，被列入世界遗产大运河遗产点是实至名归的。

# 抬步下江南

崔 杰

大运河在扬州与镇江之间跨过长江，再继续流过了江南鱼米之乡，并串起了江南数个明珠城市。自古以来就被称为"天险"的长江水势浩荡，浪大流急，而且大运河和长江的水位高度不同，人工运河要想跨越它不是一件容易的事，特别是在科技不十分发达的中国古代更是难上加难。让我们一起来江南运河的起点镇江，在大运河与长江的交汇处看一看大运河"五口入江"历史的变迁，看一看我们的先人是运用了怎样的智慧，让大运河成功地跨过了长江，以及我国古代的大运河科技之光为什么到现代仍然在熠熠闪光。

江南运河（当代）入江口

江南运河与长江交汇口

从北京到扬州，大运河穿过过了海河、黄河和淮河等水系，跨河越岭到达了长江边，而长江对岸就是富饶的江南鱼米之乡。只要跨过长江，通过镇江这一片地势略高的丘陵地带，连通江南运河，再向南就进入浙江抵达杭州了。长江，自古以来被称为"天险"，想要顺利地穿越它没有那么轻松。千百年来，大运河水带着北京紫禁城的威严、河北的包容、天津的热情、山东的厚望、江浙的开放和富饶，生生不息地奔流在广阔的华夏东部大地上，稳固了中国历朝历代的国家基业，也润泽和改变了依赖这条河生活的人们。

## 河过长江

从我国的地势图可以看出，我国地势是呈西高东低的走势。西部的青藏高原、云贵高原、黄土高原，以及内蒙古高原、太行山脉、大兴安岭形成了一个西高东低具有压迫感的走势。这也正好是中国的降水量的"分界线"的位置。

中国大多数自然水系是西东走向或东西走向的，没有一条河是南北走向的。而京杭大运河就是中国版图上唯一的一条南北走向的人工河流。大运河想要通过长江，谈何容易。长江水流量大、流速快，每年流入长江的水量超过黄河、淮河、海河三河的水量总和。长江风大浪高,在长江上行船,风险极高。再加上气候和天气的原因经常会发生事故。长江南北岸的渡船,出于安全的考虑经常会停运。唐代诗人孟浩然就留下了"江风白浪起,愁煞渡头人"的诗句。可见在长江这里开挖运河得需要多大的勇气和能力,就以现在的科技水平来说,开凿运河过长江,也不是一件容易的事。何况还在那个科技不发达的年代。

水从哪里来?大运河和长江的水面高度不同是最大的问题。中华古老文明的智慧,就在这里体现了。聪明的古人最初就利用长江的潮汐来往大运河里灌水。但唐朝中期后,长江入海口东移导致江潮力度不足,大运河镇江段的水源问题日益突显。江南运河镇江段地势最高、取水难存,运河的水源问题一直未得到彻底地解决。为了解决缺水的问题,古人主要采取了设水柜、立水闸等方式来调节水源、节制水流,以保障漕船的通行。"水柜"就是指运河沿岸调节流量的湖泊,水盈时蓄水,泄洪则滞洪。为保证江南运河的通航,西晋末年,在丹阳修建大运河的水柜——练湖。练湖地处丹阳北面,引长山八十多条溪水汇聚而成,是大运河镇江段,尤其是丹徒口到丹阳段的水柜,千百年来发挥着防洪、灌溉和济运的功能。

如今,科技的手段已解决了从前的困难,但镇江市丹徒区并未完整地保留下练湖水闸遗址。高高的水闸上长满了青苔,长长的生锈螺栓,还在诉说着当年这里繁荣的景象……而这里早就不是原先的样子,这里已经是大运河遗址公园的一部分,观光游览才是它当下的功能。练湖不再是一个人工蓄水的湖,已经从新中国成立之后的农场,改造为一亩一亩的生态良田,以及一幢一幢的练湖新城小区了。众多的白鹭围绕着一望无际的水稻田飞舞,往来的居民已习以为常。儿童们传唱的民谣,诉说着这里的景象:"吆喝嗨,吆唠嗨,打麦栽秧两头忙,麦子收了堆满仓,一季收了一年粮……"

有了水就能过长江了吗?由于月球引起的潮汐的因素,长江水面早晚有两次变化,镇江地势又高,船只通过长江必须"抬脚迈步"才能踏上大运河江南段——江南运河。堰、埭、澳闸,这些水工名词,跟随它们的实际作用就孕育而生了。堰,就是拦河的坝。大运河的河水不能太急,流速不能太快。流速太快会对船只的安全

明清时期练湖图

和河坝的牢固，产生隐患。为了控制水的流速，一般会适当把水道修得弯曲一些。古时水利工程有"三弯抵一闸"之说，是指如果还不能降低流速，那就建一个小水坝，来解决。埭，就是这样的小水坝，在河的水位高低不同时，分阶段拦住河水。船只要通过这里，需要把船上的货物卸下来，船只由人或者牲畜拉过低矮的埭。船只进入下一个河段时，再把货物装上船，继续航行。这种埭，只能通过小型船只，大一些的船只就无法通行了。因此，一个复杂又精密的水利系统工程——澳闸，就出现在了大运河上。这个澳闸凝聚了古代劳动人民的智慧，分为上行和下行线路，有转运仓，有蓄水澳。其可以抵御长江的大风浪和潮汐，可以解决长江水面和大运河水面高低不一致的问题。

镇江古有"五口入江"之说，江南运河历代曾先后在镇江开辟过五个入江口，自西向东分别是大京口、小京口、甘露口、丹徒口和谏壁口。中华民国期间，大京口、甘露口因填河造路而被埋没，今仅存其余三口，且由于长江主航道北移，小京口入江处的水域已成为平静开阔的湖面。

丹徒口则是其中历史最悠久的江河交汇入江口，与城区古运河相连，景象壮观。镇江最早的运河可以追溯到公元前210年，在《京口记》的残句中记载着："秦始皇东游，观地势，云'此有天子气'，使赭衣徒三千人凿此三湖间长岗使断，因名丹徒"。秦始皇开凿的丹徒水道，规模大、难度大、名气也大，由丹阳至丹徒口入长江，缩短了与扬州古运河邗沟入江口的直线距离。

大京口是隋炀帝大业六年（610年）开凿江南运河时的运河入江口，这个时期的运河完成了历史上大运河的第三次西移，在现在的京口闸遗址处与长江交汇。宋朝时期，大京口已经成为长江与运河来往船只的主要通行口岸，十分繁忙，为了分担大京口的通航压力，后来又在大京口的不远处开挖河道建小京口。京口闸是隋唐挖通大京口时所建的船闸，是当时由长江进入江南运河的第一道闸。经南宋重修之后建成京口澳闸，有京口闸、腰闸、上闸、中闸、下闸五道闸门，组成一组四级船闸，同时设立水澳来防洪与蓄水，以此控制水位升降使船只通过。京口闸曾经是漕运咽喉，

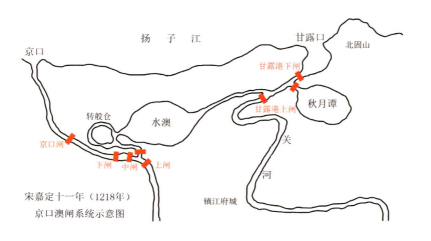

南宋京口澳闸示意图

历经隋、唐、宋直至清朝，中华民国时期被填埋为路。2011~2012年，考古揭示出唐代堰（闸）及北宋至明清时期京口闸东侧的闸体、河道、码头、道路、碑亭等遗迹。曾经的运河就从遗址下面流过。京口闸遗址是大运河文化遗产的精华之一，具有重要的历史文化价值。

谏壁口是"五口"中最靠东边的一个入江口，它实际上是一个天然入江口，但这个天然入江口由于离江对岸的渡口较远，历史上一直没有被大规模使用。随着历史的变迁，谏壁口在近代开始发挥作用。1980年谏壁船闸建成并正式投入使用，成为江南第一闸，江南运河的入江口东移到谏壁口。至此，镇江段古运河终于完成了历史使命，运河多口入江的历史终于定格。

谏壁船闸地处长江和京杭大运河这两道黄金水道"十字"交汇口，是沟通南、北两段京杭运河最便捷和最安全的水运主通道，也是江南运河唯一直达通江的一座船闸，是中国最繁忙的水上交通枢纽之一，素有"江南第一闸"之美称，常年担负着苏、鲁、皖、沪、浙、鄂、川等13个省市船舶过往、航行的任务，它的年货运量及船舶的密集度都十分可观，年货运量可达两亿余吨，是苏伊士运河的16倍，是巴拿马运河的33倍。

回望大运河在镇江河道与入江口的变迁史，凝聚了历代劳动人民的智慧和汗水，充分体现了中华民族的智慧和科技创新精神，也共同创造了大运河的文化精神：百折不挠，代代相传，生生不息。江河交汇处是大运河留给镇江的历史文化遗产，具有鲜明的地域特点，弥足珍贵。

大运河这条南北人工运河的实际意义和用途着实非同一般，它沟通了南北的交通，让南北物资交流变得通畅。北方物资匮乏，而被称为鱼米之乡的江浙两省，唐代安史之乱后都是国家的经济命脉之一。据资料介绍，明朝江浙两省的国民生产总值占全国的百分之五十以上，清朝更是高

京口闸遗迹

上 | 谏壁船闸

下 | 通过谏壁船闸从运河驶入长江的船只

提。纵观历史，多年来为了维护好这条河，河边的老百姓付出了自己的一切乃至生命。但对于生活在这条河边的人们，他们还必须仰仗着这条河，因为这里有他们向往美好生活的希望。

## 以地名观古今

大运河从镇江起被称为江南运河，很多当地的地名，都跟开挖大运河有关。

镇江地形，以低岗丘陵和平原为主，是大运河江南段的最高点。大运河到了镇江得"抬脚"，上个小台阶。镇江是一座具有3000多年历史的江南名城，据史书记载，镇江在历史上曾多次易名，先后用过宜、朱方、谷阳、丹徒、京口、南徐州、润州等名称。从这些名字中，不难看出镇江城市的变迁。唐代诗人杜牧曾写下著名的诗句："千里莺啼绿映红，水村山郭酒旗风。南朝四百八十寺，多少楼台烟雨中。" 这首《江南春·千里莺啼绿映红》就是镇江发展历史的真实写照。今天来分析镇江这个名字之中蕴含的意思，镇江是不是就是要镇守长江呢？镇的是水，还是天险呢？民间有一种说法是：镇江北部尤其是沿江岸一带地势低洼，经常受水患侵扰，祈求用此名来杜绝水患，因此得名。这让我想起来在淮安运河边上的那座镇淮楼，是不是受水文化的影响，也许有着同一个意思同一个愿望。据史料记载，东汉三国时期，镇江这个地方是长江的入海口，呈现出一个大喇叭口，比如今的钱塘江的喇叭口要大得多。长江中下游平原经过多年的冲击，才形成了今天的样貌。据《隋书·地理志》中记载"京口东通吴、会，南接江、湖，西连都邑，亦一都会也。"镇江独特的地理位置，注定了它的作用。南宋陈亮编写的《戊申再上孝宗皇帝书》中有这样一段形容镇江的文字："臣尝疑书

达百分之六十。有了这么一条沟通南北的河，既让南北物资得到了充分的流通，又对稳固政权起到了真正的作用。其实，大运河一直都没有失去它最开始的属性，那就是运兵。两千多年前吴王夫差为了北伐齐国运送军队在江淮之间开凿了中国第一条运河——邗沟。这才是最初开挖大运河的本质，运兵的"高速公路"。回望过去，受苦最多的还是历朝历代的老百姓，从施工到维护，老百姓的生活与这条河相比，简直不值一

册不足凭，故尝一到京口、建邺。登高四望，深识天地设险之意，而古今之论为未尽也。京口连冈三面，而大江横陈；江傍极目千里，其势大略如虎之出穴，而非若穴之藏虎也。昔人以为，'京口酒可饮，兵可用'，而北府之兵为天下雄。盖其地势当然，而人善用之耳。"从这些历史文献中不难看出镇江的军事地位何等重要，是历朝历代兵家必争之地，是从北方进入江南的关口。

镇江的名称由来，还与宋徽宗有一些联系。唐代之前镇江被称为"润州"，直至1113年曾为镇江军节度使的宋徽宗登基后，改润州为镇江。1139年将其升格为镇江府，一直沿用至今。从此镇江这个名字一用就是800多年。镇江是一座千年的文化历史名城，建筑风格延续了徽派建筑的风格，白墙黑瓦。镇江必去观看的历史古迹数不胜数，文化遗迹比比皆是，历史故事发生地、传说之处不计其数。

"长江好似砚池波，提起金焦当墨磨。铁塔一支堪作笔，青天够写几行多。"相传这两句诗出自于乾隆之口，因没有文字记载才有存疑；有一种说法是民国时期佚名之作，理由是感觉文采不佳，颇有打油诗的味道。佚名打油也好，乾隆帝王文采也罢，能说出这两句的人，对镇江是非常了解的，从字里行间把镇江特殊的地理位置——兵家必争之地、镇江的历史典故、人文情怀都表现出来了。那就让我们漫步走一走镇江，看看这里都有

长江雄姿

什么。

镇江最有名的就是"三山"——金山、焦山、北固山。这里说的山并不高，实际上就是丘陵地带的土包。虽然没有崇山峻岭的威严，但这三座山的历史典故也不是轻易就能超越的。金山，因金山寺而出名。这座东晋古刹依长江而立，传说《白蛇传》中的"水漫金山"就是指的这里。焦山，在长江之中，有"浮玉长江"之美誉。这里的碑林之中有书法界公认的"大字之祖"《瘗鹤铭》。也有鸦片战争中，抗击英国舰船的古炮台。北固山，临江而立，石壁嵯峨，山势险固，因此得名北固山。三国时"甘露寺刘备招亲"的故事就发生在这里，因三国故事而名扬千古。北固山后的"卫公塔"，是我国仅存的六座铁塔之一。"铁塔一支堪作笔"，就是指的这座铁塔。

仅仅听了这些地方的粗略描述，就感觉已经穿越了千年。不去实地看看，那才是遗憾。当然去之前还是要了解一下背景和历史典故，千百年来有多少人曾经也和你踩着同一块路石。刘勰、王安石、沈括、米芾、孟浩然、辛弃疾、王羲之……何尝不是在此走过，何尝不是在此伫立遥望远方。地理位置相同，你与他们相差的只是时间——百年、千年而已。这让我想起古希腊哲学家赫拉克利特说的那句话——"人不能两次踏进同一条河流"。河水虽然流动，但岸边的石头还在原地。

西津古渡是镇江云台山北麓的古官道，也是镇江的文脉所在。东汉时期，这里是长江与东海的入海口。西津古渡东有象山为屏障，以挡海潮；北与长江北岸古邗沟相对，石基临江，是天然的港湾。规模空前的"永嘉南渡"时期，北方流民有一半以上是从这里登岸的。宋代，西津古渡是抗金前线，韩世忠曾驻兵蒜山抗御金兵南侵。千百年来，西津古渡是兵家必争

西津古渡

之地，发生在这里的重要战事有数百次之多。西津古渡景色宜人，依山临江，风景峻秀，李白、孟浩然、张祜、王安石、苏轼、米芾、陆游、马可·波罗等都曾在此候船或登岸，并留下了许多为后人传诵的诗篇。西津渡古街全长约1000米，始创于六朝时期，历经唐宋元明清五个朝代的建设，留下了如今的规模，因此，整条街随处可见六朝至清代的历史踪迹。"一眼望千年"观察窗，通过观察开凿的路基，能看到从六朝到明清的路面。

昭关位于西津古渡的中心，这是一个元朝的建筑。民间传说是东汉末年三国时孙权与刘备联姻时所建，想与离此不远的甘露寺相呼应，因为说甘露寺是刘备与孙尚香第一次见面的地方。其实不然，两地相距不远但时间却相差近千年。如今的昭关是国家重点保护文物，昭关上的石塔堪称国宝。虽然经历了八百多年的风吹日晒，但神韵不减当年。昭关石塔是喇嘛式的石塔，塔的下半部用块石垒砌，成四根石柱，顶部铺满条石，筑成一个框架形的台座，下面可供人车通行。它横卧在小街中间，给这个临江城市增添了不少古朴的雅趣。

石塔即建于这个台座上。石塔为汉白玉质地，台下有两层须弥座叠成，须弥座上覆莲圆坐，然后是扁鼓形的塔身，再上有13圈带形浮雕，其上便是塔顶。石塔台座的东西两面横额上有相同的刻字，左右分别镌刻着丹徒、镇江曾经的知县、知府等题名。镇江这个江南之地，到处都能见到文人墨客的题字。修建这座塔最大的目的就是祈福，来来往往的人从塔下穿过，也算是绕塔祈福了。昭关的路面大多是用大块的青石板拼接而成的，设有步行和车轮专用道。这些大块的青石板特别耐用，但经过几百年的人来人往和车过车往，步行的青石板已经被磨亮，路中间的石条被独轮车碾压出深深的沟痕，可见这里当年曾有无比繁荣的景象。

昭关旁边有一座观音洞，里面的观音像依山而建。之所以称为观音洞，是因为里面半座房屋半座山，这个建筑依山而建，充分地利用了山体结构，巧妙的设计让房屋与山地紧密的结合。在

左 | 西津渡古街

右 | 昭关

过去科技不发达的年代，修建既得保证建筑稳固安全，又得防雨防潮，还得兼顾美学，这对古代劳动人民的智慧提出了很高的要求。每逢有出海下江的人，其家人都会先到这里祈福，在这里跪拜，祈求家人平安回来。高大的香炉上，刻满了善男信女的名字，为了常年烧香，大家集体捐款制作了这个香炉。跑船人，祈求的就是行船平安。

这里还有中国第一个水上救生组织——"救生会"，这是一家民间组织，是由几个士绅自发组建的，以此组织来救助来往船只和客商。据史料记载宋代乾道年间，镇江郡首蔡洸在西津渡"以'利、涉、大、川、吉'为识，建五条大型船只，每条船只各植旗一。"并限定载客人数，这是兼具官渡与救生性质的水上机构。据《镇江志》记载，镇江西津古渡北对瓜洲，江面开阔，"每遇疾风卷水，黑浪如山，樯倾楫摧，呼号之声惊天动地"。据史料记载，唐宋时期天气导致的事故频发，每次都导致数十条船只沉没，几十人丧生。最大的事故发生在明万历十年(1582年)，狂风大浪摧毁了千余艘漕船和民船，死伤无数。为了减少生命财产损失，历史上官府就成立了漕船救援机构，当地士绅成立了这个救生会，以此提高预警和救援的能力。

昭关下面是待渡亭，就是古人等待渡船去长江对岸扬州的渡口休息室。墙上用汉白玉雕刻出镇江一带的地图。多少朝代的文人墨客都经过这里，江南江北，一江之隔，这里就是重要的交通枢纽。现在的长江已经距离此处很远了，沧海桑田，物是人非，如今来这里的就只有追寻记忆的游客。20世纪80年代初期，这里还住满了居民。街道两边木质二层楼上，半推半掩的窗棂后面人影晃动，吴侬软语，隔窗能闻。窗外晾衣竿上挂满了自家腌制的咸肉、咸鱼、雪里蕻，一片富足繁荣的景象。傍晚走在路上，每家每户都传出锅铲碰撞的声音，飘出的是柴火饭食的香气。谁说文化没有味道，至少是有香气

清末民国时期木质独轮车碾压出的痕迹

金山寺

的。长江对岸,"潮落夜江斜月里,两三星火是瓜洲。"

再往下在荷花塘里有一个高大的戏台,每逢节假日这里都会有一些演出,昆曲、扬剧是主要的演出项目。台上演员们的扮相与众不同,透着江南清秀的那一丝韵味。一悲一喜一拱手,一遮一掩一回眸,唱尽人间万般情。那长长的水袖挥舞起来,仿佛把我们带回了那个年代,遇见了那个人……

一提金山寺,就会想起民间传说《白蛇传》中的金山寺。这里就是那个"水漫金山"的金山寺,寺里还有法海洞和白龙洞。只不过法海是一个得道的高僧,在镇江扬州一带很有名。他潜心修行,没有时间去管人世间的男女之情。不知道法海大和尚得罪了唐宋朝代的哪个编剧,把这位唐代高僧写成了大反派。还好,传说中把白娘子镇压在杭州的雷峰塔下。这里坐船由大运河南下到杭州确实方便快捷。

金山寺东晋始建时称为"泽心寺",唐时赐名"金山寺",北宋真宗时期赐名"龙游寺",清康熙时期赐名"江天禅寺"。金山寺是中国佛教禅宗名寺,清代时与普陀寺、文殊寺、大明寺并列为中国的四大名寺。整个寺院建筑风格颇具江南建筑特点。远观金山寺,黄色的山墙,金色的琉璃瓦,将整个金山包裹起来。所有殿堂楼阁皆散布于山体之上,通过廊、檐、石级的巧妙串联,形成楼上有楼、楼外有阁、阁中有亭的布局。主要建筑有天王殿、观音阁、魁文阁、大彻堂等，这些建筑通过巧妙的布局和精心的设计，显得错落有致，殿廊相连。江南的木雕、砖雕工艺，在金山寺展现得淋漓尽致，充分体现出古代建筑的精湛技艺和卓越成就。在金山的山顶，有一座石质凉亭，名为留云亭或吞海亭，亭内有一块石碑，上刻康熙御书的"江天一览"四个大字。旁边的慈寿塔，是金山寺最高之处，蹬"七级浮屠"即能达到顶端。北望长江，南望镇江全貌。金山寺是来镇江必去之处，它的名气享誉江南。

焦山，耸峙于江心，堪称"中流砥柱"和"镇江之石"，远观焦山气势磅礴，见山不见寺。焦山原名樵山，相传此处森林茂密，是樵夫砍柴的好去处，因此称为樵山。焦山名称的由来有个历史典故——焦光三诏不仕。东汉时期，焦光隐居于镇江的江中小岛樵山，汉献帝刘协三次下诏邀请他出仕，但焦光以隐居明志，最终选择终老山林。后人为了纪念焦光，将樵山改名为焦山。焦山与金山不同，金山是寺裹山——见寺不见山；而焦山是山裹寺——见山不见寺。焦山的定慧寺(焦山寺)始建于东汉兴平年间，距今已有1800多年历史。原名"普济寺"，宋代时称"普济禅院"，元代改称"焦山寺"，清康熙南巡来游焦山时将其改名为"定慧寺"，一直沿用至今。"定慧"二字，取于佛家"由戒生定"，即去掉一切私心杂念，由"闻、思、修"三条途径来增长智慧。定慧寺规模宏大，明代为全盛时期，有殿宇98间、和尚3000人，参禅的僧侣达数万人，加上定慧寺两旁还有十八座庵寺，称"十八房"，故在佛教禅寺中有着重要地位，是中国古代著名的古刹，曾有"十方丛林"和"历代祖庭"之称。

位于江心的焦山气势磅礴

定慧寺天王殿前有一座木结构的古式方亭，从亭上盖的琉璃瓦就能看出，这里跟皇家有一定的联系。亭中竖立的石碑，正是乾隆皇帝第一次南巡时作的《游焦山歌》，背面是乾隆第三次来焦山时作的《游焦山作歌叠旧作韵》。因出自于皇帝手书而刻碑建亭，所以称"御碑亭"。诗中乾隆将金山、焦山两处风景加以比较，认为就山水本色来说，焦山更胜金山一筹。其文曰：金山似谢安，丝管春风醉华屋；焦山似羲之，偃卧东床袒其腹；此难为弟彼难兄，元方季方各腾声；若以本色论山水，我意在此不在彼。焦山，风景秀丽。千百年来，历代文人骚客纷至沓来，放歌题咏，挥毫泼墨。在焦山西麓的石崖上刻满了石刻，如李白书下"石壁望松寥，宛然在碧宵"；月下金山沈括飘然吟着"楼台两岸水相连，江北江南镜里天。"

来焦山，一定要去看看焦山脚下的"碑林"，看《瘗鹤铭》碑。这个碑林始建于北宋庆历八年（1048年），原名宝墨亭。碑林的建筑风格以江南庭院风格为主，具有古典园林特色，廊廊相连，庭院深深。明代扩建为宝墨轩，自清代以来，蜚声江左。焦山碑林所收集的历代碑刻，无论从史料和书法艺术方面都有很高的价值，并蜚声海外，焦山也被誉为"书法之山"。《瘗鹤铭》称为碑林中的"碑中之王"，是我国保存价值极高的"二铭"之一，即南有镇江《瘗鹤铭》，北有洛阳《石门铭》。相传《瘗鹤铭》为东晋大书法家王羲之所书，他平生极爱养鹤。在他家门前有个"鹅池"，他常以池水洗笔，以鹅的优美舞姿丰富他的书法，故而他的字有"飘若浮云，矫若惊龙"之称。一日他到焦山游览，带来两只仙鹤，不料两只仙鹤却不幸夭折在焦山。王羲之十分悲伤，用黄绫裹了仙鹤埋在焦山的后山，遂在山岩上挥笔写下了著名的《瘗鹤铭》以示悼念。因其书法绝妙，当即被镌刻在焦山西侧的岩石上。后因岩石崩裂，坠入江中，长期受江水的冲击，风雨的侵蚀，以及不断被人凿取，到清康熙五十一年（1712年），才由镇江知府陈鹏年派人从江中捞起五块原石，仅存下八十六个字，其中不全的有九个，但仍可见字体潇洒苍劲，别具一格，书法价值极高，确为稀世珍品。宋代著名书法家黄庭坚认为，大字无过《瘗鹤铭》，推此为"大字之祖"，曹士冕则认为"焦山《瘗鹤铭》笔法之妙，为书法冠冕"。《瘗鹤铭》碑之所以为古时书法家所推崇，是因为它是隶书发展成楷书的演变过程中著名的石刻之一，也是我们今天研究书法发展史的重要实物资料。

北固山北临长江，山壁陡峭，形势险固，故名北固，高55.2米，长约200米。南朝梁武帝曾题书"天下第一江山"来赞其形胜。甘露寺，雄居北固山巅，建于东吴甘露年间，这里属于吴国属地，又距离吴国的都城不远，留传下了许多有关三国时期吴国的传说和真实遗迹。最著名的还是刘备招亲的故事，顺着此线索去游览北固楼，会别有一番情趣。北固山与金山、焦山成掎角之势，三山鼎立，在控楚负吴方面北固山更显雄壮和险要。明代郡守为了抗倭守城，将前峰与中峰凿断。这里也是南宋将领韩世忠抗击金兵的地点。据《宋史》记载，南宋建炎四年（1130年），韩家军8000人水陆并进，"会上元节，忽引兵趋镇江，及金兵至，韩世忠军已先屯兵焦山寺"，其水军"以海舰进泊金山下"，于长江上伏击掳掠南宋京城临安（今杭州）后，北归的十万金兵。韩世忠的妻子，巾帼英雄梁红玉亲自击鼓助阵，留下一段佳话。

从北固山中峰南麓登山至清晖亭。亭东侧有一座铁塔，此塔系唐卫公李德裕于宝历元年（825年）所建，故又名卫公塔。原为石塔，后毁。北宋元丰元年（1078年），改建成九级铁塔，平面为八角形。明代重修改为七级，高约13米。后经海啸、雷击、战火等劫难，至1949年仅存塔座两层。现经修整为四层，约8米高，塔基及一、二层为宋代原物，三、四层为原塔的五、六层，系明代

北固山

所铸。现存的塔基及塔身均有精美图案，造型别致，生动逼真。

多景楼之东的凌云亭，又称祭江亭，据说刘夫人孙尚香在听到刘备去世的消息后，曾在此遥祭，而后投江自尽。南宋爱国词人辛弃疾登此亭时，触景生情，感慨系之，写下了名篇："何处望神州，满眼风光北固楼。千古兴亡多少事，悠悠，不尽长江滚滚流。年少万兜鍪，坐断东南战未休。天下英雄谁敌手，曹刘。生子当如孙仲谋。"

镇江，镇守长江也好，镇守屯兵也罢。由于地理位置原因，镇江在历史发展当中始终不能独善其身，在历史上大大小小的战争中，镇江也练就了一身风骨。镇江作为三千年的历史文化名城，坐享长江、大运河的交汇奇景，滚滚江水，淘尽的是无数风流人物，镇江半城半诗半山水，这里风景独好。

## 镇江运河文化旅游小Tips：

镇江，在长江南岸，可以说是真正意义的江南了。但近些年来，江苏人把不大的江苏分为了苏北、苏中、苏南。苏北是徐州、宿迁、盐城、连云港等地，苏南是苏州、无锡、常州。苏中，就是指的扬州、泰州、镇江了。要说镇江的方言语调，继承了一些北方的元素，很高亢，说话声音很大，走在镇江街头，偶尔会被吓一跳。这是热情的体现，呈现出镇江人的豪爽。我猜想，也许是跑船时，说话要大声的原因吧。

明清时期的镇江人生活比较富足。镇江人看重吃早茶，早上到百年老字号"宴春"泡一杯"金山翠芽"绿茶，来一屉蟹黄汤包，一块镇江三绝之一的"肴肉"，再来一碗骨汤馄饨或面条，这就是当地人的习俗。吃完早茶，就可以三两相邀，去澡堂泡澡搓背。这种生活方式延续了几百年。

镇江有三怪——镇江醋摆不坏，肴肉不当菜（当饭吃），大面锅里煮锅盖。锅盖面是镇江的一绝，大大的煮面锅，漂浮着一个小木质锅盖，下面压着面条。有三十多种味道，每家的锅盖面都有自己的特色，难以分辨谁家的最好，毕竟众口难调。这一碗碗面条中，融入了当地人的情怀，一丝丝旧时的记忆。当地人始终保持着自己做事的规矩与原则，是秉承，也是坚持。生生不息的长江和大运河，给他们带来美好的未来。这就是依水而息，以水而兴传承下来的习惯。

抬脚，漫步镇江

# 常州：
# 依水而兴的
# 长久之地

崔 杰

昆明湖
通惠河
通州北关闸
北运河
天津三岔河口
南运河
临清
临清
卫河
会通河
小丹河
隋唐洛阳城遗址
嘉山县夏镇
通济渠
中河
淮安清口枢纽
洪泽湖
淮扬运河
长江
江南运河
钱塘江
浙东运河
宁波三江口

大运河由西向东横穿常州市区，其中城区段西起连江桥，东至东方大桥，长约23千米，是江南运河穿越南方城区的典型段落。千百年来，古老的运河是常州的母亲河，旧时百姓沿河择水而居，因河而兴，现今常州城内保存的七片历史地段无一例外，都与运河水系有关。常州相较于"隔壁"名气更大的苏州，显得有点小众而低调，但却非常值得一去。让我们一起走进常州，看看这座江南运河名城有什么不一样的故事。

常州城区运河岸边

常州地处宁镇丘陵地带和太湖平原交界之处，地势西南高、东北低，平原水网地区密布，高差不超过两米。常州西南面是天目山余脉和茅山山脉，中部和东部为宽广的平原、圩区。这里东濒太湖，北襟长江，大运河穿境而过，西太湖、长荡湖镶嵌其间，形成河道纵横、湖泊相连、江河相通的江南水乡特色。大运河进入到江南段，从镇江、常州开始，两岸的风景有着明显的不同。植被茂盛郁郁葱葱，平静的河水里倒映着蓝天、白云和两岸风景。待到水面宽广处，湖面上绿头鸭、绿翅鸭、鸬鹚、野鸭、鸳鸯等水鸟随处可见，白鹭时不时从眼前飞过，鸟语花香一片安详景象。只有到了此地，才识常州。

常州市，是国家重要的文化历史名城，别称龙城，古称毗陵。常州，顾名思义，重在这个"常"字。"常"意有"永恒不断"之意。常州这个名字源于常熟，隋开皇九年（589年）在常熟县设置常州，后常熟县并入了苏州，后常州移治于晋陵，常州之名由此始来。常州历朝均为郡、州、路、府治所。

大运河常州城区段是江南运河穿越南方城区的典型段落，由西向东横穿市区，长约23千米，2014年作为中国大运河27段河道之一被列入世界文化遗产。特别是西起篦箕巷、东到东坡公园这一段，更是

常州航拍图

常州城区大运河的精华部分。从乾隆皇帝数次登岸的篦箕巷大码头，到沿岸充满古迹、古韵、典故和传说的古巷，有明代的江南大驿毗陵驿，清代常州城三大接官亭之一皇华亭，常州保存最完整的明城墙"西瀛门"，千年古禅寺天宁禅寺和天宁宝塔，有始建于明万历年的"江南名士第一巷"的青果巷，还有以北宋大文豪苏东坡命名的东坡古渡。

青果巷旧称"千果巷"，是常州古老街巷之一，因曾是运河岸边的果品集散地而得名。这里以明、清、民国时期的建筑为主，最能体现"河襟南北，街贯西东"的江南水乡神韵。青果巷作为常州的文脉之地，分布有名

青果巷

宅故居、祠庙殿宇、桥坊碑石、林泉轩榭、古井码头、戏楼剧场、学堂校舍，先后孕育出百余名进士和一大批名士名家，俗话说"一条青果巷，半部常州史"，是常州国家历史文化名城的"活化石"。在青果巷漫步，走过古牌楼遗迹，时光也在这里变得有迹可循。

还记得文学名著《红楼梦》里的篦箕巷吗？它也是常州古运河边上的众多古巷之一，坐落在常州老西门古运河北岸，这里的大码头从明朝正德十四年（1519年）起就被设为毗陵驿，是专供传递公文的差役和官员途经本地时停船休息或换马住宿的。据史料记载，乾隆南巡途经常州时，有三次就是从这里登岸进城的，因此毗陵驿也被称为皇华馆，大码头旁也就有了皇华亭。

千百年来，这条古老的大运河早就被常州视为了母亲河，大运河在常州穿城而过，如同一部承载常州历史文化的宝典，河水中流淌的不仅是常州人的历史和文化，还有常州人对这片富饶土地的热爱。常州人文资源丰富，名胜古迹众多。如今的常州古运河，正成为一条融风景名胜和历史人文景观于一体的旅游景观走廊。

来常州，一定先从最古老和最神秘的地方看起，那就是淹城。这里曾是常州最早建造的城池之一，但也留下了一个谜团——淹城之谜。想要了解这个谜团，就要从淹城的来历说起。

淹城建于春秋晚期，是中国目前同时期古城遗址中保存最为完整的一处。淹城全部由泥土夯筑而成，从里向外，它由子城、子城河，内城、内城河，外城、外城河三城三河相套组成。这种建筑形制在中国的城池遗存中独一无二。子城，呈方形，周长500米；内城呈方形，周长1500米；外城，呈不规则椭圆形，周长2500米。另外还有一道外城廓，周长3500米。

在中国考古学界有个说法，为"明清看北京，南宋看杭州，隋唐看西安，春秋看淹城"。作为常州这座历史文化名城初

上 | 跨在运河上的文亨桥　　　下 | 毗陵驿皇华亭

创之基的淹城,是中国春秋时期最完整、最有特色、最具代表性的古城遗址。这座古城发现于1935年,从20世纪50年代至80年代在此先后有14次采集文物的活动。1985年淹城遗址的发掘工作开始准备,1986年5月至1991年先后5次对其进行了正式的考古发掘。但时至今日,淹城的神秘面纱还是没有被完全揭开,文史和传说相互交织,众说纷纭的淹城在很多方面,有着太多不解的谜团。

据最早记载淹城的文字史料东汉袁康的《越绝书·吴地传》:"毗陵县南城,故古淹君地也。东南大冢,淹君子女冢也,去县十八里,吴所葬。"在春秋时期常州武进一带,称为延陵,是吴王寿梦四子季札的封邑。北宋《太平寰宇记》中也有常州府春秋时为吴国内地的相关记载。《史记》也记载:"吴公子季札所据,是为延陵之邑。"有一种说法是季札因不满阖闾刺杀王僚篡位,立誓"终身不入吴",在自己的封地延陵掘河筑城,修建了一座"隔绝之城",名为"淹城"。说是用这种做法,来表示自己永不会离开此地的决心。淹城的大小,从清代《读史方舆纪要》中的记载我们可以看出:"淹城,在(常州)府东南二十里,其城三重,壕堑深阔,周广十五里。"

淹城里到底住着的是谁呢?学界还有一种说法,说"淹城"古称"奄"国,是由山东曲阜一支追随殷商的后裔,为躲避周朝君主的追杀而来此建立的"奄国"。据《尚书·周书·蔡仲之命》记载"成王东伐淮夷,遂践奄,作成王政。成王既践

淹城遗址

奄，将迁其君于蒲姑"。汉孔安国《尚书传》曰"成王即政，淮夷、奄国又叛，王亲征之，遂灭奄而徙之，以其数反覆"，据此可证明常州淹城的存在。又有唐代孔颖达、王德韶、李子云等奉唐太宗诏撰《尚书正义》中记载"周公摄政之初，奄与淮夷从管、蔡作乱，周公征而定之。成王即政之初，淮夷与奄又叛，成王亲往征之。成王东伐淮夷，遂践灭奄国"。由此史料可查证奄国消失的原因。

但这个奄国是这个淹城的城主吗？有一种说法，因古时"淹"与"奄"通用，所以后期记载就是用了这个代替有三点水的"淹"。但这个"奄"字又是从哪里来的呢？我们都知道，中国文字是象形文字，是由图画转换过来的。传说商汤时期，山东泰山南侧的汶泗流域有一部族，部族以龟为图腾，因此将"大龟"二字合为一字"奄"，并用为国名，依神祇将其氏族改为奄族。奄族追随商纣王，周武王伐殷时被灭国。为躲避追杀从山东曲阜东部，逐步向南迁移，至长江时有神龟护佑，全族人得以安全通过。在长江之南，找到了一块富饶之地，从此定居常州。为了感谢神龟的庇佑，淹城修建时以龟的形状修建城池。我们从航拍的角度俯视，确实有一些相似。

一座城哪里没有故事，哪会没有传说？淹城的爱恨情仇，也不例外，该有的这里全部都有。

"淹王失女"是一个既遥远又古老的故事，说它遥远是它发生在2500年前，一个神秘色彩浓厚的朝代——春秋。说它古老，是它讲述了一个悲壮的故事，在我看来符合那个年代发生的事。

在淹城外城的西侧，南北向排列着三个高大的土墩，当地人称其为头墩、肚墩和脚墩。听起来很恐怖，似乎里面埋葬着一个被分割的人体，其实不是。之所以这么叫，是为了防止有人盗墓。这里埋葬着一位公主，以及有关美丽公主的一个凄惨的故事。

传说奄王率领族人定居常州武进之后，一切和平安定。奄王夫人给奄王生下一女。奄王就用三道护城河为其女取名为"淼"。淼公主天资聪慧，心地善良，长相出众。15岁时就亭亭玉立，甚是美丽，奄王夫妇也是满心欢喜，将她视为掌上明珠。淼公主没有因出身显赫而图享安逸，而是精于桑蚕养殖，纺纱织布，且温柔体贴，琴棋书画、声乐歌舞，样样精通。因此，淼公主的美貌贤淑早已远近闻名。

距离淹城不远，有个留城。留城的公子炎，胸怀野心，觊觎淹城疆土久矣。而淹城的木大夫很贪财，炎便用重金收买，并许诺高俸禄。木大夫用花言巧语骗取了奄君的信任，同意让炎成为驸马。一日，公子炎趁淹君外出之际，盗得了后花园的钥匙，偷了淹君的护城之宝白玉龟。

这个白玉龟，是一个白玉雕刻的玉龟，是无价镇国之宝。传说是前奄国君主从山东来此地时得到的。在奄国人逃难到长江边时，滔滔江水挡住了奄国人的去路。后有追兵前有长江水，如何是好。正在此时，长江里出现一只巨大的白玉龟，将奄国君臣一行和众百姓驮过长江，使得奄国一族免遭灭国灭族之灾。这使得大家都认为是之前奄国人视龟为神灵的福报。随后白玉龟化作一个玉雕，成为庇佑全族的镇国神器。

话说公子炎怀揣着白玉龟正要逃出淹城时，恰巧碰到淼公主从练兵场回来。公主见公子炎神色慌张，后听护卫报炎盗取了白玉龟后，便怒斥公子炎的卑劣行径，命手下将其抓捕。公子炎见事情败露，用缓兵之计，假意跪地认错求情，恳求公主淼的原谅。公主淼见炎痛哭流涕，有悔改之意，动了恻隐之心就放松了警惕。炎见时机已到，趁公主不备，拔出青铜短剑刺穿了公主的胸膛。这位美丽善良的公主，没出一声就倒在了血泊中。此时正赶上奄君回淹城，截住了刚逃出淹城的炎，将白玉龟夺下。奄君痛失爱女，悲痛欲绝，将白玉龟和众多珍宝陪葬公主。为了能经常祭奠爱女遂将公主淼葬于淹城内城墙中。唯恐后人盗窃公主墓中珍宝，便修建了三个坟墩，让恶人难分真假。

淼公主生前得到了人民的爱戴。淹城人每到清明时节，祭奠之时，都会带上一把泥土，添在公主坟上，并种植树木。久而久之，淹城公主墓就堆成了三个高大的土墩，并称之为头墩、肚墩和脚墩。

这个传说，是为了讲述这三个"墩"的来历。我在三十余年前就听过这个传说，游览了整个淹城。我曾见到了淹城城墙断面和挖掘的内部结构，里面以土为主，偶尔见到残缺的黑色木条。这三个墩，我当时也很感兴趣。墩的土质细腻，这让我联想到山西的尧陵。尧陵的坟冢上的土质就非常细腻。传说尧去世之后，闻讯前来祭拜的人们都会捧上一些当地的土，这些土都是被筛过的，所以很细腻。

现在对公主淼的祭拜又赋予了另外的色彩。

相传如果祭拜公主时，许下自己的愿望，就会马上实现。因此，公主淼，又有了另外的一个名字"百灵公主"。传说也好，史料也罢，只有真正去了，才能有切实的感受。

时光荏苒，朝代交替。淹国早已消失在历史长河之中，只留下这座淹城还在诉说当年的故事。不管这个传说真与假，淼公主的纺纱织布，流传了下来，并发扬光大。如今常州武进的纺织工业，占常州市税收的一半以上。常州市湖塘镇也被中国纺织工业联合会和中国纺织行业协会共同授予了"中国织造名镇"的称号，武进区连续多年位居全国综合实力百强区县第三名。

## 常州运河文化旅游小Tips：

在常州，沿着古运河，漫游篦箕巷、青果巷、西瀛门城墙、天宁禅寺、红梅公园、东坡公园等，还有老常州西郊八景中的篦梁灯火、文亨穿月，这里历史悠久，名胜古迹众多，是体验常州风情的历史街区。

常州是苏东坡的钟情之地，位于市区运河边上的东坡公园，曾经就是苏东坡到常州时移船靠岸的地方。整个公园面积不大，由一个三面环水的半岛和古运河中的半月岛组成，公园里当真处处都可见到东

坡元素：东坡洗砚池、舣舟亭、唤鱼池等，喜欢苏东坡的人大多知道"唤鱼池"的典故，以及那句著名的诗句"十年生死两茫茫，不思量自难忘"，而舣舟亭则是因当年苏东坡就是在此处停船上岸的，南宋时当地人为纪念他而建造了亭子。乾隆皇帝下江南时，曾四次赐诗，亲笔题"玉局风流"匾额。

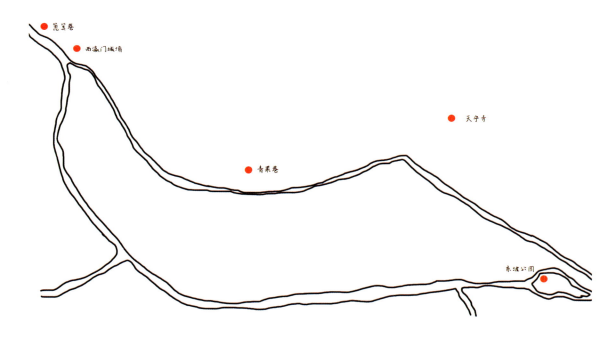

上｜篦梁灯火　　　　　　　　　　　　　　下｜手绘常州行走地图

# 江南水弄堂：清名桥历史文化街区

崔杰

昆明湖
通惠河 通州北关闸
北运河 天津三岔河口
南运河
临清
卫河
小丹河
隋唐洛阳城遗址
通济渠
会通河
惠山县夏埤
中河
淮安清口枢纽
淮扬运河
长江
江南运河
浙东运河 钱塘江
宁波三江口

大运河在无锡穿城而过，成就了被称为"江南水弄堂，运河绝版地"的清名桥历史文化街区，这里不仅是中国大运河世界文化遗产点，还是中国近代民族工商业发祥地之一，是无锡古代商业街的典范，自古以来就是"网红打卡地"。漫步在这片蕴含深厚历史文化底蕴的老街区，来一场City Walk，体验江南水乡的美好，品尝美味的无锡特色小吃，探寻中国近代民族工商业的发源印记，游览著名的南长街，让人仿佛穿越回古代商贾云集的盛世。建议从白天走到傍晚，看日落月升，看灯火映照下的古运河畔，别有一番情调。

清明桥历史街区鸟瞰

无锡作为江南鱼米之乡、太湖明珠，历来就是文化昌明、经济繁荣之地，是古代吴文化的发祥地之一，也是我国近代民族工商业的发祥地之一。中国大运河在无锡穿城而过，给这方土地带来了丰富的资源，为生产的发展、经济的繁荣、文化的多姿多彩创造了优越的条件。2014年中国大运河申遗成功，其中大运河无锡城区段、清名桥历史文化街区被作为其中的遗产要素。

无锡是一个依水而筑、由水而环的水城，从建城开始即与运河有关。据史料记载，约3000年前，泰伯自中原南奔蛮荆，定居梅里。大运河无锡段全长41千米，其最大的特点就是穿过无锡老城区，几乎把无锡老城区平分为二。大运河无锡城区段北起吴桥，自西北向东南进入无锡城区，全长约11千米。它在城外和城内，分出许多支流，形成了纵横交错的河网。首先在城外，分出内外两条护城河，平面略呈双环形、龟背状。在城内，以穿城而过的大运河主流（又称城中直河）为中轴线，又分出"一弓九箭"和"玉带、束带"等支流，它们与内外护城河一起，形成了双环形龟背状的河网格局，呈现出"千古运河，独此一环"的壮丽景象。城里城外河道纵横，水运便捷。城中直河在明代以前是京杭大运河无锡段最繁忙的水道，在中国漕运史上有过辉煌的历史。到了十六世纪中叶的明嘉靖三十三年（1554年）从水上入侵，无锡城修筑门和南、西、北三个水关护城河，作为无锡大运河的主要航运功能被护城河城中直河、城外双重环城交通优势和丰富的资源，业的崛起和城市繁荣发展食加工业、纺织业、缫丝三大支柱产业，创造了无为商贾名士云集、船只绵之一。

从吴桥起穿城而过到现在人们所说的古运河，区就位于无锡老城南门外以古运河为中轴、清名桥至南水仙道院，东起王元沿线，长达1.5千米，占地区有大小河流7条、桥梁砌余条，鳞次栉比的民居和都有水码头，居民枕水而筑，为典型的古运河水乡在水边繁衍生息，展现着如一幅鲜活的"清明上河水弄堂、运河绝版地"的"网红打卡地"，这里不遗产点，还是中国近代民经的过去，这里工厂林立如今，两岸的机房、仓库引无数游客。走进街区，工商业的发源印记。

清名桥历史文化街区

，为抵御东南沿海倭寇了城墙，并设置了四个城同时加宽加深城东的外的主航线，由此，城中直河取代，逐渐形成了无锡运河的格局。得天独厚的足进了无锡近代民族工商

沿运河从南至北布满粮业等业态，造就无锡近代锡的百年辉煌，让无锡成绎不绝的江南经济中心

门外清名桥的直河就是清名桥历史文化街区核心古运河与伯渎港交汇处。为中心，北起跨塘桥，南锅厂旧址，西至定胜河18.78公顷。整个历史街头20多座、老街旧弄30铺隔河相望，几乎家家居，古桥、古街、古建传统风貌。一代代无锡人运河水畔的市井生活，犹图"。这个被称为"江南历史街区，自古以来就是又是中国大运河世界文化族工商业发祥地之一。曾商贾云集，货船不绝。已经化身热门景点，吸可以追溯到中国近代民族

古运河两岸繁华依旧

走进清名桥历史文化街区，走过清名桥，沿着南长街及古运河继续南行，只见水弄悠然，人家枕河。这里建筑大都沿河而建，夹岸而立，粉墙黛瓦，错落有致。两岸沿河建筑的层数多为一或两层，三层以上的较少，既有院落式、竹筒式、独立式的枕河人家，也有石库门式的商贾别墅，建筑的大体风貌还算保存得不错。南长街最早成形于北宋时期，是当时无锡城的主要街道之一。明清时期，南长街河水两岸商铺林立，繁华喧嚣，是无锡城内人气最旺的商贸中心。其实，无锡古城内外的大街小巷，几乎都是沿着河岸延伸发展的，河道怎样弯曲，街巷也跟着怎样弯曲，可以说几乎没有一条街巷是笔直的。就是被称为"直河"的城中运河，其实也并不直。这应该是与"先有古运河，后有无锡城"一说有着密切关系的。晚唐诗人杜荀鹤在描写苏州的诗中写道："君到姑苏见，人家尽枕河。"其实，无锡古城的街巷民居也是如此。由于河面并不宽，两岸都是房屋，于是便形成了一条条"水弄堂"。最长的"水弄堂"便是城中直河了。可惜的是，从20世纪50年代起，城中的河道逐渐被填没，绝大部分的"水弄堂"也因此消失了，只有南门外还保留了几条。其中，清名桥历史文化街区的这段古运河，两岸的民居商铺依然保持着清末民国时期的原貌，故有用"江南水弄堂，运河绝版地"一说来形容清名桥历史文化街区。

在一条条水弄堂两侧，河边的水埠码头，原来是多得不计其数，它们是无锡人与运河水交融的阶梯，也是水乡古城

清名桥与沿河古建筑相互辉映

上 ｜ 茂新面粉厂旧址　　　　中 ｜ 中国丝业博物馆　　　　下 ｜ 无锡窑群遗址博物馆

的又一道独特风景线。码头的种类很多，有石质的，也有木质的和砖砌的；有公用码头、专用码头和私家码头。十分可惜的是，现在河边的各式水埠码头绝大多数被拆除或埋没了。

明清时期无锡城中商铺种类繁多，商品极大丰富。在清名桥历史文化街区，沿着古运河两岸，是明清以来窑业、米市、丝茧业等民族工业企业最为集中的地方，俗称"上塘十里尽开店，下塘十里尽烧窑"。对彼时的繁荣景象，有首古诗词里有这样的描述："北塘直接到南塘，百货齐来贸易场"。这里是无锡古运河水系的核心，历史遗迹很多，救熄会旧址、窑业公所旧址、古窑群、民族工商业家祝大椿故居、永泰丝厂老厂房等都坐落在这里。那些保留下来的古窑、机房、仓库见证着这里曾经的繁华。古代漕运米市、近代民族工商业的辉煌，从一片历史街区，仿佛看到了无锡这座城市的一个历史缩影。

据资料记载，从明代中期到清末，无锡的烧陶、制砖、冶铸、造船、缫丝、制酱、酿酒、面粉加工以及泥人制作等手工业已十分发达。为了运输方便，这些手工作坊都临水而建，前店后坊，靠运河发展。鸦片战争之后，无锡一大批爱国士绅和新式商人举起"实业救国"的旗帜，相继投资开办机器生产的近代企业，发展民族工商业，奠定了无锡作为近代工商业的重要发祥地之一的基础。如今，始建于1896年且诞生了我国第一台立缫车的永泰丝厂，已变身为中国丝业博物馆。被称为中国民族工商业发源地的缩影的茂新面粉厂，如今成了无锡中国民族工商业博物馆。建于1921年的北仓门蚕丝仓库修复变身为北仓门生活艺术中心。创建于1955年的压缩机厂成为N1955南下塘文化创意产业园。在古运河畔大窑路上的无锡窑群遗址博物馆里，仍能看到有着200多年历史的窑口与金砖，从炽热的火焰中"走来"……这些昔日的旧厂房、旧仓库等历史建筑，再次焕发青春，向我们娓娓述说着这里曾经的辉煌和繁华。

街区中最有名的景点便是清名桥，它坐落在古运河与伯渎河交汇处，横跨古运河，是无锡古运河上最古老、规模最大、保留最完整的单孔石拱桥。清名桥始建于十六世纪的明代万历年间，据说是无锡寄畅园秦太清、秦太宁兄弟捐资建造的，故原名清宁桥。清康熙八年重建，到了道光年间因避讳皇帝名字中的"宁"字，改名清名桥。咸丰十年（1860年）被毁，同治八年（1869年）又重建。清名桥桥长43.3米，宽5.5米，桥孔跨度13.1米，桥身高大由花岗岩建成，桥栏上有精美雕饰，桥面由花岗岩铺成，风格古朴，桥头的石狮已经被岁月磨去了原本的面貌。石桥横跨在古运河"水弄堂"之上，与东西两侧的古街一起，构成了清名桥历史文化街区的瑰丽风景。以前清名桥周边非常热闹，桥下商船往来十分繁忙，因为沿河是工商繁华之地，货物大多靠运河用船从这里运送出去。在无锡人眼里，清名桥不仅是历史的符号，更是生活的一部分，承载着他们共同的回忆，也构建起无锡人集体的身份认同感和归属感。

站在清名桥上沿河远眺，两岸连绵的明清风格建筑倒映水中，此起彼伏的粉墙黛瓦，错落有致的门楣窗棂，在

清名桥

波光水影中缓缓流动，有一种穿越到几百年前的错觉。如今的清名桥依旧很热闹，只不过当年的货船变成了满载游客的游船，桥上桥下都是熙熙攘攘"打卡"拍照的游客。这段往日最繁忙的古运河，如今已经褪去了昔日的繁华，回归了平静与安宁。

依河而生、因河兴盛的无锡城历史上曾上演过无数精彩的故事。清名桥就在那里，静静见证着历史的变迁。

## 无锡运河文化旅游小Tips：

现在，清名桥历史文化街区不仅保留了"原汁原味"的码头、古窑、牌坊、古建筑，还有时尚奢侈品店、网红茶饮、咖啡店、书店等，以及各种当地工艺品店和礼品店。其中南长街上，从跨塘桥至太湖大道区段有各种会所、咖啡馆、酒吧、餐馆、画廊和礼品店；从太湖大道至清名桥区段主要为历史文化展览区。这里可以看到保存完好的历史建筑，又能看到现代元素与之结合，历史文化底蕴非常深厚，是游人来无锡必去的地方之一，也吸引着大家驻足拍照留念。

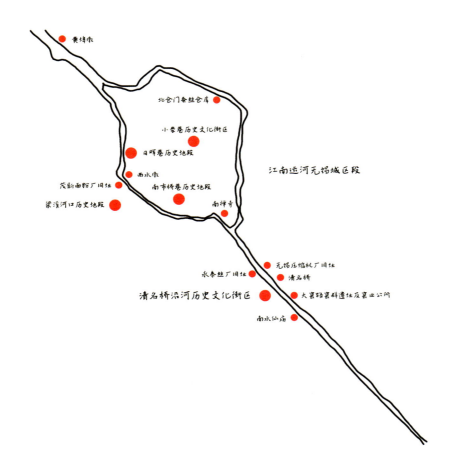

手绘无锡行走地图

无锡运河风光

# 姑苏人家
# 尽枕河

白云 崔润琦

有一种至美叫古典。自古以来就有"上有天堂,下有苏杭"一说,不过有时候,太著名了未必是好事。如苏州那几座几乎被全世界所熟知的苏州园林,就把吴越之地风情万种的小桥流水人家都给"遮掩"住了。其实,苏州的世界文化遗产除了中国园林,还有大运河,有传承千年的河街相邻、水陆并行的姑苏枕河人家的水乡风情。一起行走探访古街水巷,了解姑苏生活本真的样子,感受被列入世界文化遗产的江南诗意之美。在夜幕降临后去体味一下姑苏夜生活,感受一下老苏州的魅力,那是一招一式都可以入唐诗宋词的。

平江历史文化街区 鸟瞰

每一座城市都有它独特的韵味。与其他大运河沿岸城市一样，苏州也是一座因运河而兴盛的文化名城，运河水从阊门流进苏州城内，沿护城河环绕古城的同时也注入了城内水系，把这座吴地古城滋养为"水城"，更是让这座城市仿佛成了从唐诗宋词中走出来的水墨画，盎然又充满诗意，演绎着千百年来人与运河、与水相融共生的情感与故事。

被称为"人间天堂"的苏州，历来就是著名的旅游城市，其享誉世界的苏州古典园林实在是太有名了，精美绝伦的中国园林吸引着全世界的人前来参观游玩，可以说闻名遐迩、人尽皆知。其实，苏州的世界文化遗产除了中国园林，还有大运河，2014年随着中国大运河申遗成功，苏州的江南运河苏州段、盘门、宝带桥、山塘历史文化街区、平江历史文化街区和吴江古纤道入选世界文化遗产。

大运河带来长江水，从西北方向进来，流经苏州城，转过桥下，绕过人家，再往东南方向流出，日夜不息地向南奔去。大运河通过山塘河、上塘河、胥江连通苏州护城河和城内的水系，将整个苏州城盘绕在河网水系之中，由此造就了苏州城内水港交错、街衢纵横、小桥流水、枕河人家的独特城市格局，这种"姑苏人家尽枕河"的水城景观格局就是"河街相邻、水陆并行"的水陆双棋盘格局，以及"小桥流水、粉墙黛瓦"独特风貌。一街一河、河街并行，每家每户前有街道，后临河道，既解决了居民生活用水和排污问题，也利于消防。水路与陆路并行的交通方式又构成了一套行之有效的交通系统，且水路便捷、发达远胜于陆路，屋前宅后都有码头，人们出行以船代车。这样的城市格局不仅稳定持续了两千多年，还打造了极富地方特色的苏州城市特征，并积淀了丰富的历史遗存和人文景观。

那么，什么是水陆并行的双棋盘格局？或者可以这样解释：水路纵横交错形成一张棋盘样的网络，陆路纵横交错形成另一张棋盘，两张棋盘叠合在一起，就形成了水陆并行的双棋盘格局。要实现这种河街相邻、前街后河的布局，一张密布的水网必不可少。

据资料记载，关于苏州双棋盘格局的城市规划，要追溯至春秋战国时期，楚人伍子胥奉吴王阖闾之命建造早期苏州城，根据苏州因水而生的城市

平江历史文化街区

# 一条平江路，半座姑苏城

在苏州，真正能体现这种"河街相邻"、水陆并行双棋盘格局的地方，是平江历史文化街区。

平江历史文化街区是苏州迄今保存最完整、规模最大的历史街区，基本延续了唐宋以来的城坊格局，且至今活力满满，一般被认为是苏州古城的缩影。在苏州众多的街巷之中，平江历史文化街区最能代表苏州街巷双棋盘格局的特点，也是苏州除园林之外最值得人们花时间仔细游览的地方。

苏州有两块《平江图》石碑，一块是原碑，伫立在苏州文庙，是关于整个苏州古城的测绘地图；另一块是缩小复刻版，立在平江路南端的碑亭内，以"看图说话"的方式解释了平江路的来龙去脉。

平江河是苏州古城内"三横四直"干流中的第四直河，有5～6米宽。明清两代，平江路地区是江南重要的粮食仓储中心、漕运集散地和起运地，苏州官府在此设立了数座粮仓。为方便粮食运输，平江河一带就被开凿建设成为四通八达、水不扬波的平江水系，形成了一张密布的水路网络系统，故而这一带的城市设计，是典型的水路并行的双棋盘格局，桥与河的密度都是苏州之最。

因为平江路一带交通便捷且历史人文景观丰富，每次出行到苏州，我都是选择住在这一带的酒店，这样就可以利用一切闲暇时间，悠然地行走在周边幽深的历史小巷中，所以这一带的大街小巷来来回回我也走过了很多遍。每当走进小桥流水、粉墙黛瓦、吴侬软语、评弹音韵所构筑的江南水乡画卷，都会感受到这座城市的婉约风情和温柔。更有散落在小巷子里的评弹馆、昆曲馆，择一家走进去，点清茶一杯，听着琵琶声声，让人卸去了一身

特点进行设计，双棋盘格局得以初显。在苏州文庙里有一块南宋留下来的、近800多年历史的石刻碑《平江图》，是世界上最古老的城市石刻地图之一，也是中国最早的城市测绘图。《平江图》刻于南宋绍定二年（1229年），宋朝苏州升至平江府，故而城市地图就被称为《平江图》。在图上可以清楚地看到，古城水网由"三横四直"的主干河道构成，苏州古城在当时就已呈现纵横交叉、水陆结合、河街并行的双棋盘布局。它的存在，证明了史书记载的"河街相邻、水陆并行"的双棋盘格局并不是天然形成，而是几千年来先祖们对苏州科学规划的结果。

《平江图》石碑

凡尘，柔软了时光。

平江路全长1606米，北接世界遗产拙政园，南眺罗汉院双塔。今天的平江历史文化街区仍然保持着河街相邻、水陆并行的格局，整个街区以平江路为中心，东西两侧四散着许多的横街窄巷，这些支巷多为历史悠久的小巷，如狮子寺巷、传芳巷、东花桥巷、悬桥巷、大儒巷、丁香巷、卫道观前、中张家巷、大新桥巷等。小巷曲折幽深、变幻无穷，粉墙黛瓦分隔着水与陆、热闹与恬静，一面是曲径通幽，另一面是尘世喧嚣。河街两边一排排枕河民居鳞次栉比，粉墙黛瓦的苏式住宅组成纵横交错的幽静街巷，伴着密布的水网，双棋盘格局的元素一样也不少。这里既有普通民居，也有深宅大院、名人故居，历史上许多文人雅士、达官贵人曾生活在这里，留下了一些如耦园、潘宅等这样的著名大宅。很多"上了年纪"的老房子，外墙已经斑驳，墙边的凌霄花攀上了格子花窗，在秋风中摇曳，好似在低声诉说着平江路上的前世今生。

平江路西侧就是平江河，水是苏州的生命之脉，而桥则是水乡泽国不可或缺的重要建筑。从北端的华阳桥走到南端的苑桥，数了一下总共有13座造型各异的古桥横跨在平江河上，大都有800年以上的历史，桥栏的石雕都很精美。这些古桥平缓低顺，桥连着路，路接着桥，路桥融为一体难分彼此。白居易曾以"绿浪东西南北水，红栏三百九十桥"的诗句形容苏州的水与桥。桥也是平江路最温雅的风景。

平江路分南北两段，南面街道比较宽敞，有很多旗袍店、扇子店等工艺品店铺，以及听评弹与昆曲的茶馆和各类博物馆。北面的街道则比较狭窄，多了很多小吃店和纪念品店。街区东边有耦园，西面有狮子林，都可以好好游览一番。还有小巷深处藏着遗世独立的高墙深院，讲述着耕读世家的流风遗韵。这里人文荟萃，历史悠久，虽然沿街有很多商铺，但是在巷子深处依然保留了苏州人民真实的生活

河街相邻、水陆并行的平江街区

痕迹。

　　漫步在平江历史文化街区，踩在石板路上，旁边是葱郁的香樟树，河边有石栏，路边有石桌石凳，街两侧是老宅，粉墙斑驳，碧水绿树掩映，淡雅而有韵味，能强烈地感受到这座文化古城的气息和魅力。在这里，小桥流水，摇橹声声，灯笼垂挂，仿佛画家笔下的世界，充满了生活气息，江南美景尽收眼底。可以在此听听评弹和昆曲，尝一尝本地特色美食，感受被列入世界文化遗产的江南诗意之美。

　　晚上，华灯齐放，绚丽多彩，可以在平江路悠闲散步，感受平江路的"中式"夜生活，领略具有苏州特色韵味的夜景。夜色下的平江路，温婉秀美，灯火荧荧，评弹声声，水光交融，很美。

　　穿梭在平江路悠长的狭弄水巷里，感受着"原汁原味"的姑苏烟火气，突然就感到自己读懂了苏州，读懂了"平江"的另一层含义，读懂了为什么评弹是苏州人过日子的背景音乐，读懂了唐代杜

上｜平江路古街巷　　　　　　　　　　下｜摇橹船上的船娘

荀鹤的诗"君到姑苏见，人家尽枕河。古宫闲地少，水港小桥多"的诗境。平江路是一本旧书，而我恰好幸运地读到了最温馨的一页。

平江路是看得见、摸得着、闻得到的，枕在水波上的古街，由《平江图》连着过往，千年的故事，就定格在这里的每条小巷水弄之中，平和温柔又风姿卓绝。

## 七里山塘到虎丘

被称誉为"姑苏第一名街"的山塘街位于苏州古城西北部，为东南往西北走向，其东南端起于阊门，西北端至虎丘，街道与山塘河并行，全长3600米约合七华里，故有"七里山塘"之称，至今已有近1200年的历史。山塘街和平江路一样都是依河而建，街巷布局为"河街相邻、水陆并行"的格局，典型苏州街巷的特色，拥有独具特色的吴地民俗风情。

就如提西湖离不开苏轼一样，说山塘也躲不过唐代诗人白居易。山塘街始建于公元825年，由白居易主持修建。这一年白居易出任苏州刺史，上任不久即对苏州城外西北河道进行疏浚，开挖山塘河，并用挖出的泥土在河旁筑堤，直达虎丘，傍河而建的古街被称为山塘街。山塘河的开凿和山塘街的修建，大大便利了灌溉和交通，后来这一带成了热闹繁华之地。苏州百姓为纪念白居易，把山塘街称之为白公

堤，还修建了白公祠。

山塘河是大运河从西北进入苏州的一条水路干道，它在阊门处与苏州护城河及城内水系相连通，山塘河自唐代以来就是苏州大运河航道之一。历史上曾是江南最繁盛的商贸重地之一，这种繁华从明代民歌《大九连环》的唱词"上有天堂，下有苏杭，杭州有西湖，苏州有山塘，两处好地方，无限好风光……"里可见一斑。《红楼梦》开篇第一回

中，曹雪芹也将阊门、山塘一带称为"最是红尘中一二等富贵风流之地"，可见山塘街曾经的辉煌。七里山塘街也因此为后人留下了许多名胜古迹和才子佳人的传说故事，唐伯虎点秋香的故事就是从这里开始的。

如今的山塘街，紧傍在山塘河的北侧，通过一座座石桥与另一侧的街道连通，河里游船画舫款款驶过，街两侧是粉墙黛瓦的老房子和林立的店铺，多为前门沿街，后门临河，有的还建成特殊的过街楼。沿街古建筑大多是晚清和中华民国时期的建筑，为几落几进构成的建筑群体，纵向为落，横向为进。建筑入口有门厅、轿厅、花厅、楼厅等三到五进，有些住宅则拥有七进，其前后两巷相通。

实际上，如今的山塘街是分为两段的——繁华的山塘老街段和市井的山塘街

图中左上的一条水路即为山塘河，其右侧为阊门

西段。山塘街的东南端，也就是靠阊门的一小段被称为"山塘老街"。山塘老街约有360米长，虽只占整条山塘街的十分之一，却是整个山塘街的精华所在，再现了当年山塘街的繁盛景象。这一段店铺比较密集，汇集了各种工艺品店和小吃店，还有玉涵堂、安泰救火会、通贵桥、苏州商会博物馆、古戏台等主要景点，这里商业繁华、游客人流如织，更为外地游客熟知。出了山塘老街往西过了新民桥直到虎丘的山塘街西段，则是当地人生活之所，是真正的枕河人家原住民的市井烟火。所以说，山塘街前半段繁华，后半段烟火。

从阊门出发进入山塘街，经过景区门口的"御碑亭"，亭内立着一块刻着乾隆御笔"山塘寻胜"的石碑，不过这座古色古香的碑亭并非古迹，而是2003年修复山塘街的时候新建的。从悬有匾额"山塘胜迹"的牌楼穿过，随着人流走入热闹的山塘老街，踏上从山塘至虎丘的"山塘寻胜"的风雅之旅，时间仿佛穿越回明清，彼时的山塘街市声喧闹，富庶繁华。

在山塘老街上走街串巷过石桥，没有目的地闲逛着，穿梭在两侧鳞次栉比的古建筑群中，欣赏着石库门、栅板门、遮堂门、矮挞门、雀宿檐门等各种门。进入玉涵堂感受一下浓郁的明代建筑艺术，走上通贵桥，在这座横跨山塘河的拱形石桥上，是欣赏苏州水乡风貌的最好视角，也是摄影、绘画的经典取景处，是一个"网红打卡点"，桥上等着拍照的游客排起了长队。石桥下河水清清，附近茶馆里传来咿咿呀呀的曲调，此刻的山塘街是世俗而又诗意的，很魅。山塘街上有很多传统美食老店，有松鹤楼这样的大馆子，也有荣阳楼这样价廉物美的小吃店，能品尝到梅花糕、海棠糕等传统小吃，而卖各类艺术品及纪念品的小店更是比比皆是。

白天的山塘老街上，其实也没有那么多人，大部分游客都去"打卡"各种园林了，晚上才会来这里吃吃喝喝、坐坐游船，夜幕降临后，霓虹灯亮起，这里才会人山人海。夜晚的山塘街才是最美的山塘，可以想象一下山塘街古时盛况。

到了山塘街是一定要坐一下游船的。走走停停到山塘古戏台，找到游船码头，买了船票在古戏台码头上船，去往虎丘方向，全程35分钟航程。一路上听着游船上播放的小曲，欣赏沿岸山塘街的风景，逐渐走出了喧嚣，有种人在画中游的感觉。河水静静流淌，沿岸是水墨画般的民居，岸上人家枕水而眠，临河一面家家户户种着花草，有点浪漫，也有点诗意。行着行着，塔影若现，虎丘塔在眼前渐近，船一直行到了虎丘公园的门口。

虎丘，自古与山塘是串联在一起的，下船，去探访"吴中第一名胜"虎丘。

千年之前，白居易为苏州留下了山塘街，它历经沧桑、穿越时间，就静静地守在那里，直到今日依然值得人们缓缓而行，细细品味。

## 苏州运河文化旅游小 Tips:

都说"一座姑苏城，半部江南史"，如果你喜欢江南，就来苏州吧，苏州不仅有中国园林，还有大运河遗产值得细细游览品味。在游览平江历史文化街区和山塘

繁华的山塘老街夜景

历史文化街区时，一定记得找一间茶馆，听听评弹和昆曲，尝一尝本地特色美食，坐一坐摇橹船，感受一下被列入世界文化遗产的姑苏水乡诗意之美。

另外，来苏州，别忘了到虎丘看一看我们中国自己的"比萨斜塔"虎丘塔和剑池；到寒山寺远眺繁忙的大运河，在枫桥上散散步，感受一下诗人张继枫桥夜泊的忧伤；还要去苏州博物馆零距离体验大师建筑艺术，在这里你可以慢慢翻阅苏州的历史文化。

苏州与大运河有关的文化遗产中，最具价值的有7处，值得都去看看：盘门水陆城门——连接大运河与城内水系、连通内外城；山塘历史文化街区——唐代以来就是苏州大运河航道之一；平江历史文化街区——明清漕粮仓储地；全晋会馆——古代大运河南北经济文化交流的见证；虎丘云岩寺塔——大运河苏州段地标性建筑；宝带桥——集水利、交通、景观于一体的古代桥梁杰作；吴江古纤道——江南运河水利工程的杰出范例。

手绘苏州行走地图

# 名桥谈往：苏州桥的诗情画意

白 云 崔润琦

昆明湖
通惠河
通州北关闸
北运河
天津三岔河口
南运河
临清
临清
卫河
会通河
小丹河
隋唐洛阳城遗址
惠山县夏镇
通济渠
中河
淮安清口枢纽
洪泽湖
淮扬运河
长江
江南运河
钱塘江
浙东运河
宁波三江口

有水就有桥，架在大运河上的历史名桥有不少，尤以苏州宝带桥最为著名。宝带桥建于816—819年，至今已有1200余年的历史，是我国古代十大名桥之一。它既是桥，也是纤道，形态优美的长桥似长虹卧波、宝带浮水，像一首凝固在运河上的诗，为苍茫的运河增添了无尽的诗韵画意。"瑶台失落凤头钗，玉带卧水映碧苔。待到中秋明月夜，五十三孔照影来"，正是关于宝带桥流传千年的传奇写照。

宝带桥鸟瞰

苏州有很多名桥，风光旖旎，充满诗情画意，古今闻名。苏州最有名的古桥是枫桥，唐代诗人张继的一首诗作《枫桥夜泊》，让枫桥成为家喻户晓的绝世风景，可谓横绝诗史。但在苏州的几百座古桥中，要说最壮观、最精湛的一座那就非宝带桥莫属。宝带桥是中国古代十大名桥之一，有"苏州第一桥"的美称，也是中国现存的古代桥梁中，最长且保存最完整的一座大型多孔联拱石拱桥。"长虹卧波，鳌背连云"是对这座宏伟壮观的长桥最形象的描述。宝带桥建于816—819年，至今已有1200余年的历史。2014年6月，中国大运河被联合国教科文组织评选为世界文化遗产，宝带桥是其中的重要遗产点。

宝带桥位于苏州吴中区京杭大运河边，南北横跨大运河和澹台湖的交汇口，与大运河平行，桥全长316.8米，宽4.1米，正桥有半圆形桥孔53孔，是我国古代石拱桥中桥孔最多的桥，别名也称长桥。唐元和十一年（816年），宝带桥由当时的苏州刺史王仲舒主持建造，为了筹措建桥资金，王仲舒带头将自己身上的玉制宝带捐了出来，这一举动使当地士绅深受感动，纷纷解囊捐资，由此筹足了资金得以建桥，历时三年，于819年建成。人们为纪念王仲舒捐宝带建桥的义举，为这座长桥取名为宝带桥，也有一说是因桥似宝带浮于水上而得名。宝带桥历经千年风雨，古时曾经是苏州到杭州、嘉兴和湖州陆路的必经要道，历史上曾几度损毁并重建，现在我们看到的宝带桥，是明代正统年间（1446年）宝带桥重建时的形制与规模，一直沿袭至今。2019年6月，宝带桥荣获江苏"最美运河地标"称号。

宝带桥的建造，凝聚了我国古代造桥匠师的聪明才智，其建造技术在当时是处于世界领先水平的，是中国古代杰出的建筑成就。宝带桥桥孔的孔径尺寸除了第14、15、16孔（从桥北端数起）外，其他桥孔孔径均为4.6米，第14、16两孔为6.5米，第15孔为7.45米。这就使得整个桥形非常平坦，桥的最高处并不在桥正中间，而是在第14~16三孔联拱处，因三孔孔径加大而桥面隆起，且这三个大孔正对斜港河来水，既方便行船，又能使上游之水更通畅流过桥梁，有利于泄洪。同时，这种不对称的布局也使桥型立面富于变化，桥狭长似宝带，桥身结构轻巧而富有曲线美，彰显古代匠人的务实精神和聪明智慧。宝带桥全桥所有桥孔都可通行舟楫，而第14、15、16孔三孔净空较高，可通过大型船舶。明代陈循在《修宝带桥记》中曾有记载："洞孔下可通舟楫者五十三，而高其中之三，以通巨舰"。

从建桥技术和建筑技术上说，宝带桥有许多独特的成就。首先，宝带桥拱券为纵连分节并列砌置，采用了"多铰拱"。关于宝带桥桥拱拱券的建造，著名桥梁专家茅以升先生在其著作《桥梁史话》一书中有过详细的介绍："将全桥拱圈，用与桥同宽的长条石，将整个拱圈分成若干隔间，在每个隔间内，用块石砌成一片片的弧形短拱，各片合拢，拼成短拱，与长条石一起，拼合成为整体拱圈。宝带桥的拱石，尚有一特点，即每两块石块之间，均用榫头及卯眼拼接，因而在受到压力时，可以微微移动，将不平衡之力，自行调整。由于卯榫

宝带桥

名桥往谈：
苏州桥的
诗情画意

具有铰接作用,用这种块石砌成的拱,名为'多铰拱'。同时,砌合这些石块时,不用灰浆,称为'干砌'。"

其次,桥的建造科学合理地创造了柔性墩与刚性墩相结合的方法。其柔性墩上大下小,桥拱的两端拱脚,砌在两个桥墩上,每个桥墩,支持两个拱券的拱脚,相邻两孔拱脚间距仅10厘米,减轻了桥身的自重。桥中间第27号墩采用由两个桥墩并立而构成的刚性墩,体积大,能抵抗单向推力,一旦一端桥拱倒塌,可防止整桥连续倒塌。

此外,宝带桥还建有石狮、石亭、石塔等附属文物,丰富了桥的内容。在桥的北桥头,伫立着石碑亭和石塔各一座,石碑亭建于1872年,建筑形式为单檐歇山式;石塔为南宋绍定五年(1232年)重建宝带桥时而建,造型粗犷,高3米,由整块青石雕成。塔分塔座、塔身和塔刹三部分,五级八面,一至五层面雕有佛龛、佛像,形象古拙而逼真,塔座上雕饰海浪云龙纹。因年代久远,石塔已经被岁月侵蚀得很厉害了。同样的石塔,在桥中第26孔和第27孔间的水磐石上也有一座,称为"姐妹塔",据说桥中的石塔曾倒入河中,后经捞出收藏于苏州博物馆中,现桥中石塔系按原样在原地重立的。古人在桥上建石塔有镇水之意,也有引航功能,保证船只航行安全。

另外,北桥头还有青石雕成的石狮一只,南桥头则有一雄一雌两只石狮,石狮整体保存良好,雄狮右前爪按着一只绣球,母狮左前爪逗弄幼狮。石狮刀法粗犷,神态自然栩栩如生。石狮无言,默默地立于桥头守护着古桥。

宝带桥在设计上将形制、功能和环境结合得十分巧妙,是古代桥梁建筑和生态环境完美结合的典

没有桥栏的桥面

通条件，也成为苏州一道靓丽的风景。

其实，中国古代桥梁的辉煌成就在世界桥梁发展史上占据着重要地位。在宝带桥建造前后的几百年，也就是隋唐宋时代，是我国古代桥梁发展的巅峰时期，彼时中国的建桥技术已经领先于世界，建桥材料已从以木料为主发展到以石料为主，赵州桥（595年）、汴水虹桥（1041年）、洛阳桥（1053年）、万安桥（1090年）、安平桥（1138年）、湘子桥（1171年）、卢沟桥（1189年）等古代名桥都是在这一时期建成的，这些古代名桥都是世界桥梁史上优秀桥梁的杰出代表，展现了当时世界桥梁建造的最高水平，它们与宝带桥一起，以精湛的营造技艺、丰富的历史内涵和极高的艺术价值，被列入中国古代十大名桥之列。

走在宝带桥上，会发现宝带桥与其他古桥如洛阳桥、卢沟桥、赵州桥等相比，有一个很大的不同，就是宝带桥上没有桥栏，一眼望不到头，长若丝带的石头桥面上光秃秃的，两边不设任何护栏，脚下两侧都是浩荡的河水，走在桥上真有点胆战心惊，很有些不安全的感觉。心中不禁存了疑问：这么古典、精美的桥梁，为什么不在桥侧设置桥栏呢？

其实，关于宝带桥的修建，与古时运河漕运的发展有直接的关系。江南一带，素为鱼米之乡，是历朝历代帝都粮食供应的主要来源，唐朝定都长安，长安粮食不足自给，必须经由运河从江浙一带运去大量稻米和其他物资。而苏州所在的江南运河，是漕运及南北客商进行货运贸易的主要航道。那时的船本身没有动力，行船的动力只能靠船帆，而逆风行驶时就需要人工拉纤，因此漕运途中很多时候要靠背纤为漕船提供辅助动力。为了改善江南

桥头石塔、石狮

范。结构上宝带桥构造复杂却结构轻盈，风格壮丽，造型优美、古典，桥梁建造采用的多铰拱、柔性墩结合刚性墩、木桩加固软地基等建筑技术，代表了中国古代高超的建桥技艺，兼顾通航、宣泄湖水、纤行，既改善了大运河和澹台湖交汇口的交

水道漕运条件，必然就要广筑纤道，用于背纤。特别是苏州到杭州的这段运河是南北走向的，秋冬季节西北风盛行，漕船北上逆风前行，不背纤几乎不能前进。可沿河的纤道在澹台湖与运河的交界处，因为要跨过大片水域而有约三四百米的缺口，这就阻断了运河的纤道，这片水域正是太湖等苏州上游水系经吴淞江入东海的重要通道，故不能筑堤修纤道阻断入海之水的通路。为方便过往行船，保证漕运的顺利畅通，这才有了苏州刺史王仲舒筹资在运河畔建造长桥的故事，建桥代堤，连接了运河沿岸纤道，一举两得，可谓创举。所以，宝带桥既是桥梁也是纤道，桥孔能行水泄洪，中间最高三孔可以通船，桥上既可通行又是纤道，是连接江浙两省的陆路古道。由于宝带桥是为背纤人所建，所以没有江南常见的石拱桥陡而高的特点，而是采用了多跨、狭长和平坦的桥型，同时也不设桥栏，利于背纤人拉纤。

关于宝带桥，还有一个美丽的神话传说。传说在很久很久以前，天上有一位仙女，她虽然生活无忧无虑，但却感到非常寂寞，偶然的机会她听闻人间有一个叫姑苏的地方，山清水秀，物产富饶，人们生活非常幸福，就想去看看。于是，仙女离开了天庭，驾着祥云来到了姑苏城的上空，只见城内车马熙攘，人们安居乐业，丝竹管乐隐约可闻。唯有澹台湖上波涛汹涌，湖怪出没，湖的两岸，聚集着想过河的南来北往的百姓。仙女看着他们焦急的神情，动了慈悲恻隐之心，便解下腰间的玉带，将其抛向湖面，随风舒展的玉带落到湖上后，便化为一座五十三孔的石桥，湖水顷刻间风平浪静，湖怪也被镇压在桥头的石狮之下。两岸的人们欢呼雀跃，首次从桥上步行走过了澹台湖。这座桥因此得名宝带桥，从此成为跨过澹台湖的通道，两岸百姓的生活终于平静下来。这个故事让宝带桥更加引人入胜。

宝带桥太有名了，以至于自古以来，文人墨客、历史名流都喜欢以宝带桥吟诗作词，留下了很多与宝带桥有关的名人名作。"春水桃花色，星桥宝带名。鲸吞三岛动，虹卧五湖平。""天外虹飞彩，波心日泻金。""门影入波圆，五十三明镜。""借得他山石，还将石作梁。直从堤上去，横跨水中央。"这些都是古代诗人描述宝带桥的诗词佳句，就连乾隆皇帝，也写过一首赞美宝带桥的诗："金阊清晓放舟行，宝带春风波漾轻。孔五十三易疏泄，涨痕犹见与桥平。"这些诗词，写出了宝带桥的特色和古典美。不过，在所有宝带桥的古诗词中，有一首传世名作是写中秋之夜游览宝带桥赏月的，描述了"宝带串月"的世间奇观，更是引人入胜："瑶台失落凤头钗，玉带卧水映碧

狭长的桥面由花岗岩条石砌成

苔；待到中秋明月夜，五十三孔照影来。"每逢中秋之夜，皓月当空时，站在宝带桥偏东方向观望宝带桥，月光下的宝带桥酷似玉带飘于水上，明月、长桥、碧苔各有倒影，53个桥孔倒映，孔孔见月影，各衔着一轮明月，53个圆月同框、虚实相映的奇观美丽异常，被称为"宝带串月"，成为苏州的一大名胜。故每逢中秋明月夜，宝带桥作为赏月佳处，吸引了众多的游人。

如同其他古桥一样，一千多年来宝带桥也历经洪水、战乱之害，历史上曾经历过多次损毁并重建。南宋绍定五年（1232年）重建；明正统十一年（1446年）重建；清康熙九年（1670年）桥被大水冲毁重建，道光十一年（1831年）林则徐也主持了一次修缮，同治二年（1863年）英军驾舰攻打苏州，拆去桥中间的大孔，导致桥北面26孔连续倒塌，

至1872年再次重建；抗日战争期间，宝带桥南端6孔被日军炸毁。新中国成立后，分别于1956年、1981年对宝带桥进行了修复，近年来又多次对宝带桥进行了修葺，修旧如旧，让宝带桥恢复了古桥原貌，重新焕发出诗意的古典美。这座凝聚着先人智慧结晶的古桥，千年风韵，就这样静静地屹立在那里。

如今的宝带桥坐落在宝带桥—澹台湖景区内，宛如一条玲珑秀美的宝带侧卧于大运河畔，有一种简约、古典的壮美。从北桥头走上宝带桥，左侧是航运繁忙的京杭大运河，右侧是风景秀丽的澹台湖。宝带桥如玉带浮水、长虹卧波，水桥一色，波光潋滟。漫步在宝带桥上，花岗岩砌成的桥面历经岁月磨砺，石块的缝隙长出了野草，颇有一种沧桑感。因为桥太长的缘故，4米多宽的桥面显得特别瘦长，更显古桥秀美轻巧，充满了诗情画意。身边大运河上的船只川流不息，汽笛鸣响，水上交通运输一派热闹繁忙，千年运河繁荣依旧。大运河在千年之后的今天，依然展现着蓬勃的生命力。历经千年风雨，宝带桥与大运河相互辉映，形成了一幅"青山遥望、碧水相映、长虹卧波、渔歌缭绕"的独特画卷，极富吴地风情和水乡文化的生态气息。

1962年，出版发行了一套"中国四大名桥"的邮票（特50），其中一张就是苏州宝带桥。

宝带桥北桥头

宝带桥这座已经有1200多年历史的千年古桥，集水利、交通、景观于一体，像一首凝固在运河上的诗，与大运河一起在时空的苍茫中见证了苏州的变迁和发展。水韵悠悠淌岁月，古桥默默话沧桑。如今，宝带桥依旧散发着迷人的魅力，也一直保持着鲜活的生命力，是苏州人日常生活中不可或缺的一部分。而宝带桥的故事以及围绕着她发生的一切，也与古往今来数不清的咏颂宝带桥的诗词歌赋一起，被人们世代相传，生生不息。

宝带桥和吴江古纤道

## 宝带桥旅游小Tips：

宝带桥坐落在宝带桥—澹台湖景区，侧卧在大运河的西侧，并不在宝带桥公园内。在大运河的东侧还有一个宝带桥公园，公园中有一块大型的浮刻石雕，讲述了宝带桥的建造历史。

宝带桥周围环境非常优美。桥的西面，在澹台湖和玳玳河间的堤岸上立着四尊倾身前行的纤夫雕塑，虽然听不到当年拉纤的号子声，但雕塑的姿势依然让人感受得到纤夫生活的艰辛。

于2015年新建的斜港大桥坐落在大运河东面，是一座现代大型钢结构拱桥，与宝带桥隔河相望，现代与古典的强烈对比让两桥交相辉映，成为苏州一景。在斜港大桥上向西远眺，可饱览宝带桥的全景。

斜港大桥与宝带桥相呼应

# 浙江段运河的北大门 嘉兴

姜师立

嘉兴是大运河进入浙江的第一座城市，而长虹桥可以说就是大运河浙江段的北大门了。嘉兴这个地方，古为吴越交界，今为江浙沪交会。站在长虹桥上，俯瞰运河上长长的运输船队穿桥而过，时光仿佛倒回了从前。千年运河仿佛一幅画卷舒展开来，河上官舫贾船，穿梭不绝，两岸灯火万家，商贾云集，一派旧时嘉兴"江南府城"的繁华。今天，就让我们一起来逛一逛嘉兴最具江南水乡特色、"原汁原味"的古街，沿着小河、古桥、狭弄，探寻一下有多少浓缩的历史隐藏于寻常巷陌之中，又有多少古风遗韵承载在白墙黛瓦之间。

嘉兴长虹桥下的船队

扬州市文联大运河采风浙江行的第一站就来到了嘉兴。嘉兴是江南运河自江苏进入浙江的第一座城市,江南运河嘉兴—杭州段北起苏州与嘉兴交界处,南至杭州。我们采风团分别游览了嘉兴长虹桥、文生修道院、落帆亭、嘉兴三塔、嘉兴天主堂、月河老街和位于海宁长安镇的长安三闸。

历史上嘉兴开挖运河的历史,可以追溯到春秋战国时期的"百尺渎"。唐朝以前,运河不称运河,而叫洫、渎、渠、道等。据说百尺渎就是春秋时期沟通吴越两国的人工渠道,它从苏州起挖,穿越吴江,到达嘉兴,然后直达钱塘江,成为嘉兴运河的前身。吴越争霸时,两国军队就是循着这条水道,在一个称为槜李的地方摆开了战场。嘉兴运河古镇石门镇的来历,就是源于这里有座石门,据说是吴越两国的边界,垒石为门,而后成为一座古镇。但今天吴越两地的边界却不是石门镇,是大运河嘉兴段的王江泾镇,这里有座古桥,就位于与嘉兴与苏州的交界处,它就是长虹桥。

## "南浮越水白,北接吴山绿"的长虹桥

大运河上有无数座桥梁,其中的长虹桥是大运河沿线众多桥梁中典型的

吴越边界石门镇

代表之一,体现了古代中国桥梁工程设计与施工的卓越水平。从苏州开车来到嘉兴,第一站就是嘉兴秀洲区的王江泾镇,长虹桥就坐落在这里。

据陪同专家介绍,在我国有四座长虹桥,分别是嘉兴长虹桥、云南长虹桥、北京长虹桥、台湾长虹桥。而大运河上的唯一一座长虹桥就在嘉兴。横跨于江南运河上的长虹桥,是嘉兴市最大的石拱桥,在嘉兴市郊区王江泾镇一里街东南侧。始建于明万历年间,清康熙五年(1666年)重修,嘉庆十七年(1812年)再修,太平天国运动时期桥栏石损毁,光绪六年(1880年)修复。

从停车场往运河走,不一会儿,一座巨型三孔实腹石拱大桥就浮现在我们眼前,远远地看过去,长虹桥气势宏伟,造型如长虹卧波,真的形似长虹。桥全长为70多米,桥面宽约5米,东西桥阶斜长为30米,各有台阶57级,用长条石砌置。桥拱三孔,是纵连分节并列砌筑法砌筑的半圆形石拱。主孔净跨16.2米,拱矢高10.7米;东西两侧孔净跨9.3米,拱矢高7.2米,可以方便船只通过。我们看到,长虹桥保存得很好。桥栏用长条石砌筑,用石凿的榫卯连接,朝里侧凿成可供人休憩的弧形。桥边孔两侧有两副对联,一面为"劝世入善,愿天作福",另一面为"千秋永庆,万古长龄"。中孔楹联一面为"淑气风光架岭送登彼岸,洞天云汉横梁稳步长堤",另一面为"福泽长流物阜民安国泰,慈航普渡江平海晏河清"。

据介绍,天气晴朗时,登桥远眺,北面的吴江盛泽,南面的嘉兴北门外隐隐可见。古人有诗句:"虹影卧澄波,登高供远瞻。南浮越水白,北接吴山绿"。因为

长虹桥

天气有点阴，我们站在桥顶往南北看去，并不能像古人一样看得到远处的吴江盛泽镇，但川流不息的舰队纷至沓来，也是一幅动人的运河航运图。

陪同专家除了向我们介绍长虹桥建造的历史，还告诉了我们一个与其有关的故事：相传明朝中后期，嘉兴苏州塘一带丝绸业发达，做生意的人络绎不绝。由于没有桥梁，人们只能依靠摆渡。当年一位名叫陈复古的道士"坐观三年、化缘万金"，终于筹集到足够的银子筑桥。历经十年打磨，一道飞虹横跨运河两岸。因为桥洞够宽够高，从此有了船只过往长虹桥"过桥不落篷（帆）"的说法。

据说，当年用的是"堆土法"造桥。桥想造得多高，石头就堆得多高。考虑到小船无法承受石头重量，聪明的古人想出了"石头载船"的办法——将石头绑在船身两侧，利用水的浮力及拉纤的方式运输不计其数的石头。由于船只大多从西面桥洞过往，因此那里曾经有条"纤道"。

关于长虹桥，我们还听到了一个特别令人动容的守桥老人的故事。

大运河申遗时，在长虹桥畔听到过一位守桥老人的感人故事。老人叫叶桂林，无论春夏秋冬，严寒酷暑，他每天都露宿运河边，厮守着长虹桥，一守就是20多年，从未间断。20多年来，他主动在桥墩上绑上防撞的轮胎、绳索，义务指挥舰船队通过桥下，从不向任何人索要报酬。在许多人眼里他有点傻，有点怪，也有点可爱。

原来，叶桂林妻子早早去世了，这一意外的打击让他成为一个怪人，整天在镇上失神地走着。后来就守在长虹桥边，哪里都不去，谁也请不走他。守桥的日子十分单调、枯燥，平时他基本不讲话。不过，每当有船队经过时，他都会大声地喊着，指挥船队。行船的人大老远就会听到他的声音。

2012年10月28日上午10时左右，叶桂林像往常一样，打算给桥墩缠缆绳，不料发生意外，落到水里，等人们找来救援队救援时已经找不到他了。四天后，守桥老人的尸体被打捞上来。许多人禁不住失声痛哭。在大运河申遗成功十周年之际，我再次来到长虹桥，不由想起了守桥老人——叶桂林。

## 分水墩、落帆亭、三塔

离开长虹桥，我们的汽车开往嘉兴市区。沿着运河进入嘉兴市区，首先看到的是运河上的嘉兴分水墩。分水墩是位于大运河和嘉兴秀水交汇处的一座小岛。分水墩面积约2850平方米，远处看去它好似千年运河中的一条木船。分水墩在明清以前就有了，是开浚城河时有意留下的土堆，它对于减缓大运河的急流有一定作用，是古运河上的一种水利设施。明清时这里曾是一个热闹的蔬菜果品集散地，这种水上农产品交易方式一直延续到20世纪60年代，反映了大运河对国计民生带来的经济价值。

接着我们来到了嘉兴运河边的落帆亭，古代嘉兴城北的运河上有一座闸门叫杉青闸。运河上南来北往的船舶不断，樯帆如林，商旅与游人停靠，闸

口成为繁华热闹的集市。由于船经闸门必落帆才能驶过，后来有人在闸西侧建造了一座亭，这个亭子是一个标志物，远处的船看到这个亭子就知道该落帆了，因此得名落帆亭。北宋神宗熙宁年初（1068年）曾经重修。以后历经战火毁圮，清光绪六年(1880年)再建。由于亭修建在河闸堰上，所以成为过往商旅特别是文人墨客的游乐休憩之处。明代文人李肇亨留下"柳枝沙岸

上 | 嘉兴分水墩

下 | 嘉兴运河三塔

夕阳边，依归帆樯卷暮烟"的诗句。落帆亭四周树太多，亭子也突显不出来，照片拍出来并不美。落帆亭公园内有座羞墓，据说是朱买臣前妻的墓。从墓碑记上我们了解到，朱买臣是汉代的书生，他一心苦读圣贤书，日子过得很艰辛。妻子不愿与他过苦日子，离开了他。后来靠献计汉武帝当了会稽太守。一次妻子碰到他，羞愧难当，自缢而亡。这个故事被写入了小说，而且被排成多种戏剧。

再往前走，我们来到了运河边的嘉兴三塔，三塔初建于唐代。据《嘉禾志》记载："此处有白龙潭，水深流急，行舟过此多沉溺。"人们推测"潭中有白龙兴风作浪，于是运土填潭，建三塔以镇之。"唐季僧行云，运土填潭，建塔三座以"镇潭中白龙"。据介绍，三塔均为九层砖塔，中间一座稍高，约15米，塔内无梯可攀，每层壁嵌铁制浮雕佛像，饰白、黑、红三色。历史上三塔是一座富有传统建筑风格的砖塔，造型美观，观之赏心悦目，足以说明古代劳动人民在建筑科学和艺术上的聪明、智慧。现存的塔是2000年重建的，工艺并不太精美，但三座塔沿着运河边一字排开，远处看还是不错的。我们因行程较紧，又遇到暴雨，因此并没有多加停留。

## 游嘉兴天主教建筑遗存

嘉兴运河宗教遗存较多，嘉兴因地处交通便利的大运河畔，又离上海很近，因此成了国外文化沿运河传播的前沿，天主教文化进入嘉兴较早，而且在嘉兴留下了两处重要的遗存：嘉兴天主堂和文生修道院。于是，我们分别造访了这两处运河文化遗存。

嘉兴文生修道院位于大运河边，这里地处嘉兴市区东北角，前临大运河。院子很大，有5600余平方米。一进院门就能看到前面的西式建筑群，有教堂和欧式环楼。修道院建筑群左右对称分布，坐东朝西，主体部分平面呈倒"凹"字形，正面部分两层九开间，东西两翼各十二开间。

光绪二十八年（1902年），法国神父步师加（时任中国遣使会会长），在嘉兴北门外购得土地，开始兴建嘉兴文生修道院，一年后竣工。

嘉兴文生修道院及外部环境

从1903到1908年，嘉兴文生修道院为中国遣使会的唯一总修院，又称总合院。文生修道院常住中外修士四五十名，研习教义从1909年至1941年，文生修道院共培养12年制神父155名，被派往全国各地教堂。1949年文生修道院停办。

修道院内绿化做得很好，院内遍植香樟，幽静、古朴，建筑与自然环境浑然一体。主体建筑的正中有一座小钟楼，钟楼有圆窗。两翼建筑中，东翼两层，西翼三层。底层是开敞式的拱门长廊，廊外共有30扇砖砌的拱形门。楼层为封闭式长廊，各层都为长条木地板，素面门窗。东、西、南、北均设木制楼梯。人字形屋面铺设小青瓦。主体建筑的两侧各有六开间的两层附属建筑。

嘉兴天主堂名叫圣母显灵堂，俗称圣母堂、天主堂。1903年嘉兴文生修道院建成后，天主教的影响得以扩大。1917年，意大利籍神父韩日禄发起并主持修建，花费8万银圆，历时13年，到1930年才全部完工。整座教堂占地7720平方米，建筑面积1320平方米，堂前两座钟楼拔地而起，高达57米，时称"远东第三大教堂"。圣母堂落成后，天主教法国巴黎遣使会运来合金铸铁钟一口，悬于钟楼上。这口铁钟高11米，底部直径1.1米，重657公斤，敲击之声闻数十里。

嘉兴天主堂是中西合璧的建筑，一方面外观基本上保持了西方建筑的风格，另一方面在平面入口及建筑朝向上，又遵照了中国以坐北朝南为尊的习惯布置。嘉兴天主堂遗存反映了当时西方建筑的艺术价值及社会文化积淀，为相关考证、研究提供了具体的实物例证。从现存的天主堂主

嘉兴天主堂

体建筑看，其精致的建筑艺术具有很高的研究价值，建筑技术和造型风格堪称同时代、同类型建筑中的上乘之作。

还记得10年前来教堂参观，想在教堂前拍一张照片，但因为教堂前的广场太小，没能将教堂的全貌拍进照片。这次我们发现教堂四周的建筑已全部拆除，铺成了宽大的草坪，并已成为嘉兴的一处热闹景点。市民和游客不但可以在此拍出漂亮的照片，而且参观之余，还可以在草地上休憩，孩子还可以在草地上玩耍。

## 嘉兴月河老街

为了充分领略嘉兴运河的景观，我们晚餐和住宿的宾馆都安排在月河老街。这里曾经是嘉兴工业、商贸最为繁盛之地，今天则成了旅游胜地。月河是运河的一条支流，因"其水弯曲抱城如月"而得名，1000多年以来，大运河沿月河历史街区南侧一穿而过。运河两岸灯火万家，官舫贾船，穿梭不绝，一片繁华商业景象。明清以来月河一带已形成繁华街市。

我们晚上就餐的地方是嘉兴老字号月河邹大鲜酒店，跨上一座拱桥，看到对岸一排排临水建筑散发着古色古香的味道，采风团的同志不禁喝彩起来。下桥后就来到月河老街上，大家不顾下雨，拍着夜色下的古街。右转就来到邹大鲜酒店，走进店门后服务员领着我们走过古色古香的院子，来到木楼梯前，踩着呀呀作响的楼梯上楼，见到一间间包房都坐满了客人。丰盛的晚餐让我们大快朵颐。

晚餐后，我们往住宿的月河客栈走去。上桥过了一条河，又上了一座桥，过河后，才来到客栈。月河有三条平行的河，这里是河街并行，整个月河街区就是平行的"三河三街"，大运河、外月河、里月河三河基本平行，又在北丽桥附近相汇，其空间布局极具特色。中基路，历史上称中街，与"坛弄""秀水兜"三街由于紧邻运河和府城而成为繁华的商贸地带。

走在街区内，我们看到，传统的民居依水造势，古街深巷迂回曲折、纵横交错。小河、古桥、狭弄、旧民居、廊棚等还原并展现了浓厚的水乡古城风情。老

嘉兴月河老街上的邹大鲜酒店

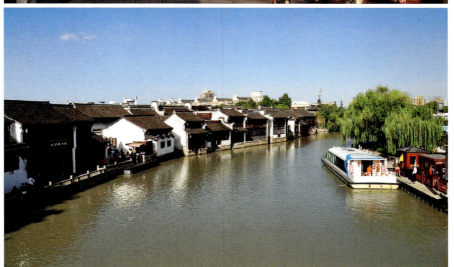

街上众多百年老字号折射出旧时嘉兴"江南府城"的繁华。在街区内，有真真老老粽子店、嘉兴特产文虎酱鸭店、陆稿荐糕点店、金华酥饼店、蒲鞋弄茶馆、江南丝绸店、嘉韵画廊、金葫芦乐坊、怡糖坊糖果店、龙缘湾土特产馆、金字火腿店、金福缘珠宝行、衢州麻饼店、丰同裕染坊、古今斋糕点店、灵璧石雕塑店、翠玉斋玉器店、竹品轩竹器店、野娇娇特产专卖店、五芳斋粽子店、三真斋、南湖牌嘉兴食品特产店等数十家沿街商铺。

月河街是以中基路为中心的街区，通过老街区改造而成。第二

上 | 月河老街　　　　　下 | 嘉兴月河历史街区

天早上，我们又来到街区，参观了嘉禾水驿、嘉禾端午民俗体验馆、嘉兴粽子文化博物馆、玉穗丰米行等特色景点，尤其是嘉禾端午民俗体验馆给我们的印象最深，不但能了解端午文化，而且能品尝到鲜美的嘉兴肉粽子。一旁还有皮影戏馆、评弹书场、花鸟市场、古玩市场等休闲场所，适合不同年龄的游客游玩。作为嘉兴历史上著名的繁华地段，月河历史街区已成为嘉兴运河文化传承的代表，是嘉兴市区现存规模最大、布局最完整、最能反映江南水乡城市特色的历史街区。

## 海宁长安闸科普游

嘉兴游的第五站我们来到位于嘉兴海宁市的古镇长安。这里因运河上的水利工程长安三闸而出名。

长安镇自古即为南来北往的水陆要冲，又名长河，因地扼其要，故名长安。唐贞观五年（631年），当地设桑亭驿（后称义亭驿），开元十一年（723年）设长安市。南宋建都临安后，这里因西接临平驿，北连石门驿，成为迎送官员、传达公文的必经之地。南宋诗人范成大、陆游、杨万里等道经这里，都留下了诗文。特别是范成大从家乡吴县往来临安时，数过长安，留有不少脍炙人口的诗篇，反映了当时运河上繁忙的航运景象。

我们首先来到长安闸旁的长安古镇大运河（长安闸）遗产展示馆参观，这里展示了长安闸的相关历史和文化，特别是运用现代的三维动画技术展示长安闸的功能，吸引了大批年轻游客前来参观、体验。

从展览资料我们了解到，这里的长安闸是连接江南运河和上塘河水系的重要水利枢纽工程，于1068年由长安堰改成长安三闸，形成复式船闸与拖船坝并存的格局，是世界水运史上最早的复式船闸之一。元至正二年（1342年）维修，于老坝之西增建新坝，是现在长安镇拖船坝的前身，并设专门机构进行运输管理与维护，清中期后逐渐废弃，现仅存遗迹。

复闸首先是在淮扬运河上使用的，由多个闸门组成多级闸室，通过联合运用，能有效平衡航道水位差，即将河段的高差集中到一处之后分级控制，使得整个河段的水流比较平稳，船只航行的条件得到极大改善。沈括在《梦溪笔谈·复闸》一文中就记载了最早的复闸——真州复闸。它的出现比欧洲早了380年。

而作为配置澳及澳闸的复闸工程，长安闸的规划更加精细，运行条件也得到显著提高。在现场播放的有关长安

嘉兴粽子文化博物馆

俯瞰长安古镇

浙江段运河的北大门 嘉兴

闸运行模式视频中我们了解到，长安闸是三闸两澳一坝的结构：闸有上中下，澳为积水澳和归水澳，而坝则是升船坝。其中，积水澳的正常水位高于或平于所连闸室（一般是上游闸室）的高水位（即复闸上游的水位），以补充船只过闸所耗之水，抬高闸室水位与上游平齐以待下次开闸入船。归水澳正常水位低于或平于下闸室的低水位，以回收闸室水位降低时的下泄水量，使其不流失到下游；同时，归水澳中的水可以根据需要提升至积水澳中重复使用。澳的水源是高处蓄积的流水或雨水，或者是临近大江处在潮涨时引蓄的潮水。普通的复闸过一次船最少也要消耗一闸室的水，而"澳"的存在则使这些本来要下泄流失的水得以重复利用。澳闸在运行管理上也比简单的复闸要求更高。

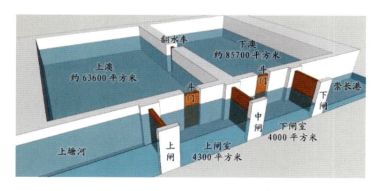

参观完展示馆，我们来到长安闸实地参观，远远就看到分水墩旁两条运河分列两侧。大运河到了这里，船只会一分为二，单体的小船会从升船坝走，用人畜力拉过坝。而船队和大船会从另一条水路进入长安闸。

历史上的长安闸除老坝位置不可考之外，其他各闸、坝均能确认其位置，基本格局尚存。现各闸均改建为闸桥，闸基闸槽都保存完好。两处水澳范围基本也得到了确认。

从专家的介绍中，我们了解到，作为江南运河重要的水利水运工程遗产，长安闸首创运河澳闸制，达到了平稳航道、节约水量、水量循环利用的多重工程目的，是我国古代先进水利技术的实证，是反映运河水利设施发展和运河河道变迁的重要实物。除此之外，长安闸具有完善的工程设施，达到了引潮行运、蓄积潮水的目的，具有保障程度较高的输水功能，是世界水运史上现存建筑年代最早的复闸实例，也是这一时期中国水利水运技术领先世界的标志性工程。 欧洲大约在300年后才出现此类工程。我们再一次为祖先在大运河上的成就而自豪。

配备有澳的复闸曾是江南运河上的独特水利工程。当时的复闸需要严格执行运输组织管理，但从它诞生开始管理便遭遇到了很多障碍。复闸的工程并未应用多长时间，水澳很快就废弃，发生了废闸为堰的倒退现象。江南运河上各复闸后都改建

上｜大运河（长安闸）遗产展示馆　　下｜长安闸的澳闸使用原理

应该是古代的一种特殊的黏合剂,包括了鸡蛋清、糯米等。据初步判断遗存属于宋代,进一步证明了长安闸的历史价值。

走在老镇上,可以看到街上的老宅特别多。据陪同的专家介绍,2012年1月海宁市在开展历史建筑普查时,曾登记了长安镇上345处古建筑。其中的陈氏民宅、汇丰南货店、和平街徐氏民宅、虹桥、杭辛斋旧居、仰山书院、长安茧库等具有较高的文物价值,还有始建于后唐的觉皇寺、观潮景点老盐仓等历史遗迹。回首长安镇,我发觉,长安镇并没有像其他江南古镇一样进行大规模的拆迁改造,打造全新的旅游景点。而是对古镇进行了整理,尽量不搬迁原住民,因此长安镇的人气特别旺,不由感慨,古镇的运营方式有很多种,像长安镇这样保留原住民、留住烟火气的做法,未尝不是一种让文物"活起来"的明智选择。

今日运河上的喧哗不再,可长安闸坝遗址犹存,"三闸两澳一坝"那复杂而完善的系统吸引了来自全国各地的游客前去参观。长安三闸诉说着长安镇旧日的辉煌,佐证着长安闸坝在大运河历史上的重要科技价值。

## 嘉兴运河文化旅游小Tips:

嘉兴,别称"禾城",建制始于秦,有两千多年人文历史。自古为繁华富庶之地,素有"鱼米之乡""丝绸之府"美誉,是一座具有典型江南水乡风情的国家历史文化名城。嘉兴名人辈出,涌现出茅盾、金庸、徐志摩、陈省身、王国维、丰子恺、

为单闸,有的甚至一度废闸为堰。

2012年,考古专家曾对长安闸坝遗址中的下闸进行了考古发掘,发现系统性设计建造的闸基、闸体。闸体后侧由石柱和两排石板组成,石板后方堆着不少大石块。石柱与石板间都有"卡槽",让两者对接得十分紧密。石柱与石板之间黏合的

上 | 长安升船坝    中 | 现存最早的复式船闸长安闸    下 | 考古发掘中的长安闸

张乐平等名家大师。嘉兴自然风光以潮、湖、河、海并存驰誉江南，是中国优秀旅游城市，拥有南湖、乌镇、西塘三个5A级景区，以及盐官（钱江潮）、南北湖、绮园、月河历史街区、梅花洲、九龙山、东湖、莫氏庄园、茅盾故居、徐志摩故居等著名景点。除此之外，嘉兴是中国共产党诞生地，成为中国近代史上重要的革命纪念地。

长安三闸两澳
工作原理

嘉兴长虹桥

上｜今日运河人家　　中｜长安（闸）周边环境现状　　　　　　　　　　下｜手绘嘉兴行走地图

# 南浔：
# 丝书传家

蔡忍冬

南浔是运河边上的一座江南古镇，明清时期为江南蚕丝名镇，久负盛名、饮誉海内外的辑里湖丝就产自这里，作为丝中极品过去一直为皇家御用贡品。而由一根银丝成就的南浔，从曾经的富可敌国到如今的繁华褪去，依然难掩它深厚的文化与底蕴。这里既有傍水筑宇、沿河成街的江南水乡小镇风貌，有南浔独具特色的沿河民居建筑群百间楼，又有众多中西合璧的私家大宅第和江南园林，形成了小桥流水人家与大宅园林交相辉映的独特街区特色。一起漫游南浔，体验一下文化交融与碰撞的奇妙感觉，细细品味那句"江南古镇九十九，不及南浔走一走"的寓意。

南浔商业街区

江南运河经历代不断开凿疏浚绵延，逐渐形成今日现状，俗称官河或官塘。大运河江苏段从平望入浙江段后，分出东、中、西三条线，西线即由頔塘经浙江南浔、湖州再到杭州，还可通达上海，又称长湖申运河。

頔塘，又名荻塘，地处杭嘉湖平原西北隅，系始建于西晋的古老水利工程，由湖州东门经旧馆、南浔、震泽，至平望汇入大运河，属长湖申线的中段航道，相传为西晋吴兴郡太守殷康所开。唐代湖州刺史于頔主持大规模修筑工程，遂改名頔塘。其后，江、浙历代地方官员整修河塘的政绩均见载志乘，而历代文人墨客舟过荻塘时也总能佳句迭出。

2014年，中国大运河成功入选《世界遗产名录》，江南运河南浔段荣膺湖州市首个"世界文化遗产地"。頔塘作为湖州连通大运河的重要航道，自开凿以来经历代疏浚维修，一直是航运繁忙的黄金水道。新中国成立后，为缓解南浔段的航道"瓶颈"，有关部门于镇北另辟航道绕开頔塘故道，使得长约1.6千米的頔塘故道完好保留，成为市镇开发旅游产业的景观河道。江南运河南浔段的遗产点，即頔塘故道与南浔历史文化街区。

南浔，志书云傍溪宇成林，别称"南林"；民间说灰堆里寻针，谜底"难寻"，真是亦庄亦谐文白异趣。自南宋淳祐年间建镇，芳名南浔。頔塘故道上的通津桥，相传就始建于南宋时期，与之"并

南浔历史文化街区

驾齐驱"的还有稍晚所建的洪济桥及今已不存的垂虹桥，皆为具宋代遗风的薄拱单孔运河高桥，它们共同见证了明清以降"市井繁阜"之雄镇的富态威仪：丝行栉比，商船结队，周约十里，号称都会。

"南浔古镇"的景点地标，是独具江南水乡民居特色的观音兜山墙立面，其下的"四象喷泉"的雕塑源自南浔丝绸商贾的典故。以动物的形体来隐喻商家财富的大小，且"泉"通"钱"，并以方池承肥水聚财。所谓"四象"就是镇上的刘、张、庞、顾四大家族，财产均达千万两白银以上，都是清光绪年间依托上海经营海外丝绸贸易起家的浔商巨贾。

翻开景点"封面"，展阅景区"扉页"。当我步入景区大门时，嵌墙牌坊迎面而立，横批"南棱浔曦"喻祥瑞东升之意。联句："莲庄荷香嘉业书声，豪门大宅彰显西风东渐；頔塘故道老街桥影，骑楼小巷犹存千年遗韵。"于笔墨承转启合之间，提示了南浔历史文化街区主要的旅游看点分类与概览。

南浔历史文化街区，分布于頔塘故道的两岸，总面积1.68平方千米。其是南浔古镇保存完好的内核心居民区，完整地体现了清末民初南浔古镇的街区格局和历史风貌，以"原汁原味"的古建园林见长，后世添加扩充的成分较少，漫步瞻顾间恍若穿越隧道之感。

"天下熙熙，皆为利来。"跨过单孔石拱马家桥，就是单孔石梁华家桥。据《南浔镇志》记载，这是连通市河东西最早的桥梁，始建于南宋嘉熙年间，后历代均有重修，今桥名通利，清咸丰八年（1858年）所修。南联："苕水南来，壤接乌青之逶；文峰西峙，波涵奎璧之光。"走过通利桥，算是进入老街区，一路依河北上，两岸高墙夹道。此处即南浔镇之发祥地——南林，旧时丝商通利，今日游人如织。粉墙黛瓦间满眼红衣绿裳，不知不觉中已到刘家墙门。

"刘氏梯号"在单孔石梁兴福桥的东北堍，进得门楼眼前为一片白地，此为"崇德堂"遗址，正厅毁于日寇战火。后宅楼厅尚存，轩廊中间以垂花减柱法所建，雕梁皆沙场征战，均为旧构原物。曲径通幽处豁然开朗，大名鼎鼎的"红房子"横空出世，坐西朝东的两层洋楼设罗马式拱门立柱，在暖阳的照射下显得格外明丽，仿佛置身于"异国他乡"般地"惊艳"。黑白山墙包裹着红砖立面，

大运河（南浔段）之刘氏梯号西式红砖建筑

中西交融妙在天成。

刘梯青是南浔"四象"首富刘镛的第三子,曾在余杭塘栖创办过"崇裕丝厂"等实业,庭前空地原为网球场,还建过钟楼,养过奶牛。瞬间,我仿佛从这有着红墙雕塑的"罗马广场"穿越到了对面湖石亭阁的江南林荫之下,明暗互望,步移景换。最妙的是站在宛若天开的园池畔,回廊黛瓦的背后恰好掩映着红楼一角。这无疑是中国造园借景理论之"东西对望"的创新特例。

出得刘氏宅继续北行,前面是广惠宫,元末张士诚起义曾占此为行宫,故俗称张王庙。庙前广惠桥系为单孔石拱,始建于北宋治平年间。今桥为清同治五年(1866年)重修,厚重的金刚墙通体太湖石,间壁石不设字联,是典型的清初样式。透过桥洞可见东堍北侧的青石雕狮,面目为南粤造型,刻工非常精细。在桥西堍廊檐下偶见狮子捧球的太湖石门墩,感觉有几分元代气韵。

中华民国元年(1912年)落成的"丝业公会",就在广惠桥堍,由南浔丝商合资白银8万两创建,属当年本地实力最强的同业公会。西式门楼,中式额坊,刻中英文馆名,门前置面目怪诞的成对青石小狮。从前,每逢4月全行业必在这里召开蚕王会与祭蚕神活动。会馆的主体建筑"端义堂"厅高15米,实为高山仰止,气宇轩昂。大堂内江浙评弹票友交流会正在轮番上演弹词开篇:"香莲碧水动风

大运河(南浔段)之頔塘故道

凉，水动风凉夏日长"，台上你方唱罢我登场。

南市河的尽头，就是大运河世界遗产要素"頔塘故道"。南浔镇最高的通津桥就位于二水交汇处。单孔石拱通津桥，系宋代初建，历代屡毁屡建，今桥为清同治五年（1866年）重修，桥拱矢高7.6米，俗称大桥，上下各有踏步33级，较多保持着宋式桥韵，相传通津桥下有巨蛇横亘。桥南有条名为丝行埭的小巷。南宋时期，江南是丝织业最发达的地区，造船业规模也是空前的，在南浔建镇是理所当然的事，自此"苏湖熟，天下足"矣。通津桥一带属南浔镇中心，故"通津霁雪"是南浔十景之一，满载"辑里湖丝"的船队也从桥埭启运，经水路源源不断销往海内外。

通津桥北是东大街，金氏故居因修缮工程全面启动而大门敞开，我有幸得以入内观瞻。三落四进的建筑就剩前厅和后楼，中间几进多年前已焚毁，仅剩残垣断壁挺立于蓝天之下，苍凉又不失庄严，有点像古建书籍里专业测绘的剖面图。我多年来爱跑旧城拆迁工地，对这些场景颇为熟识。金宅花厅"承德堂"高达9.5米，系镇上现存第二高的单体建筑，由金氏祖上建于清同治年间，轩梁刻和合二仙与刘海金蟾图案，主梁刻福禄双星，多进砖雕门楼大体保存。如今已辟为"南浔家风展示馆"。

金氏一门风雅，民初享誉南北。金绍城，又名金城，字拱北，号藕湖，是京城画坛的领军人物，系"湖社画会"的精神领袖。金家祖上三代皆以经营蚕丝贸易发家，因传承贾而好儒的价值取向，家族成员都雅好书画文玩。金绍堂兴办实业之余精竹刻，金绍基曾主持北平美术学院，金章为主攻鱼藻画的女画家，也是文博鉴赏家王世襄的生母。排行最小的金西厓，被尊为近现代最杰出的竹刻大家。

出得金宅东行路过庞家。南浔书画藏家颇多，如刘家、张家等，唯庞氏所藏因没有散失而得流芳。2014年"藏天下：庞莱臣虚斋名画合璧展"曾在南京博物院开展，其中就有许多古代画史里的"大名头"，也不乏清宫及南北故家私藏精品。除此之外，其编纂整理出版的《虚斋名画录》十六卷本，以及《虚斋名画续录》四卷本，堪称中国古代书画研究的扛鼎巨作。都说人生苦短，藏家与古物相较都只是"过客"，花重金得购名画后题跋盖章，烟云过眼，人藏留名，艺术或人生都不过如此。

前面就到了南浔镇东栅，洪济桥就坐落于此。桥拱矢高7.2米，仅次于通津桥，俗称新桥，系南浔的第二大桥。雄跨頔塘故道，上下各有踏步33级，清嘉庆十年（1805年）重建。1937年10月，日寇自金山卫登陆，沿湖嘉公路长驱直入，镇之当局为防敌机轰炸，将全镇白墙涂成黑色，国军为阻击日寇进犯，先后自毁通津、洪济、垂虹等主要桥梁，其中，洪济桥毁损最为严重，桥面被炸，龙门石脱落，至今，桥顶部分依稀可辨由青砖与水泥的修复痕迹。

洪济桥畔就是下塘东街，转过曲形仿古廊桥，便达东大街的张静江故居"尊德堂"，系张氏祖上于清光绪二十四年（1898年）所建。三进五间的

张静江故居正门

传统格局,每进一堂便递高一级。两座砖雕门楼分别题刻"世守西铭""有容乃大",均出自里人周庆云的手笔。

张静江在代理浙江省国民政府主席期间,举办过对后世影响很大的"首届西湖博览会"。"尊德堂"西院海棠轩,设张静江侄子张乃燕的生平陈列,他曾出任南京国立中央大学的首任校长。1935年后他寓居上海养病,常与梅兰芳、俞振飞、徐悲鸿等名流往来,并以书画文物收藏遣兴自娱。

作家徐迟童年就住在张家"绕绿山庄"花园隔壁,平时因无法进入只能隔着花窗张望,只有当主人离开南浔回上海居住时,方得通过疏通账房由后门进入玩耍,难得窥见民国时期大富人家的豪华生活:"公子哥儿们正在园中一块草地上打网球,球场边上放着藤椅,桌上放着饮料,主仆男女,成群结队,莺声呖呖,燕舞翩翩,颇有《红楼梦》大观园里的风光,就是增加了一只网球场,比乾隆时代又洋得多了。"园林或书房与主人关系极大,是最难保存的精神家园。

午后,我继续南浔探访的行程。从浔商顾福昌于清道光年间开设的"顾丰盛丝行"处进入景区,不远处就是南西街的南浔"辑里湖丝馆"。其占地950平方米,为南浔商会旧址,院内矗立着四棵广玉兰,枝叶繁茂,浓荫蔽日,系由梅履中等浔商发起建造的。现在馆内陈列着钱山漾遗址资料、巴拿马万国博览会金奖奖牌、老式木丝车、新式缫丝机等照片或实物,展示南浔乃至湖州"湖丝文化"的悠久历史。

湖州是我国最早的蚕桑丝绸发源地之一,据境内钱山漾遗址的考古发掘表明,在新石器时代晚期就能生产丝织物品。历经4000余年的发展壮大,在明朝中期以"丝绸之府"而名闻天下,至清朝南浔的"辑里湖丝"以白、匀、细、圆、韧的特色,被称作丝中极品,其不仅载誉京师远销蜀粤,还走出国门,先后荣获伦敦首届世博会金奖与巴拿马万国博览会金奖。清末民初南浔丝商群体在上海崛起,富甲一方,随之而起的便是建豪宅营园林富收藏蔚然成风,也为日后如火如荼的文旅产业增光添彩,预留下丰厚奇崛的文化底蕴。

市河水晶晶,街树绿茵茵。辑里湖丝馆前一阵鼓乐喧声,划破水街午后的宁静,一队穿着粉绿古装的"仕女",翩然登临两艘披红的喜船,一场"怡红快绿"的"婚庆民俗巡游"开演了……

"嘉业堂主"刘承干1930年所建的别墅"求恕里",兼具上海里弄与苏州园林之趣,西洋门楼额刻"鹧溪小隐"四字楷书,顶上堆塑的金蟾是刘家的生丝商标。别墅的结构虽小且曲,但梁架槅扇的雕镂很是繁复，这无疑是"大看点"。花厅的主梁雕"文王访贤"的故事：文王西出狩猎在溪边遇见姜尚，拜太公为国师并亲自拉车回府。其两侧雕有各12个人物，场景非常壮观。外宅和内宅的主槅扇裙板都是"渔樵耕读"的传统图案，无论亭台花树，还是人物姿态都栩栩如生。雕刻手法以散点透视和平面铺陈的苏工技艺为主，略近似于"苏绣"纹样，密不透风，疏可走马。

继续南行便是张石铭故居"懿德堂"，传为清初文学家董说旧宅改建而成。我踏入这五落四进的"墙门堂"，满眼均为画栋、花窗、雕栏，大小厅堂房轩有150多间，如入花团锦簇的迷宫。特别是廊轩"垂花减柱"的做法，因级别较高难度较大，一般民居较少使用，而在这里却是随处可见，真是令人大开眼界。这种减柱法出自宋代的《营造法式》，木柱不落地可腾出更多活动空间，悬空的垂柱头上雕刻成花篮或莲花状，也增加了厅堂俯仰之间的美感，这就是苏派建筑中有名的"花篮厅"样式。

张石铭喜好金石、碑刻，近代著名的"西泠印社"就是由他发起并赞助的，并与吴昌硕、丁辅之、王福庵等名家交往密切。张石铭之孙张葱玉，因早年丧父自幼随祖父生活，他正是在这样的文化

氛围里长大，耳濡目染，眼界极高，1950年出任国家文物局文物处副处长兼文物出版社副总编辑。

南浔的豪门内宅都建有红砖洋楼，张家的"懿德堂"内更是登峰造极，刻花玻璃、彩色地砖、克林斯铁柱、壁炉、舞厅……均张扬着欧洲十八世纪的奢靡。其实，这些只为满足家里太太小姐们的虚荣心而设置，所谓"开放心态"云云，皆今人的附会之词。想当年，唯传统的中国书画、金石、善本、典籍、园林等雅望才是富户老少爷们的最爱，以彰显不仅是财富贵族更为精神贵族。

出张宅后花园，过单孔万古桥，我顺着鹧鸪溪西行就是今天游览最后的高潮——小莲庄与藏书楼，这些都是"四象"首富刘家的别业。

自同治十二年（1873年）始，刘氏家族历经40余年经营，遂成园林迎客览胜与家庙春秋敬宗的完满格局，因慕湖州赵孟頫的莲花庄别院，故名小莲庄。我踏进园来东行至鹧鸪溪河埠，再转向南行经嵌有

《梅花仙馆藏真》碑廊，步入净香诗窟，四面厅内轩分设"升"与"斗"两藻井，园林大家陈从周誉为"海内孤本"，推窗即可遥望对岸的七十二鸳鸯楼遗址，此景于抗战时期遭侵华日军轰炸而毁。过水阁至东升阁，立于转角处的两层西式红砖洋楼，俗称"小姐楼"。登楼可远眺旭日东升，又能俯视夏日莲池全景。

行自于此，东路穿越曲廊至退修小榭，继续向东穿越曲廊、圆亭、桥亭，由月洞门入内园。堆山叠石，凿池理水，满园枫叶吐新绿，想必秋时似火红。出得别有洞天的内园，走过藤萝缠绕的五曲桥，沿北柳堤穿过西洋坊门，入得六角亭环视池南全景。西路穿过"积善坊"与"贞洁坊"这两座精致的石牌坊，就是器宇轩昂的刘氏家庙。过甬道就是桂花厅，现辟为"叔苹奖学金成就展览"。顾家也是"四象"之一，顾氏娶刘家女为妻，故展馆得以落户于此。1939年，顾乾麟继承其父叔苹公"得诸社会，还诸社会"的遗训，特设叔苹奖学金，资助贫困学生完成学业。

沿着鹧鸪溪畔的林荫道出园，过小桥便入嘉业藏书楼。主体建筑为中西合璧两层回廊式合院，木质雕窗及铁艺栏杆均为篆字堂名。书楼正厅高悬"钦若嘉业"龙匾，由宣统帝赐予，传字为帝师陆润庠代笔。金字抱联曰："东壁余光与宝相得，

嘉业藏书楼

南山多福为文开基"。全套红木家具陈设，嵌大理石镜屏分立。中庭的四方形天井可作为天贶节的晒书场地，特设消防室并备有喷水机等设备。

刘承干，字贞一，号翰怡，系刘镛的长孙，继承大宗家产。时值朝代交替，江南世族因家道中落而致古籍散落市井。财力雄厚的刘氏趁机海涵万象，不论新旧皆广罗博揽于海上寓所，因书籍越积越多无地存储，1920年斥重金旁及南浔家庙建藏书楼。嘉业堂鼎盛期藏书达60万卷，还以自家雕版刊印珍本而名世。鲁迅在《且介亭杂文》文中赞曰："对于这种刻书家，我是很感激的。"书楼历经百年风雨，承载着诗画江南的深厚底蕴，彰显着丝书南浔的悠远文脉。

江南的藏书楼多以宁波天一阁为蓝本，即前池后楼的格局，既含以水克火的寓意，实际上也起到消防应急用水的作用。嘉业藏书楼前设呈宝瓶状的荷花池，沿岸湖石叠出十二生肖的形状，"浣碧""障红""明瑟"三亭呈品字形点缀其间。西南有一块奇石为最大看点，由清代金石家阮元题名为"啸石"；张廷济跋曰："是石为吾师阮相国莅浙时鉴赏之物"。太湖名石约3米多高且中段有孔，往孔内吹气可出虎啸之声。池中有一座架满紫藤的三曲桥，连接着湖心小岛。园内植被以香樟为主，间植松柏、银杏、女贞、紫薇等，可赏四季色彩多变，唯有香樟浓荫蔽日。

我漫步于南浔历史文化街区的景点，刘氏老宅的几种篆字门窗成最大看点。崇德堂藏书楼门窗"常乐未央""长生无极""长宜子孙""吉羊宜用"等由篆字组成。馨德堂门窗为钟鼎古钱纹组合，内嵌篆字吉语。嘉业堂门窗均为"嘉业堂""藏书楼"的篆字花格，回廊栏杆铁艺也是"希古""嘉业"等花格篆字，这应与主人喜欢金石收藏有关。

清乾嘉以降风行复古之风，至同光更

夜幕下的南浔

是金石碑学盛行，这种鼎炉瓦当篆字花格门窗，在福建民居中使用较多，而在江、浙地区唯南浔刘家所仅见。如果说"眼睛是心灵的窗户"，那么窗户就体现着房主的品位。从以前文人来南浔的游记中可察，数刘家小莲庄堪称大雅。

夜幕降临，万家灯火。当晚入住离頔塘故道不远处的度假酒店，建筑由老厂房改建而成。新楼房如何与周边的老旧民居相合？设计者巧妙地植以竹林来过渡，同时大量采用红砖拱门与红砖长廊的元素，以此营造南浔镇中西合璧的主格调。大堂内的浙派水墨通景画屏，以假山、树木为主线勾连起亭阁桥塔，景中穿插着或走或聚的人物，整幅画透着江南造园的理念，时隐时现，步移景换。

庄弘醒美术馆，附设于酒店某楼顶层，整体设计为坡顶架构。庄弘醒1940年生于南浔，15岁考入南京师范学院美术专业，受教于傅抱石、陈之佛、吕斯百等名师。毕业后长期从事美术教育工作，练就多面手的本领，年、连、宣、油、版、雕全能。早年他画过连环画与插图，选择绘制鲁迅、茅盾等作品也与其水乡情结有关。馆内展陈的古镇市井人物水彩画，既循欧洲现代派的炫彩路数，也兼具旧时江南的慵懒韵致。

"上善若水，水善利万物而不争。"大运河南浔段的遗产点以頔塘故道为主，

南浔花船巡游

兼及两岸的历史街区，南浔镇商贾云集与丝书传家的繁盛，都受益于頔塘这条流淌千余载的江南运河。

唐代鉴真大师第3次东渡日本未果，便沿着江南运河回溯，在途经湖州讲经授戒时，获知湖城开元寺东廊的观音院屡遭火灾，大师便发愿铸铁观音像，直到北宋时才由佛门弟子捐资始承大师遗愿，铸就铁观音像，改额铁观音院。

湖州的画舫、笔舫、书船、戏船，也是江南运河文化传播的重要载体。宋元以来的书画家米芾、赵孟頫、赵孟坚、董其昌、阮元等都乘坐画舫，吟诗作画鉴藏游历，往来于运河、苕霅之间。明代善琏笔舫的商人摇船贩笔结交吴越名士，还一路北上在京城成就湖笔风雅，而织里的书船主要贩运闵凌套色雕版图书，兼及旧籍善本的收罗与销售，东抵松江，北达镇江，成为江南藏书楼的主要供货渠道。清代戏船肇始于江苏的里下河，一路南下形成杭嘉湖水路戏班，成为南派京剧外围的重要组成部分。

大运河湖州段，不仅是一条经济融合的大动脉，更是一条文化传播的大动脉。

南浔古镇居民浣衣

## 湖州旅游小Tips：

　　湖州市是浙江一座具有两千多年历史的江南古城。先后获得国家园林城市、中国优秀旅游城市等荣誉称号，并成为全国首个地市级生态文明先行示范区。湖州主要旅游景点有大汉七十二峰、藏龙百瀑、莫干山、中南百草园、安吉竹博园、湖州太湖、顾渚山茶园、天荒坪电站、下渚湖湿地、天下银坑、龙王山、飞英塔、天赋湖、芙蓉谷、白茶谷、九龙峡、含山风景区、南浔古镇等。

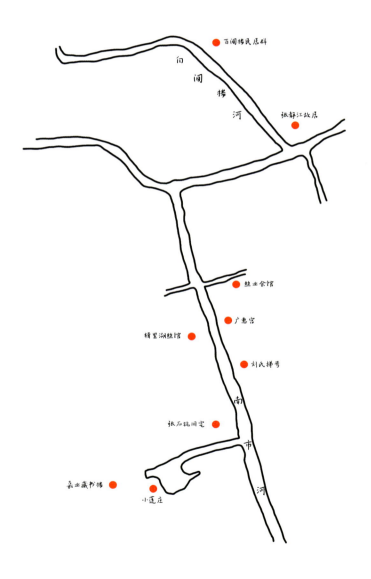

手绘南浔行走地图

# 拱宸桥：
# 京杭大运河南端标志

陈向文

昆明湖
通惠河
通州北关闸
北运河
天津三岔河口
南运河
临清　　　　　　　　临清
卫河　　　　　　　　会通河
小丹河
隋唐洛阳城遗址　　　微山县夏镇
通济渠　　　　　　　中河
　　　　　　　　　　淮安清口枢纽
洪泽湖
　　　　　　　　　　淮扬运河
　　　　　　　　　　长江
　　　　　　　　　　江南运河
　　　　　　　　　　浙东运河　钱塘江
　　　　　　　　　　　　　　　宁波三江口

被称为"三吴都会""人间天堂"的杭州，是京杭大运河最南端的城市，而拱宸桥就是京杭大运河南端终点的标志。很久以前，当人们乘船沿大运河南下，远远地看到这座横跨在大运河上、高大雄伟的三孔石拱桥时，便知到了杭州，心中难免生出许多雀跃和感慨。拱宸桥对于杭州的意义非同一般。如今，八方来客来到拱宸桥，穿梭于运河两岸，望桥东桥西，看桥南桥北。就让我们走上拱宸桥，沐着远处吹过来的大运河的风，通过漫游历史建筑与历史街区，一起感受"倚河而居、倚河而业"的拱宸桥时光……

拱宸桥

2014年4月11日下午，小雨，我走过拱宸桥，听到一位母亲对孩子说："黄河是从荒山野岭里穿过的，运河是从繁华城市里穿过的。"这种朴素的认知令我震撼，促使我立刻止足、回望，打量起那位年轻的母亲——很显然，她并非专门研究运河的人，但她的这句话也许许多运河专家也说不出来，也令我感到汗颜。这是一句对中华文化和运河文化有基础认识，包容着多重时空，充满赞美的评述。迁徙和拓荒，失落与繁华，在这一刻有了象形的投影——人们行走在拱宸桥，上上下下。这也是氤氲着水气，波澜不惊却充满张力和穿透力的朦胧诗句，历史与当下在拱宸桥下荡漾在了一起。

究竟是怎样的魅力，使这座桥成为京杭大运河南端的标志性建筑？它曾被刊登在2013年5月的美国《国家地理》杂志，也亮相于G20杭州峰会的宣传片和杭州第19届亚运会的开幕式。

到拱宸桥十分方便，杭州地铁五号线在拱宸桥附近有两个站，一是拱宸桥东站，二是大运河站，前者在桥东的上塘路上，后者在桥西的通益路上，两个地铁站步行到拱宸桥皆约需10分钟。倘若是在武林门，还可以选择乘坐水上巴士，一路欣赏大运河杭州拱墅段的美景抵达拱宸桥。当然，也可以乘坐出租车或自驾前往。

拱宸桥东连丽水路、台州路，西接桥弄街，连小河路，横跨京杭大运河。

从桥东地带走向拱宸桥，倘若细心留意路牌，会发现这里的道路是用浙江省各地级市名称命名的。19世纪60年代，上海英租界出现了一种新的地名现象：以中国的省份和城市之名命名道路。甲午战争之后，杭州成为新增开埠城市，桥东地带成为英

等国的公共通商场，于是上海英租界的道路式便出现在了拱宸桥东。路名，是历史的空现和城市发展的文化缩影。当城市名被用在的马路上时，也反映出资本主义外力对杭州市化的影响。

10年8月中旬，鲁迅携王鹤照、周建人也到他们到邮局给在日本的亲戚寄生活费。汇本，属于国际汇兑业务。而在浙江，当时这只有拱宸桥邮局能办。鲁迅第一次出省求是在拱宸登船。

下，能在运河上仰望拱宸桥的机会毕竟是少有仰望，人们很难直观领略到它的雄峻、宏东运河广场上的大牌坊，恰可起到一点儿弥用。这座牌坊，崇石宏构、三开叠架、四柱做工虽乏百年匠心之考究，与周边环境亦非式，气势却一目了然。

是横卧的龙，牌坊则呈耸云之势。咫尺之相辉映，满呈着恢宏的气息，乃至忙碌的人里也会情不自禁地放慢脚步。

11年7月23日上午，一位老者在牌坊处驻仰头，盯着自己的杰作，又在心里默读了一讫东隅，万缕丹曦迎璀璨；坊邻西子，一轮单娟。"这正是镌刻在中间两坊柱朝西立面字是书法家朱关田的章草，文采与书法并肩，乃余元钱先生，字布泉、号未名、笔名福建仙游人，1967年毕业于北大哲学系，分配到余杭中学，十四年后调回福建。

对联创作于2005年，当时杭州向全国征集场及周边建筑的对联，余元钱获得综合特巧的是，镌刻其作品的坊柱所对应的另一东立面上的对联，作者乃余元钱的大侄子余永忠。联文为："吴沟隋渎元河三朝伟构，一水五江六省千里通衢。"这副对联最初投稿时并非如此，而是"吴沟发轫，隋四渎，元八河，三朝伟构名中外；漕运扬帆，连五江，跨六省，千载通衢贯古今。"后来可能因为字数太多，刻写起来不好看，于是余永忠吸纳了采用方的建议做了修改。这副对联的上联讲了大运河始凿于公元前486年的邗沟，首次大贯通于隋朝，裁弯取直于元朝的历史，下联讲了大运河流经的省份和沟通了海河、黄河、淮河、长江、钱塘江的地理风采。

从桥西地带走向拱宸桥，则可以先领略另一处中国大运河世界文化遗产点的魅力。它就是桥西历史文化街区。换言之，到拱宸桥，可以不中断地游览两处"世遗"。因为大运河，这一带曾经是杭州最热闹的商业区之一，保留了桥弄街、桥西直街、吉祥寺弄、同和里、敬胜里、通源里等传统街巷。《中国大运河申遗文本》对桥西历史文化街区给出的价值评估为："位于大运河（杭州段）主航道西岸，是依托拱宸桥作为水陆交通要道的地域优势而形成的一个城市居民聚集区，其发展历史是运河文化的重要组成部分，是体现河、桥节点作用的重要区域，是反映大运河（杭州段）沿岸历史场景的重要区段，充分证明了杭州段运河对运河聚落的格局与演变有着重大的影响。……格局保存完好，现存面积39.6公顷，仍作为杭州北部重要的居住区和商业区。"

桥西历史文化街区

明末清初，桥西一带曾是漕运水手的聚集地。中华民国时期，浙江省的第一盏电灯，也是在桥西直街的如意里亮起的。新中国成立后，这里又建起了杭一棉、长征化工厂、红雷丝织厂等，它们与桥东的浙江麻纺厂相辉映。在它们鼎盛的年月里，这一片土地上的人们曾依据大厂的汽笛声，决定淘米，还是起床。

1997年后，围绕着拱宸桥，这段运河开始"蝶变"。因此，当今天的我们漫步桥西，便会遇见一处处由工业遗存或传统建筑转型而来的博物馆、非遗馆——桥西成了大运河畔规模最大的博物馆集群地：中国刀剪剑博物馆、中国伞博物馆、中国扇博物馆、中国杭州工艺美术博物馆、手工艺活态馆、中国大运河紫檀博物馆、大运河数字文献馆、大运河数字影像馆、小河公园等。漫步桥西，还会遇见晓风书屋、舒羽咖啡、拱宸道院、拱宸书院等——倘若深夜至此，不妨到拱宸书院的廿四书弄里坐一坐，这是一间24小时不打烊的公益纯阅读空间。我曾不止一次听到人们边走在桥西边感叹：这整条街就是个没有围墙的博物馆啊！在这里，世界文化遗产、原住民、游客，陌生者与熟人社会共享着一条河。G20、杭州第19届亚运会期间，无数外宾涌向此地。

塞纳河有左岸，大运河有桥西。许多来过桥西直街的朋友说，中国大运河的申遗，不仅改变了枕河人家的生活环境，使水更清、岸更绿，而且连桥下的空间也成为文化艺术与原住民茶余饭后交融的生活场所。

我带朋友逛桥西的时候，常常会遇到热心的原住民主动为我们讲那些有关里巷和建筑的故事。我也曾采访过一些原住民。有一些人虽然离开街区，但每天照例两次到拱宸桥，一次晨练，一次散夜步；有些人则面对高价购买的诱惑心如止水。而在运河边卖甜酒酿的大伯，则会先跟顾客确定是否是开车来的桥西，若是开车来者，他会提醒说开车不要吃甜酒酿，喜欢就买回家再吃，否则就不卖。倘徉在桥西还会看见的另一道大运河的市井风情是原住民带来的，那便是在街区的亭廊间端着保温杯喝茶谈天或下棋的日常。

穿行过桥东或桥西地带，感受着此地的风土人情和城市风貌，终于站在了拱宸桥面前，映入眼帘的除了桥本身之外，桥下还会有来来往往的船和走在桥上来来往往的人——他们或携家带口，或三五成群，或独自欣赏运河的风景。倘若从桥东而来，还会看到桥东北堍建有一座八角重檐的亭子，内立八角形石碑，碑面刻有《拱宸桥修建记》。但无论看到什么，都大可不必着急登上桥身，此时不妨打开手机里的备忘录，或准备可以记录的工具。因为，接下来行走在桥上的时候，建议可以顺带数一数桥的台阶数。

许多来过此地的人都曾有过共同的疑问——为什么会有拱宸桥？而我给他们的解释是，杭州城北的桥梁，是杭州城市拓展史的注脚。随着明初北新钞关的设立，邻关北面之地便承担起船只的停泊任务，于是两岸住户渐多，商业机会陡增，市井繁华日甚，往来通行越来越需要一座跨河的桥梁。此外，每临丰水季节或突降暴雨之日，往来船只倾覆的事故屡有发生。加上西湖、苕溪之水分别经古新

拱宸桥边的游客

河、余杭塘河、西塘河汇流到北新关，数流汇成一脉，一路向北，争夺孔道，竟成宣泄之势。在当时的士绅看来，这就像无数白花花的银子哗啦啦被冲走；在当时的知识分子（举人）和生态环境学家（术士、形家）眼中，此处无桥对杭城不利。诸因琳琅，许多人的心为此地所牵，寝食难安。明崇祯年间，终于有一些人下定了决心要在此地造桥。大多数人的姓名已无法知晓，历史只留传下两个人：一位是举人，一位是商人。文献上有两种记载，一说"崇祯四年，举人祝华封等募建"，另一说"明末商人夏木江施银三千倡募建此"。或许是举人的造桥心愿得到商人的响应，或许是商人有造桥的意愿而请举人出面张罗。无论历史的真相如何，桥终究是有了。

拱宸桥落成于明崇祯四年(1631年)，清顺治八年（1651年）倾圮。63年后，在当时浙江布政使段志熙的主持下，拱宸桥得到重建，开工时间为康熙五十三年（1714年）二月十六日，竣工于康熙五十六年（1717年）十二月十一日，共费银一万零五百五十余两。但没过几年，拱宸桥出现开裂，于是雍正四年(1726年)，李卫率属捐俸又重修了一次。后来，太平军与清军争夺杭城，太平军在拱宸桥上设工事，"垒于桥心，率以数千人持枪相拒"，拱宸桥渐渐不支，"光绪间，桥将倾圮"，于是受当时浙江巡抚之命，丁丙出面主修。光绪九年（1883年）二月动工，光绪十年（1884年）五月竣工，耗时15个月。

段志熙重建后的拱宸桥，按当时的数据，桥长三十四丈五尺，高四丈八尺。丁丙修建后的拱宸桥便是今日拱宸桥的模样。桥身长约98米，高约16米，桥面中段略窄为5.9米宽，两端桥墩处有12.2米宽；净跨方面，边孔11.9米，中孔15.8

米，拱券石厚30厘米，眉石厚20厘米，采用木桩基础结构，拱券为纵联分节并列砌筑，是杭州现存古桥中最高、最长的石拱桥，也是中国驼峰薄拱薄墩联孔石拱桥的技术典范。

1898年春天的一个下午，丁丙的宅邸里来了一位英国女子，她就是英国旅行家伊莎贝拉·伯德。从上海来杭州的她，走的正是大运河水路。她曾认真观察过拱宸桥一带的环境，并写道："新的公共租界和日本租界在大运河极好的地段上……有一条很好的道路和码头"以及"巍峨的石桥，令人赏心悦目"。然而，她并不晓得丁丙与拱宸桥的事情。

丁丙主持修建的拱宸桥所采用的三孔薄墩联拱结构，是中国古代石拱桥智慧的结晶。这种拱桥，当一孔的拱券上承受载荷时，就会牵动两边桥墩产生变形，从而把受力引起的变形传递到相邻拱，这样各拱之间推力更容易通过相互借力，实现平衡，以节约材料。而上窄下宽的做法，相当于刚性扩展基础，除了可节约材料，更重要的是通过这种做法减轻桥梁的自重来满足拱桥的沉降变形要求，因为拱宸桥所处的地方，是软土地带。拱宸桥是一座高拱石桥，采用预起拱的施工方式，让后续使用阶段桥拱在承载更大的力时，变形更小。通过采用优质石材提升抗压刚度，减少应力变形；通过榫卯构造连接而非黏合砌筑以适应微小变形时的整体性。桥梁中孔跨度在15米以上，通航净空大，可满足货运量大的船只的通航需要。

需要说明的一点是，当时的拱宸桥，桥中间并无石板斜坡。这道斜坡源头，据说是以前日本人占领杭州后，为了方便机动车上下桥而在桥中央的石板台阶上铺设了水泥。2005年，对拱宸桥进行维修时，将水泥换成了宽阔的石板。2006年，拱宸

在大运河上眺望拱宸桥

拱宸桥宽大的桥孔保证了船只的通行

桥和桥西历史文化街区作为京杭大运河的一部分,被国务院批准为第六批全国重点文物保护单位。

至此,当到达拱宸桥宽阔的桥面至高点时,可坐在美人靠上(倘若还有座位的话)暂歇一下,让我们看看自己数的台阶数是否一样。我数的结果是:西面的台阶45级,东面的台阶47级,中间的桥台算2级,共计94级。

为什么是这个数字呢?这还得从拱宸桥的名字说起。

有一种说法,拱宸桥是为了迎接皇帝南巡而造。这显然是针对清代康熙和乾隆下江南而言。因为崇祯皇帝登基后尚自顾不暇,谁能想象他会南巡?但即便是针对康乾下江南而言,这种说法也不太切合实际。康熙南巡至杭州的五次中,根本看不到拱宸桥。只有南巡的乾隆才是六次都从拱宸桥下经过。但"拱宸"之桥名,并非在乾隆时期而得,所以拱宸桥也不会是为了迎接乾隆而造。那么,"拱宸"之名究竟有何深意?我认为得从语义中破解。

在历史的长河里,中华大地上叫作"拱宸桥"的桥梁并非只有杭州运河上的这一座,以"拱宸"为名的建筑除了桥梁,还有城门、城楼。其中,大多数建筑都有一个共性,即位于城市的北面。拱宸桥,也曾被写作"拱辰桥"。原因是在汉语中,从汉字的含义上可以了解到,"宸",一是指地理方位中的北位,二是皇权的象征符号之一,指代天子;而"拱"字也有两项意义,一是拱卫、环绕,二是一种外形为弧形的建筑结构,如拱桥。因此,从辞典和古文中"拱宸"的通义角度理解拱宸桥,可以得出两层意思:第一,指一座位于城市北面的拱形桥梁;第二,表达对天子的拥戴——拱宸,就是忠君。换言之,拱宸桥在当时成为传统社会里表达天下归心的美好愿景和效忠之心的载体。此意在今天，则可延伸为象征着对尊贵者的恭迎。

这就是拱宸桥台阶级数为什么是94级而非别的数字。因为古代帝王又被称为"九五之尊"。传统社会里的造桥者们对这种象征意义思考之细和运用之妙，实在令人佩服——他们竟然将这种象征意义隐藏在对拱宸桥台阶级数的设计中。这仅仅是我个人的理解。

来到拱宸桥，会看到它的桥身系用条石错缝砌筑，上以长锁石贯穿，桥面两侧以素面石栏围护，栏板间立着48根望柱。某次，我路过拱宸桥时，听见有人指着桥下的石雕，激动地招呼同伴"快来看，这下面有鳄鱼！"原来，他们说的是防撞墩上的雕塑。2005年维修拱宸桥时，为了保护拱宸桥免于受伤，分别于主孔上、下游设置了四个防撞墩，每个防撞墩上均雕有趴蝮——龙生九子的老六，性好水，故立于桥柱。

近些年，每年通过拱宸桥的船舶超过20万艘次。同样出于保护拱宸桥的目的，2017年7月3日，正式上线了水上交通红绿灯。这一举措是全国首创，自设立以来，一直遵循"偶数北往南，奇数南往北"的原则。红绿灯设置至今，已有约200万艘次船舶安全通过拱宸桥。

历经近400年的岁月积淀和大运河带来的一切荣光，今天的拱宸桥不仅是一座桥梁，也是一个片区，乃至杭城北部的代名词。它既是一座桥，也是一个城市客

厅。当时光微笑的弧度再一次如春天般降临此地，朋友们，衷心盼望您到拱宸桥来。当您看到拱宸桥的那一瞬间，也是此地在向您拱手致敬，表达着对您最诚挚的欢迎。

上 | 拱宸桥的防撞桥墩

下 | 船队通过拱宸桥

## 杭州运河文化旅游小Tips：

杭州位于京杭大运河南端，是浙江省省会，曾是吴越国和南宋的都城，是中国八大古都之一。因风景秀丽，素有"人间天堂"的美誉。杭州人文古迹众多，西湖及其周边有大量的自然及人文景观遗迹。著名的旅游胜地有西湖风景名胜区、"两江两湖"（富春江——新安江——千岛湖——湘湖）风景名胜区，天目山、清凉峰自然保护区、西溪国家湿地公园、瑶琳仙境、桐君山、宋城、南宋御街、跨湖桥遗址等。

京杭大运河的最南端杭州

上 | 杭州运河上的游船

下 | 手绘杭州行走地图

# 天下粮仓 富义仓

姜师立　潘　娟

历史上，为适应漕运的需要，中国大运河沿线建有众多的粮仓，杭州富义仓就是其中具有代表性的一座。杭州富义仓坐落在大运河畔，始建于清光绪年间，是清代国家粮食储备仓库，与北京的南新仓并称为"天下粮仓"，历来有"北有南新仓，南有富义仓"之说。富义仓作为"天下粮仓"的重要一员，见证了大运河作为国家漕运通道的主体功能，也展现了明清时期的粮仓建造形制与粮食保存技术。

富义仓

初春时节,我们来到杭州,听说富义仓重新进行了布展,4月开展。我们得以提前游览新布展的富义仓。早就想来看看这个名声显赫的"天下粮仓"了,今日终于得偿所愿。一路查找相关资料,试图在脑海中搭起富义仓的大概模样:富义仓是一座具有江南水乡特色的古粮仓,是目前江南运河杭州塘运河沿岸保存较完整的古代城市公共仓储建筑群,位于杭州市拱墅区运河主航道与支流胜利河的交叉口附近,这样的选址是为了便于粮食的收储与转运。仓名取"以仁致富、和则义达"之意。

我们选择乘坐游船游览富义仓,从武林门码头登上号称"运河广角镜,流动风景线"的古色古香的运河游船,徜徉在千年古运河上,看碧波荡漾、货船来来往往,欣赏着大运河"活着"的魅力,清风徐来,心情非常愉悦。经过信义坊——大兜路历史街区就来到了富义仓附近,游船驶过御码头,我们远远望见运河的一段支流,那是什么河?年轻的女导游回答说:"那是胜利河,看,河上的那座桥就是2006年重新翻建的华光桥。大运河与胜利河的交汇处即华光桥的旁边,两面临水的这处古建筑群就是大江南北有名的富义仓遗址。"

我们舍舟上岸,往富义仓走去,发现粮仓东南角的华光桥边,好多游人在几棵树前拍照。我们凑上前去看,蓝天白云、明媚的阳光下,临水生长的两棵"歪脖"老槐树中间挺立着一棵小槐树,小槐树似乎在向游人们热情地打着招呼,两棵老槐树也舒展着"身板"殷切地欢迎着大家。女导游说,杭州人将这三棵凑在一起的树叫作"二老携子迎客槐"。热情的一家槐,热情的杭州人!

终于站在了富义仓古色古香的大门前,门上系了红绸布,挂着红灯笼,一派富贵喜庆的气氛。仓前有介绍牌,我们凑近了仔细阅读,大概了解了富义仓的基本情况。富义仓占地面积8000平方米,总建筑面积3000平方米,由三进院落、三排仓

杭州运河中的游船

房组成。其为时任浙江巡抚的谭钟麟组织兴建，始建于清光绪六年（1880年），建成于光绪十年（1884年），为大运河沿岸现存的著名古粮仓之一，与北京的南新仓并称为"天下粮仓"。

富义仓的建设还有一段故事。清光绪六年，杭州地区粮食告急，浙江巡抚谭钟麟命令杭城士绅购粮十万石分别储存于原有的两个粮仓。因为原来的仓库不够存储，又购买了霞湾民地十亩，再建仓厫。清光绪十年七月，历时四年粮仓建成，共消耗白银一万一千两。新的粮仓仓房共有四排，可以储存谷物四五万石。同年冬天，谭钟麟调任陕甘，临行前将其命名为"富义仓"。

当时富义仓内共有五六十间粮仓，每间约20平方米；还有砻场，就是去除稻壳的碾坊；有碓房，就是舂米的作坊；还有司事者居室等。门厅坐北朝南，占地面积十亩，主仓东西相向而建，四列三进，一层砖木结构，硬山造。后来，这里成为杭州百姓最主要的粮食供应地，也是江南谷米的集散地，当年的朝廷贡粮也是从这里开始北运的。富义仓在中华民国时期，改为浙江省第三

积谷仓，短时期做过军用仓库。新中国成立后，由杭州市粮食公司接管，作为民生仓库分库，后部分改为军区家属宿舍和杭州造船厂职工宿舍。

继续向前，我们看到1号楼大门正对运河河埠头，门框是清末时建的，至今已有百年历史。门框前有个雨篷，以前粮食从河埠头运来后，运粮的工人可以趁管事者称量入库时，在这里暂时喝茶休息。1号楼用砖铺地，以前可能是碓房，2号至10号楼都是储谷用的仓储式长房，地面用木板做了隔层，可以防潮。其中2号楼长31米，宽11米，中间打通，是富义仓中面积最大的储谷室。12号楼已经被烧毁，那里现在是块空地，空地上可以看到排列整齐的碗状石头，像棋盘上的棋子。这些石头其实就是原来的柱础，有多少个柱础，以前就有多少根柱子。

我们看到，原有四排仓储式长房的富义仓，现尚存三排，基本格局尚存，卸货的码头仍在。富义仓的仓房前有大大小小的缸，这在过去是用来储水防火的。今天这些缸里养了荷花。富义仓是杭州现存唯一的一个古粮仓，随着先进的运输体系的建立，古老的粮仓已成了文物。新中国成立后仓储功能也几经变迁，但作为"天下粮仓"的重要一员，以及运河文化、漕运文化、仓储文化的实物见证，富义仓依然屹立在京杭大运河最南端。如今的富义仓共有

富义仓前的码头

13幢建筑，是2007年以原有的占地范围、用原有的材料、按原有的历史风貌，"原汁原味"进行修复的。

陪同的专家向我们介绍说，富义仓建设过程中蕴藏着深厚的仓储智慧，即因需制宜、防止水淹、恒温隔热、防霉防潮四点。这当中很多先进技术在今天也不落后。仓库南北向，都只有一层楼，砖木结构，尖尖的屋顶。每排平房都狭长而规整，面阔8间，宽度可达30米，方便空气流通。仓库室内地坪高出室外约60厘米，到了普通人膝盖以上的位置，这主要是为了防止水淹。仓库四周还有排水明沟，沟宽约3米，条石砌筑。夯土墙墙体厚达60～80厘米，转角、门边用砖墙加固，建造厚墙，可以使粮仓内部保持相对的恒温，使仓粮历久不坏。储粮的2号至10号楼地板下面是一根根的木档，然后用木板做隔层，就像现代人装修打地垄一样。因为这些房间都是储谷用的，所以防霉防潮很重要。富义仓的地板是用榆木做的，非常结实，经过一百多年人来货往的折腾，还是牢牢地钉在那儿，一点没有松动的迹象。富义仓下面，曾经还发现过一层50厘米高的防霉架空层。

大运河申遗成功使富义仓再次发挥作用，成为文旅融合的窗口，既是游客参观的景点，也是杭州的文化场馆。经过一年多的打造，终于在大运河申遗成功十周年之际与广大游客见面。

重新布展的富义仓分为富义仓展示馆（约900平方米）和将逐步推出的集文创、国潮、研学等业态于一体的联营空间（约1600平方米）。富义仓南侧打造成让年轻人喜爱的文博类展陈馆（富义仓展示馆），既体现博物馆类叙事风格的文化高度，又融入了创新互动的展陈手法；北侧

上 | 富义仓的仓房
中 | 富义仓地板架空的地基可以防潮
下 | 富义仓的通风窗

拟入驻文创、国潮、研学、非遗、集市、品牌快闪等业态及活动，使富义仓南北双向流通，满足不同受众需求。

富义仓展示馆共分为四个展厅，分别是1幢、2幢、5幢、6幢，展出各类展品近百件，免费对市民开放。1幢的展示主题为"粮运满仓安天下"，重点讲述中国古代仓储文化、漕运文化。在这个空间里，整体设计营造成一个"码头"景象，由代表了"国家名片"的邮票作为展览序言带入富义仓，主要展示了对应历史发展时间下具有代表性的七个时期（新石器时代、战国时期、秦汉时期、隋唐时期、宋元时期、明清时期、现代）展品的不同特征，挖掘出不同经济、政治、社会背景下，仓廪文化的演变，以及漕运发展的相关介绍。

在富义仓的"漕运"部分，专家向我们介绍了漕运方面的知识。在中国古代，征收地租和田赋，在很长时期内，官府向农户征收粮食、布匹、丝绸等实物，漕运就是利用水路将这些实物运送到京师、军营等地方。漕运是中国历史上特有的一种现象，它是由国家政府组织和管理，利用水路（河道或海路）调运专门物资（主要是粮食）到首都等地的专门运输体系。它有着严密的制度保障，并始终以高成本运行，体现出高度的政治性。漕运是古代国家最根本的需求之一，也是最主要的赋税方式和治理国家最主要的手段。漕运是一种有效的政治与经济制度，它在广大的国

土范围内进行资源的调度、控制和再分配，满足国家战略储备、应急救灾需求，调整社会结构，推动经济发展，维系了中央集权的稳定，是人类在农业文明时代重要的制度文明成果之一。历史上，为适应漕运的需要，中国大运河沿线建有众多的粮仓。这些运河上的仓储设施展现了不同历史时期，在大运河关键节点设置的仓储设施体系规模和形制，见证了大运河作为国家漕运通道的主体功能，也展现出我国古代粮仓建造与粮食保存技术。因此，富义仓也成为印证大运河遗产价值的重要实证。

导游重点给我们介绍了杭州粮仓的内容：清代水运十分发达，南方进京的漕粮，都由大运河漕运

上｜富义仓中的宋书房　　下｜富义仓的韵和讲堂

至京城。所以,大运河沿线有很多大小不等的储粮仓,像北京城内就有北新仓、南新仓、新太仓、禄米仓等粮仓,至今那里很多胡同还以粮仓的名字命名。杭州也一样,有永济仓、盐义仓、富义仓、仁和仓等,分布在运河两岸。杭州也有很多地名以粮仓为名,如仁和仓北弄、仁和仓南弄等。富义仓是目前杭州仅存的最后一个古仓库。

2幢展陈的主题是"富义留余贯古今"与"博施兼众富苍生",主要展示了富义仓的创建、沿革、当代保护以及重点讲述了富义仓前期建设与使用上所折射出的源远流长的中国古代慈善文化,以及其在明清时期民间慈善组织的发展壮大过程。展陈空间中大面积运用了发光飘带展台的设计,最大限度地保留柱础结构,其形态如同婉转流长的运河河流穿梭在空间中,让人更深刻地去认识、了解富义仓及其背后蕴含的慈善文化。

5幢的主题为"博施众济富苍生",主要讲述了富义仓所折射的中国古代慈善文化及其对当下的影响,同时也重点展示了杭州当下在扶贫、济困、教育等领域所做的慈善活动、慈善项目及慈善组织等内容。

跟着导游的脚步走进6幢,这里是富义仓与青年艺术家的联营业态空间,第一期文创展的主题为"善果",通过插画的创作方式制作一些年轻人喜爱的文创产品。

富义仓的负责人向我们介绍,富义仓正在打造文创空间,利用富义仓的百年历史打造文创产品,吸引游客和本地市民,让富义仓变得更生活、更时尚。这一想法好,古老的仓库添加现代化元素,将让富义仓焕发新的活力,朝气蓬勃起来。相信新开放的富义仓一定会成为杭州年轻人喜欢的"热门打卡地"。

今天的富义仓功能还不止这些,临离开富义仓时,拱墅区文联的同志还介绍,富义仓作为杭州城北部地区重要的仓储建筑群,见证了历史上米市、仓储和码头装卸业等经济业态曾经的发展、繁荣。

曾经古老的"物质粮仓"成为公众文化艺术生活的"精神粮仓",当代艺术的新存在方式给"古建国宝"的焕发新生提供了新思路、新办法。

大运河申遗成功十周年,古老的富义仓又焕发了青春,感兴趣的朋友们,可以约三五知己过来走走看看。

古老的粮仓在现代建筑映衬下格外显眼

# 绍兴水城的历史缩影

范晓华

"水城"绍兴的桥多得数不清，其中最有名的是始建于南宋嘉泰年间的八字桥，因桥状如八字，故得名。浙东运河城区水系就从桥下潺潺流过，它历经千年，见证了古城过往的繁华与沧桑。八字桥历史文化街区依托八字桥与大运河的地域优势而形成，拥有水陆双交通体系，是运河在绍兴城内的一个重要水利、交通节点，而八字桥历史文化街区可以说是绍兴的一个缩影。就让我们从八字桥开始，在绍兴这座"没有围墙的博物馆"里，践行一下City Walk（城市漫游），走走停停间，去偶遇城市的历史，寻觅城市的韵味，品味"原汁原味"的江南风情。

不知道大家对绍兴的认识是从什么时候开始的，而对于我这样一个北方人来说最早对绍兴的认识应该是来自于课本上鲁迅先生对家乡的描写：从少年闰土到孔乙己、从百草园到三味书屋、从社戏到故乡、从猹到茴香豆……

白墙黑瓦、青石板路、河中有桥、园中有林、老街小巷、流水人家……我想这不仅是我，也是很多人对江南水乡的第一印象。当然，对有着"水乡"之称的绍兴也不例外。

有着中国水乡、桥乡、酒乡、书法之乡、名士之乡之称的绍兴是一个慢生活的诗意之地。漫步在绍兴古城，感受古早味的江南老街，仿佛穿越了时光隧道，在那些白墙灰瓦的古朴民居间，感受着岁月流淌的记忆，而那些应水而生的老街文化以及满载着岁月痕迹的斑驳桥梁，更是让人犹如走在一幅古意盎然的画卷之中。在这里，可以忘却繁忙的都市生活，放慢脚步，细细品味，尽情享受这个让人陶醉的江南水乡。

对绍兴古城慢生活的最好体现其实就是：看看报纸、聊聊天；弄堂里炒炒菜，夏天乘乘凉，冬天晒晒太阳；看隔壁的大爷钓钓鱼，大妈河边洗洗菜……这洗洗晒晒的悠闲生活真的好不惬意。多年来，这里的人们傍河倚桥，守着日复一日的平淡，过着宁静而幸福的生活。古街"搭配"着小巷，小河映衬着小桥人家，它们演绎着一个接一个的故事，也串起了古老与现代的过往。

中国自古就有"桥的国度"之称。卢沟桥、洛阳桥、赵州桥、广济桥、安平桥、宝带桥、五亭桥灞桥……五千年文明的历史积淀，使得勤劳智慧的中国人修建了数以万计奇巧、壮丽的桥梁。"垂虹玉带门前事，万古名桥出越州"，说的就是古时称为越州的绍兴古城。

古往今来，遇水架桥。绍兴这座被称为"东方威尼斯"的"水城"就拥有大小桥梁4000多座，因此也被称之为"桥乡"。城内城外水道纵横，四通八达。据《绍兴市交通志》记载，至1993年底，绍兴市拥有古今各式桥梁10610座，是世界上唯一的"万桥市"。在全市现存的604座古桥中，宋代以前古桥13座，明代以前古桥41座，清代重修、重建、新建的古桥550座，是国内保存古桥品种、数量最多的地区之一。各式古桥连街接巷，五步一登、十步一跨。在绍兴有这样一句话：无桥不成村，无桥不成路，无桥不成市。

"一桥飞架南北，天堑变通途"，其意为桥在我国的交通方面发挥着极为重要的作用。当然，绍兴形态各异的桥梁也不例外，它不仅是大小街道间实现互联互通的必要工程，也是城市文化的代表——一座石桥就是一篇古老的历史杰作。所以绍兴人对桥自古就有着特殊的情感，据说只要是绍兴人，对于桥名，那是脱口而出：八字桥、广宁桥、东双桥……这些是名字，是桥梁，是记忆，更是故事。这些水陆双交通的体系，经过近千年的变迁，不仅肩负着贯通两岸交通的重要使命，也承载了人民的幸福生活，更见证了古城过往的繁华与沧桑。浙东古运河从桥下潺潺流过，行人在桥上来来往往，可谓人在桥上走，船在桥下游，是他们眼中的家却是我们眼里的风景。

绍兴的桥很多,但"八字桥"是名列前茅、鼎鼎有名的。

绍兴八字桥始建于南宋嘉泰年间(1201~1204年)以前。据说是由八位信士捐资建造,最初取名"八士桥",后因其兼跨三河呈"八"字形而改名为"八字桥",距今已经有800多年的历史。八字桥陆连三路,水通南北,南承鉴湖之水,北达杭州古运河,是南宋时绍兴城内重要的码头和陆路咽喉。两水交汇、四水通流,既通水行船,又通路行人,那是妥妥的"实力派"。其独特的结构特性——一桥架两河通四路,更是让其名扬天下。在绍兴这座历史文化名城中,八字桥以其独特的构造和别致的景色吸引了无数的游客。

八字桥为中国早期简支梁桥中的孤例。建造者根据特殊地形,结合周边环境,因地制宜,合理设计了跨越三河、沟通四

路、状如八字的桥梁,巧妙地解决了复杂的水陆交通问题,是根据特殊地形,结合周边环境,因地制宜的合理设计。

一是它的落坡结构特殊。此桥有适应三街三河交叉的复杂环境要求的四向落坡设计。桥东为南、北落坡,成八字形;桥西为西、南落坡,亦成八字形;桥两端的南向两落坡也成八字形。这种桥坡结构在中国桥梁史上极为罕见。二是桥中有桥的结构特殊。八字桥南向两落坡下各有一个桥洞,两桥坡成了两座小桥。这种设计方

八字桥

案,既解决了水陆交通问题,而且建桥时也不拆屋不改道,和周围原有的环境自然融会在一起,因此成为我国桥梁建筑史上极为优秀的范例。

八字桥是绍兴历史文化的象征之一,也被称为中国古代最早的"立交桥"。它是当时该地区人口稠密的居住环境和经济活动频繁的真实反映。原本就是全国重点文物保护单位,随着2014年中国大运河申遗成功,八字桥作为世界遗产大运河的重要遗产点又成了浙江省文物的"代言人"。虽然运河时代已远去,但这里临水而居的人们,依然过着宁静的生活。桥畔的台门人家、青石板路和乌篷船,勾勒出一幅古色古香的水乡画卷,不仅能让我们感受到历史的厚重和沧桑变幻,也能让我们感受到江南特有的韵味和美好。

八字桥虽然结构简洁、建筑稳固,但因年代久远,自修建后屡有破损,自然对其修缮也就必不可少。宋朝、清朝和中华民国时期都对之进行过重建或修缮,最后一次是在1982年。八字桥的特殊结构不仅体现了南宋绍兴地区建桥技术的成熟,也为研究宋朝的桥梁建筑技术和中国桥梁史提供了重要的实物例证。

还有件和八字桥有关的趣事值得在此一提。据说被评为古往今来六十幅绝对之一的对联:"上八桥 中八桥 下八桥 三八二十四桥",至今无人对出下联,而此联出于何人之手至今更是无从查证。

八字桥历史文化街区夜景

总之，枕水的绍兴，八字桥不能错过。漫步桥上，伫立于宽敞平坦的桥面，俯瞰河水从桥下静静流过，伸手触摸石桥两侧八百年岁月留下的沧桑印记，不禁为古人的智慧所折服。

其实对于身处喧嚣都市的人来说，繁华褪去后的古朴，更能给内心留下片刻的宁静。而历史文化街区作为联系往昔和现代、协调"经典"和"时尚"的一张城市名片，那粉墙黛瓦、石板小巷的古朴对游客充满着极大的吸引力。就拿刚刚结束的"超级黄金周"来说，绍兴的旅游热度一路"狂飙"，除了亚运盛世的魅力，当然也有绍兴"越文化中心、名士之乡和江南山水"以及长三角"Z形黄金旅游带"的特别地位。

中国大运河沿线因民众傍水而居，形成了一批历史文化街区。我们熟悉的八字桥历史文化街区就是其中之一，其位于绍兴古城北部都泗门内，北临胜利路，南达纺车桥，西至中兴路，东依环城路，约0.2平方千米的面积依托于绍兴八字桥与大运河的地域优势以及两岸的直街和民居形成了一个"商业区"。虽称为"商业区"，但没经过商旅的开发，至今仍保持着原始风貌。这里依然是石板铺路，街河相依，家家枕水，户户枕河，街区内有八字桥、广宁桥、东双桥、纺车桥、龙华桥等。每走一段便邂逅一座古桥，粉墙黛瓦的民居临河而居，纤巧秀丽的乌篷船顺水穿行，阅尽沧桑的古桥，桥桥相映，水屋相连，可以让人"原汁原味"地体验水乡意境。

八字桥历史文化街区特有的布局、特有的景观，不仅是绍兴水城的一个缩影，同时也反映了运河开凿与变迁对运河聚落的格局与演变产生的重大影响。

走过2500多年的古城绍兴，在浙东运

八字桥历史文化街区

河的滋润下，历代以来可谓人才辈出。那些迎来送往的文人墨客、英雄豪杰，看着繁华来来去去，成就了绍兴这座"没有围墙的博物馆。"

关于绍兴的元素，要写的实在太多了，但最先让人说起且无尽回味的，想到又脱口而出的，当为鲁迅先生。因为教科书的缘故，一代文豪已然成为这座城市的最好"代言"。俗话说"一方水土养育一方人"，绍兴这座"桥""水"之城成了鲁迅文学创作的不竭源泉和厚土。他以故乡的景象和人情事淬炼成浓酽如酒的文字，变成了一个个不朽的篇章：《祝福》《故乡》《狂人日记》《从百草园到三味书屋》《少年闰土》《孔乙己》《阿Q正传》……中国现代乡土文学正式从他的笔底发端。

在绍兴但凡有河道的地方多能看到乌篷船，尤其是以运河城区水道里的乌篷船最是贴近书中所描述的：窄窄的青石板路边，一溜粉墙黛瓦，竹丝台门前，一条小河穿过，乌篷船在河上晃晃悠悠。在船老大吆喝声中，新的一天在晨光中降临……走进它，你仿佛就是鲁迅作品中的人物，可以"原汁原味"地解读和感受鲁迅当年生活的真实场景。我也常常猜想，是不是在远客们的眼中乌篷船要比茴香豆更具吸引力？

鲁迅故居就坐落在运河边上，至今仍保留着鲁迅当年生活过的三味书屋、百草园、周家老台门（鲁迅祖居）、风情园、土谷祠等最具文化内涵的建筑，也是极具水城经典风貌的历史街区。

鲁迅上学的三味书屋离家很近，仅一路之隔，书屋也很小，一间教室，七张课桌。

名人辈出的绍兴自然不止鲁迅先生一人。"水乡风情看越城，越城缩影在书圣"说的就是书圣故

河道里的乌篷船

里。想要寻找绍兴的江南味道，书圣故里历史街区是不可缺少的一道风景。据悉，王羲之自永和六年（350年）拜官后，就一直居住在蕺山脚下的祖居，所以该街区历史最早可追溯至魏晋时期，而书圣故里也因此得名。

书圣故里历史街区东起中兴路，西临解放路，北至环城北路，南到胜利路，历史风貌保存完整，是全国首批30个历史文化街区之一。这里保留了许多年代久远的民居，人们在其中过着烟火人生。远客们适合早早来到街区和当地人一起吃个早点，可以感受到最朴实熨帖的老城生活。前街后水的江南水乡风貌充满了浓郁的江南气息，柔情似水的诗意里还有一丝浓浓的书卷气息。

还有大家熟知的清末翰林"学界泰斗"蔡元培的故居也坐落于此，是蔡氏祖父以下几代的聚居地。门楣上方悬有翰林匾一块，故居内设有专门介绍蔡元培先生事迹的纪念馆，馆内还藏有蔡元培被任命为北京大学校长的任命状。

这里的四街六弄之间散布着众多的名胜古迹，转身就能邂逅一段历史。除了王羲之故居、蔡元培的故居，这里也是刘宗周、黄宗羲等历代名士的求学圣地。那些悠长寂静的小径都有故事感满满的名字，每个名字背后都是一段关于"很久很久以前"的传说。该历史街区也因保留的名胜古迹众多，而成为了历史街区中民居街坊的典范和来绍兴游玩的必打卡之地。

八字桥、八字桥历史文化街区、鲁迅故里、书圣故里等可谓阅尽沧桑，古风不

鲁迅故居

改。名士的风骨，在岁月长河中绵延承续，经久不衰。这些历史街区是在漫长的历史积淀中逐步得以形成和留存的，它们是对不同时期、不同样貌时代的一个呈现。它们是城市文脉的根基，是乡愁的见证，是城市的灵魂，更是城市生命的一部分。游人沉浸在历史的河流中，无论是品味古朴的民风，还是聆听历史的诉说，都是领略当地风情的理想之地。

一山一水一古城，一墙一瓦一老街，一叶乌篷入画来。时光在这座"没有围墙的博物馆"里缓缓流淌，画面重叠交错，繁华若景，尘事如梦，烟雨蒙蒙中的兴亡盛衰、人事变迁早已是过往，只留下老街依旧沧桑如昔……

无论是绍兴的八字桥还是记录着绍兴历史发展轨迹的历史街区，它们都是承载着绍兴人无数回忆的地方。枕河人家的生活百态，"原汁原味"的江南风情，未来又会记录怎样的故事？如有时间，您不妨走走看看这个既有颜值又有故事的地方，相信它会带给您更多别样的感受。

枕河人家

绍兴水城的历史缩影

# 绍兴运河文化旅游小Tips:

　　City Walk，城市漫步，是近年网上很流行的一个词，一种时尚的旅行观念。它不是指随意的逛街购物，而是指有一定目的的城市漫步，以一种自由、轻松的心态，深度体验城市的历史、人文、景观的自由旅游方式。绍兴是一座特别适合City Walk的城市，可以用脚步来丈量城市，走走停停间，走过一条街巷，路过一处古迹，悄然间，就遇见城市的历史，寻觅到城市的韵味。就这样走一走，看一看，古街深巷迂回绵长，青石板路古韵悠悠，你会发现这座江南小城的更多美好。

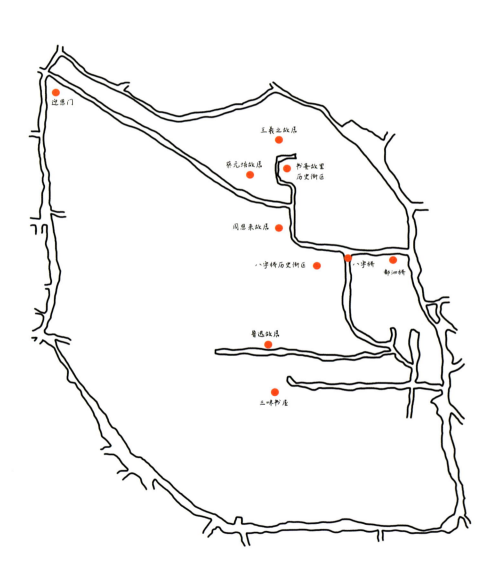

手绘绍兴行走地图

# 庆安会馆：
# 兼得河海，
# 港通天下

李 茜

通惠河　昆明湖
　　　　通州北关河
北运河
　　　天津三岔河口

南运河

临清　　　　　　临清

卫河　　　　　　会通河

小丹河
隋唐洛阳城遗址　　惠山县夏镇

通济渠　　　　　中河
　　　　　　　　　淮安清口枢纽
洪泽湖
　　　　　　　　淮扬运河
　　　　　　　　　　　长江

　　　　　　　　江南运河

　　　　　　　浙东运河　钱塘江
　　　　　　　　　　　宁波三江口

漕运及运河便利的交通带来了运河沿线经济与文化的繁荣，使运河沿线成为古代重要的商业线路。大运河沿线城市商贸兴盛、商贾云集，于是众多各具特色的商业会馆应运而起，宁波庆安会馆就是其中的一座。可你知道这么多的会馆当中，为什么只有宁波庆安会馆被单列出来成为世界文化遗产要素吗？现在就和我们一起，去这座被誉为"一座庆安会馆，半部宁波商业历史"的会馆看看缘由吧。

庆安会馆

有人说宁波庆安会馆是一座"土豪"建筑，其实，庆安会馆还是世界文化遗产中国大运河的一处重要遗产点。

坐落在浙江宁波核心区三江口东岸的庆安会馆，又称"甬东天后宫"，得名于"海不扬波庆兮安澜"，是晚清宁波北号船帮祭祀天后妈祖及进行行业聚会的场所，是中国八大天后宫和七大会馆之一。作为大运河与海上丝绸之路的重要衔接，庆安会馆在宁波河海联运、海事民俗、商帮文化的传承与发展过程中起到了独特的作用。2014年6月，中国大运河成功申遗，庆安会馆作为大运河之浙

庆安会馆俯瞰

东运河沿岸重要遗产点,被列入《世界遗产名录》。现在,中国首家海事民俗博物馆就落户在庆安会馆。

庆安会馆建于1850年宁波船帮全盛时期,由宁波北号船帮集资十万两白银,历时3年于1853年建成,是一座融会馆和天后宫于一体的、体量庞大的木结构古建筑群。会馆坐东朝西,平面呈长方形,建筑采用中国传统的院落和空间围合设计方法,中轴对称层层推进,形成了富有变化、层次分明的多个空间。沿中轴线依次有宫门、仪门、前戏台、前大殿、后戏台、后大殿等建筑,轴线两侧有厢房、耳房及附属用房等。大殿为庆安会馆的主要建筑,面宽为五开间。会馆内建有前后两个戏台,前戏台为祭祀妈祖而用,后戏台为行业聚会时演戏用,这是在其他会馆建筑中所没有的。整座建筑最大的特色是大量采用了宁波传统的朱金木雕、砖雕和石雕的建筑装饰手法,雕梁画栋,富丽堂皇,巧夺天工,代表了清代浙东地区雕刻艺术的最高水平。

在古代等级礼制制度下,作为民间建筑的会馆,是不能超过宫殿、庙宇等建筑的等级和形制的,因此,商家行帮就算富可敌国也不能把会馆建筑的规模建得过大。他们一般是在建筑形式和装饰手法上追求丰富多彩和富有特色,由此表现会馆的雍容华贵、绚丽精巧,彰显财富和实力。特别是门楼、屋顶、戏台、梁柱等,都是重点表达这种诉求的部位,会建造得富丽堂皇且富有特色。在这方面,庆安会馆就是一个做到极致的典型范例,会馆的建筑装饰极富特色。

庆安会馆整座建筑的门楣、墙壁、马头墙上都有图案丰富、雕刻精美的各式砖雕,主要建筑中的梁、枋、雀替、藻井内部都大量使用了朱金木雕这一宁波特有的装饰技艺。这种在木雕表面朱砂作底、贴金、描画的古老工艺已被列入国家非物质文化遗产。在整座建筑上有1000多处构件使用了这种朱金木雕工艺,雕刻题材非常丰富,多以民间故事为主,精美绝伦,金碧辉煌,一派华丽,尽显江

南富庶,使得这座原本古朴的建筑熠熠生辉。会馆内的台阶御路、抱鼓石、柱础、内墙勒脚等石构件上,各种题材图案的浮雕,雕刻精美,内容丰富精彩。

初见庆安会馆,就被它的宏大和金碧辉煌所震撼。站在会馆的大门前,只见眼前的宫门为硬山式三开间,南北马头山墙,简洁大气,富有特色。门楣上方装饰有14幅细腻精美的砖雕和仿木砖雕斗拱,正中镶嵌一块双龙戏珠竖匾额,上书"天后宫"三个大字,显得威仪庄严。

走进大门,前大殿是庆安会馆的核心建筑,殿内供奉妈祖神像,是祭祀妈祖的场所。在会馆的建筑布局中,神灵的设置是会馆赖以生存的精神支柱。大殿面阔23米,进深9.8米,为五开间抬梁式重檐硬山顶建筑,两边马头山墙。大殿前有4根

上 | 宫门　　　下 | 宫门上的"天后宫"匾额

精美的雕刻石柱,蟠龙柱和凤凰牡丹石柱各2根。柱高4米多,采用高浮雕和镂空雕结合的雕刻技术,造型逼真,神态飘然,栩栩如生,是庆安会馆精美石雕的代表作,也是国内稀有的近代石雕艺术珍品。

戏台可以说是会馆的"标配"。庆安会馆戏台建筑为重檐歇山顶,屋面雕饰有人物、瑞兽等形象,屋顶选用筒瓦覆盖。戏台内顶有穹隆式的藻井,也称"鸡笼顶",藻井由16条斜昂螺旋式盘索与顶相接,有聚声效果,圈梁下有立体透雕"双龙戏珠"托枋。梁、枋构件均以朱金木雕装饰,金碧辉煌。

后大殿是会馆聚会、看戏、娱乐休息之处,为五开间抬梁式重檐硬山顶建筑,有四面马头山墙。

庆安会馆建筑蕴含着鲜明的地域文化特色,是国内罕见的宫馆合一的建筑营制。其青色石砖铺就的路面透露出江南的古朴;巧夺天工、匠心独运的砖雕、石雕和朱金木雕令人赞叹,古朴与辉煌交相辉映,是中国古建筑中的杰出代表,具有重要的历史文化价值。

大运河开通后,漕运及运河便利的交通带来了运河沿线的经济繁荣及思想文化的交汇,并发展成为古代重要的商业线路,由此带来了商贸兴盛和商贾云集。商人们需要有互通商情、休息交流的地方,于是会馆建筑应运而起,在大运河沿线城市创建了众多各具特

前大殿和前戏台

前戏台的"鸡笼顶"藻井

色的会馆。但在这众多会馆当中，只有宁波庆安会馆被单列出来，作为世界文化遗产中国大运河的重要遗产要素而列入《世界遗产名录》。

古时的会馆是一种地方性的、基于同乡群体利益的民间自发性社会组织，一般以行业自律、自卫、自治和互助互济为宗旨，是一种商业性、联谊性的活动场所。因此，如果没有城市商业经济的繁荣，没有商人作为主体，会馆也就失去了其存在的物质基础。所以，从某种意义上说，会馆是一个城市商业盛衰及经济发展的见证。而宁波庆安会馆自创立之日起，便与工商结下了不解之缘，这与宁波处于"东出大海、西连江淮、转运南北、港通天下"河海交汇的地理优势密切相关。

回顾宁波的历史，其实就是与海为伴的历史。宁波的名字，唐朝时称"明州"，到明朝才改为"宁波"，取自"海定则波宁"之意。

唐朝的长庆元年（821年），宁波已经以余姚江、奉化江、甬江交汇的三江口为中心建立城市，不过那时还叫"明州"，从此奠定了宁波千年来的城市格局。接着在唐宋元时期，宁波迎来了属于自己的高光时刻，一跃发展成为当年风头盛极的"网红城市"：宁波港成为中国对外贸易的主要港口，以越窑青瓷和丝织品出口著称于世，桅樯林立，船装水运，八

方商旅，商贾云集，海内外贸易昌盛至极。鉴真从这里扬帆起航，遣唐使在这里登陆，文人墨客无不前往，由此也促进了文化思想的交流传播与繁荣。随着大航海时代的兴起，到16世纪中叶，兼得河海之便利的宁波，成为全球最大的自由贸易港口之一。

在内河航运方面，宁波位于中国大运河浙东运河段的最东端，它所在的浙东运河，通江达海，宁波得以与中国内陆城市紧密连接。这里早在隋唐时期，就已经形成了以宁波三江口为中心的放射状内河水运网，既可灌溉，亦可通航。到宋代时进入黄金时期，构成了"三江六塘河"的内河航运水网格局，商品货物可以从宁波通过内河船运直达杭州，并通过大运河运抵洛阳、长安和北京等地，供应其所需。内陆商品也可通过河运集散到宁波，在三江口转驳至海船后海运输送出去。这样，宁波就成为贯通内陆与海洋的"纽带"，以及中国大运河沿线与"海上丝绸之路"的重要衔接口和转运枢纽，为中国大运河提供了河海联运、接轨内外贸易的黄金水道与优良港埠，是大运河连接世界的南大门。因此，自唐宋以来，宁波便成为中国内陆南北货物交往口岸，据说"海关"一词就出自于宁波。

在这种环境背景下，宁波的南北商人纷纷开设商号，打造船只，运输兼营销

建筑上精美的石雕、砖雕、木雕

售，逐渐形成地域性很强的商业船帮，这就是饮誉海内外、持续时间长达700余年之久的宁波南号和北号。其中经营南方商贸的称为"南号"或"南帮"，经营北方贸易的称"北号"或"北帮"。而庆安会馆就是北号船帮所建，在此之前南号船帮已经建立了安澜会馆。

到了元朝末乱世，大运河南北漕运受阻，宁波成为当时南方漕粮北运的重要转运枢纽，从此河海联运成为漕粮北运的一种重要方式，有效地缓解了大运河的间歇性断航带来的问题，也由此发展了宁波航运业"河海组合、转运南北"的核心竞争力。

宁波庆安会馆地处三江口黄金地带，以漕粮海运与南北号商帮的崛起为契机创建并发展壮大。到

19世纪中叶以后，随着自然条件和社会条件变化，大运河因淤积和枯水导致断航，河运漕粮难以维系，清政府开始实行漕粮海运，自此海运成为漕粮运输的主要形式。便利的水上交通，丰富的漕运经验，加上过硬的造船技术，宁波商业船帮因此迎来了蓬勃发展的重要机遇，繁荣昌盛二十载，北号船帮也进入了全盛时期，行走天下，获利丰厚。为更好地团结协作、谋求利益，北号船帮集资修建了"辉煌恒赫，为一邑建筑之冠"的庆安会馆，此后在宁波河海联运、海事民俗、商帮文化的传承与发展过程中发挥了独特的重要作

三江口与庆安会馆

用。清咸丰四年（1854年），北号船帮又集资购买引进了由当时西方先进技术建造的轮船"宝顺轮"。宝顺轮投入运营后，对海上海盗船进行清扫，平定了北洋与南界，宝顺轮也从此名震四海，使海盗船闻之生畏，保障了海上运输的畅通。1884年中法战争时，宝顺轮被调遣参加镇海之战，最后载满石头充作封港沉船之用。清代著名学者董沛曾撰写《宝顺轮始末》，详细记载了宝顺轮的购买经过，并刻碑立于庆安会馆中，向世人诉说着宝顺轮的故事。

在庆安会馆的海事民俗博物馆的陈列展品里，可以看到宝顺轮的模型。

对于北号船帮承担漕粮海运的历史，庆安会馆内馆藏的《甬东天后宫碑铭》上详细记载有："吾郡回图之利，以北洋商舶为最巨。其往也，转浙西之粟，达之于津门；其来也，运辽、燕、齐、莒之产，贸之于甬东。" 得益于多年积累的漕运经验，庆安会馆建立以后，制定行业规则，汇集同业力量，不断推动宁波商业船帮的事业发展，为维护宁波河海联运、保障水运道路的畅通平安，以及推动宁波航运业的发展做出了突出贡献。庆安会馆从创建到鼎盛再到当下的存在，都与河海联运密不可分，见证和记录了宁波南北号的辉煌，是商帮文化的历史见证和生动记录。

同时，庆安会馆也是宁波妈祖文化传播的重要载体，见证着妈祖信仰庇佑民众、教化感动民众的悠久历史，承担着传播妈祖慈善精神的重担。妈祖信仰的传播代表的是一个族群共同体的精神需求，作为中华民族优秀文化遗产之一的妈祖精神，一直影响着宁波这座历史文化名城的精神和信仰。

宁波自古以来发达的商业经济造就了悠久的商业文化和优秀的商人。现今有大量的宁波商人分布在世界各地，其中有包玉刚、邵逸夫等工商巨头和

宝顺轮模型

甬江入海口

世界级的名流。宁波商人一直有爱乡、建乡的优良传统,而庆安会馆就是有关宁波商人集体记忆的一处实物载体。承载着妈祖信仰与商帮文化的庆安会馆,以妈祖信仰牵系着海内外宁波商人的归属和文化认同,以商帮文化串联起所有宁波商人的集体记忆和爱乡传统。

宁波商人遍布各行各业,其中不乏举足轻重的商业巨子。宁波商帮有着超出时代的商业洞察力,在上海城市的崛起过程中,不少宁波商帮转战到新兴的上海,敢想敢做、务实又创新的宁波人,在上海的城市建设中发挥了中流砥柱的作用,在上海建起了一个个商业"王国",对上海的经济、社会、文化都有非常重要的影响,而且上海的人口构成中,宁波人占据了不小的比例。不光如此,在天津、武汉等城市的崛起发展过程

宁波这座"东出大海,西连江淮,转运南北,港通天下"的古老港口城市,经历过无上的繁荣,也尝试过落寞的滋味,如今,正时刻准备着迎接自己再一次的"高光时刻"。

## 宁波运河文化旅游小Tips:

宁波的城市宣传语是"书藏古今,港通天下",历史人文底蕴无比深厚。古往今来,宁波一直都是一座开放、大气又不失华丽、传奇的多元城市。这座院士之乡、商帮故里,从河姆渡到天一阁,从近代五大通商口岸、老外滩到王阳明故居,从宁波老城区到余姚古城及慈城古镇,还有天童寺、鼓楼和天封塔,宁波可供追溯的历史和参观的名胜古迹实在太多了。宁波老城内历史街区众多,文物古迹、文化遗存丰富,值得慢慢探究,以了解宁波地方民俗风情。在宁波市里漫步,目光所及之处水网密布,河道纵横,绿茵浓密,环境优美,你会深刻体会到,这个城市独特的文化、精神、特色和味道。

宁波是"吃货们"的天堂,不论是小吃,还是海鲜,宁波的美食都不会令人失望。宁波人爱吃,也会吃,从海味珍肴到民间小吃,宁波人都给琢磨"到家"了,软糯香甜的宁波汤圆、鲜咸合一的"宁波三臭"、新鲜嫩滑的雪菜黄鱼、冰糖甲鱼等美味珍肴目不暇接,慢慢品尝甚是惬意。所以,在宁波旅游,别忘了到城隍庙、天一广场、南塘老街、白沙码头海鲜广场等美食街,品尝地道的宁波美食。

中,以及抗战时期香港经济的繁荣,也少不了宁波商帮的身影。第二次世界大战以后,宁波商帮又转战到北美等地。而且,在一次次商战的历练中,宁波商帮完成了从传统商业到现代商业的转型,从而在中国的近代经济舞台中,真正地脱颖而出。

## 天一阁

位于宁波市海曙区天一街10号的天一阁，是明朝兵部右侍郎范钦建起的家族图书馆，建于明嘉靖时期，已有400多年的历史，至今仍保存有阁内藏书30多万卷，其中大部分是明代刻本和抄本，不少是海内孤本，是中国藏书文化的杰出代表。天一阁是中国现存最早的私家藏书楼，也是世界最早的三大家族图书馆之一，是宁波旅游的"必打卡之处"。天一阁可以说把"卷帙浩繁"一词生动地摆在了我们面前，体现了精明的宁波商人儒雅博学的另一面。值得一提的是天一阁院中的戏台，也有鸡笼顶的藻井。

## 宁波博物馆

王澍设计的宁波博物馆，是其"新乡土主义"风格的代表作，是王澍的殿堂级作品。博物馆的建筑本身就是一件"展品"，外墙贴老青砖，风格独特，加入了丰富的水域、河流、青石、苇草元素，很有一种贴近自然的感觉。可以在这座取材古朴、造型现代摩登的建筑中慢慢转一下，了解宁波往事。博物馆位于宁波市鄞州区首南中路1000号。

## 余姚古城

余姚在浙东运河是沟通绍兴、宁波的重要节点，"一水双城"的独特城市形态和格局在诸多运河城镇中十分罕见，是历史文化名城。临运河的历史街区，历史建筑丰富，规模完整，有通济桥和舜江楼等标志性历史建筑，王阳明故居也在这里。

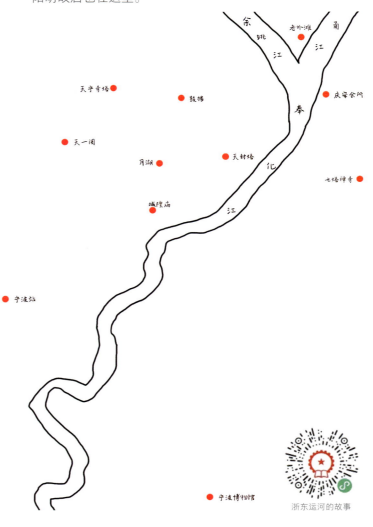

浙东运河的故事

手绘宁波行走地图

# 参考文献

[1] 蔡蕃. 古都北京的水[M]. 北京：北京联合出版公司，2022.
[2] 朱家溍. 什刹海梦忆[M]. 南京：江苏凤凰文艺出版社，2006.
[3] 侯仁之. 侯仁之讲北京[M]. 北京：北京出版社，2003.
[4] 白云，侯文葳. 旅途上的桥[M]. 北京：机械工业出版社，2022.
[5] 北京市通州区文化委员会. 通州故事丛书：说说漕运仓储那些事儿[M]. 北京：北京联合出版公司，2018.
[6] 丁洁雯. 庆安会馆:大运河(宁波段)与海上丝绸之路的文化衔接[J]. 宁波通讯, 2018 (10): 62-66.
[7] 黄浙苏，丁洁雯. 海不扬波庆兮安澜——庆安会馆辉煌煊赫160载[J]. 文明, 2013(12): 104-115+8.
[8] 《阅读大运河》编委会，阅读大运河[M]. 北京：中国财政经济出版社，2021.
[9] 姜师立. 中国大运河百问[M]. 北京：电子工业出版社，2018.
[10] 姜师立，潘娟. 中国大运河旅游[M]. 北京：中国建材工业出版社，2023.
[11] 茅以升. 桥梁史话[M]. 北京：北京出版社，2016.
[12] 吴忠起. 中国古代仓储史概要(一) 仓储事业的形成——先秦仓储[J]. 中国储运, 1991(03): 46-47.
[13] 吴忠起. 中国古代仓储史概要(二) 中国古代仓储事业的第一个重要发展时期——秦、两汉的仓储[J]. 中国储运, 1992 (01): 50-51.
[14] 吴忠起. 中国古代仓储史概要(三) 中国古代仓储事业的曲折发展时期——魏晋南北朝的仓储 [J]. 中国储运, 199 2(02): 37-38.
[15] 吴忠起. 中国古代仓储史概要(四) 中国古代仓储事业的第二个重要发展时期——隋唐仓储 [J]. 中国储运, 1992 (03): 47-48.
[16] 吴忠起. 中国古代仓储史概要(五) 中国古代仓储事业的缓慢发展时期——宋元的仓储(上) [J]. 中国储运, 1992 (04): 39-40.
[17] 吴忠起. 中国古代仓储史概要(六) 中国古代仓储事业的缓慢发展时期——宋元的仓储(下) [J]. 中国储运, 1993 (01): 39-40.
[18] 吴忠起. 中国古代仓储史概要(七)中国古代仓储事业的最后篇章——明清的仓储(上) [J]. 中国储运, 1993 (02): 39-40.
[19] 吴忠起. 中国古代仓储史概要(八)——中国古代仓储事业的最后篇章——明清的仓储(下) [J]. 中国储运, 1993 (03): 37-38.
[20] 余扶危，叶万松. 我国古代地下储粮之研究(上) [J]. 农业考古, 1982 (02): 136-143.
[21] 余扶危，叶万松. 我国古代地下储粮之研究(中) [J]. 农业考古, 1983 (01): 263-269.
[22] 余扶危，叶万松. 我国古代地下储粮之研究(下) [J]. 农业考古, 1983 (02): 213-227.
[23] 徐文高，夏冰. 山塘古诗词[M]. 上海：上海古籍出版社，2003.
[24] 谭徐明，王英华，李云鹏. 中国大运河遗产构成及价值评估[M]. 北京:中国水利水电出版社, 2012.
[25] 董文虎. 京杭大运河的历史与未来[M]. 北京: 社会科学文献出版社, 2008.
[26] 钟行明. 明清漕运总督公署与淮安城市建设 [J]. 中国名城, 2017 (04): 83-90.
[27] 无锡市地方志编纂委员会. 无锡市志[M]. 南京：江苏人民出版社，1995.
[28] 陈璧显. 中国大运河史[M]. 北京：中华书局，2001.
[29] 孙涛，杨煜达，李德楠. 大运河山东段古河道及船闸考察与清代山东段运河高程重建[J]. 历史地理研究, 2016 (01): 304-319.
[30] 姚汉源. 京杭运河史[M]. 北京：中国水利水电出版社，1998.
[31] 王玉芬，王德椿. 京杭运河·齐鲁风情：济宁卷[M]. 济南：山东人民出版社，2013.
[32] 刘士林. 六千里运河，二十一座城[M]. 上海：上海交通大学出版社，2022.
[33] 单霁翔. 大运河漂来紫禁城[M]. 北京：中国大百科全书出版社，2021.

# 后记

大运河申遗成功十年来,我一直倾力于运河研究,先后创作和编著了《中国大运河百问》《中国大运河遗产》《大运河文化的传承与创新》《传奇中国:大运河》等20部有关大运河研究的专著。当白云老师与机械工业出版社约我编写一本关于大运河文化遗产的科普与旅游体验图书时,我立即答应了,在多次商谈的基础上,敲定了图书大纲。同时又组织大运河沿线的一批作者进行创作,终于在大运河申遗成功十周年之际推出了这本《大运河:岸边的运河时光》。

大运河旅游发展到今天,已不仅是"打卡式"的"到此一游",而是慢慢走向了深度游。如何通过旅游来感受古老的运河时光和运河文化的兴衰沉浮,体会运河水蕴含的中华文明成为旅游者更深层次的追求。本书约请大运河沿线10余位作者,选取41处有代表性的运河遗产点,以运河文化为主线,通过对河道、城镇、建筑、历史街区、园林、博物馆、美食街,以及运河水所凝结着的历史、故事和传说展开叙述,来展现大运河的历史意义和现代价值。通过作者的视角,串点成线,展现运河精神、遗产点建筑、文化风貌,带您领略不一样的岸边的运河时光。

除了书中撰稿的各位作者以外,本书在编写过程中得到了很多同行和朋友的指导、支持和帮助。张谨、刘伯英、梁雪松、石亚珍、周泽华、黄钢、宋佑隆、宋桂杰、梁宝富、文蓉、姜跃岭、陈跃、吴益群、刘奇斌、崔金、戴潘玉、王春燕、钟鸣、张益、盛杰辉、王维国、黄建军、陈相辉、周倩、董辉、刘江瑞、张卓君、季文静、张秉政、訾季红、刘静、陈雳、江鸣鸣、盛林娟，以及大运河沿线城市的同行在图片、制表、资料等方面给予了很大帮助；中国文化遗产研究院、中国文物学会、扬州市文旅局、淮安市文旅局、嘉兴市文旅局、嘉兴市文联、长安古镇大运河（长安闸）遗产展示馆、南旺枢纽博物馆等也提供了大力支持，在此一并表示感谢。此外，需特别感谢中国摄影家协会的梁雪松老师，为本书提供了大量精美的照片和航拍视频。感谢机械工业出版社的宋晓磊等老师，他们在本书策划出版过程中，耐心、细致和敬业的工作态度让我感动和敬佩。除此之外，崔润琦为本书创作了精美的手绘行走地图，梁雪松、崔杰、江鸣鸣、范晓华为本书制作了精彩的小视频。真诚感谢他们为本书的出版付出的努力和提供的支持与帮助，我代表本书作者在此对他们表示由衷的感谢！

中国大运河文化浩如烟海，在大运河申遗成功十周年，也就是大运河2510岁生日之际，推出这一本《大运河：岸边的运河时光》，我感到无比欣慰。希望以这样一本书来帮您进一步加深对中国大运河的理解，让我们带着这本书沿着运河游中国。

2024年6月

这是一本关于中国大运河的穿越千年的世界文化遗产科普与旅游体验读物，是一本有温度且见解独到的大运河图书，旨在推动文化遗产更加广泛而深入地融入大众生活。

2024年是中国大运河申遗成功十周年，本着讲好大运河故事的初心，本书作者团队从大运河的北端城市北京开始，从北到南沿大运河探访了中国大运河世界文化遗产，并选取了41处大运河世界遗产点，串点成线，以运河科技和历史文化为主线，配以大量精美的实拍照片和小视频，从科技、历史、文化、经济等多重视角解读大运河，展现大运河的科技智慧与历史文化风貌，将波澜壮阔流淌千年的大运河完整展现出来。让读者充分感受大运河的多元文化风韵，触摸大运河历史的兴衰沉浮与沧桑凝重，读懂千年运河的科技成就，体味传承与创新的交相互融，以及运河灿烂文明的魅力。

本书适合对大运河历史文化和旅游文化感兴趣的大众读者阅读，也可作为青少年阅读的科普图书。

## 图书在版编目（CIP）数据

大运河：岸边的运河时光 / 姜师立，崔杰，白云主编. -- 北京：机械工业出版社，2024.11. -- （建筑科普书馆）. -- ISBN 978-7-111-76792-3

Ⅰ.K928.42

中国国家版本馆CIP数据核字第202448P7C3号

机械工业出版社（北京市百万庄大街22号　邮政编码100037）
策划编辑：宋晓磊　　　　　责任编辑：宋晓磊　李宣敏
责任校对：樊钟英　李　婷　责任印制：张　博
装帧设计：鞠　杨
北京利丰雅高长城印刷有限公司印刷
2024年11月第1版第1次印刷
184mm×256mm・28.25印张・4插页・463千字
标准书号：ISBN 978-7-111-76792-3
定价：258.00元

电话服务　　　　　　　　　网络服务
客服电话：010-88361066　　机　工　官　网：www.cmpbook.com
　　　　　010-88379833　　机　工　官　博：weibo.com/cmp1952
　　　　　010-68326294　　金　书　网：www.golden-book.com
封底无防伪标均为盗版　　　机工教育服务网：www.cmpedu.com